교회음악 철학

A Philosophy of Church Music

김 대 권 지음

성실과 정직함을 가르쳐 주시고
평생 기도 속에 헌신적인 삶을 사시다가
주님의 품에 안기신 나의 부친
김동인 님을 기억하면서,

Soli Deo Gloria

차 례

머리말

2022년 개정판을 내면서

제 1장 교회음악의 패러다임을 향하여 · 11

제 2장 찬양의 본질 · 49

제 3장 찬송은 하나님을 향한 최상의 섬김입니다

    I 찬송은 내면의 두 손을 드는 것입니다 · 67

    II 찬송은 우리를 뛰어넘는 감사입니다 · 77

    III 찬송은 밤중에 노래하게 하시는 하나님을 향한
        엎드림입니다 · 96

    IV 찬송은 하나님을 자랑하는 것입니다 · 112

    V 찬송은 하나님을 향한 최상의 섬김입니다 · 127

제 4장 음악은 하나님께 올려드릴 봉헌의 기회입니다

    I 성경 속의 음악 · 151

    II 교회 음악인의 음악 비전(vision) · 192

제 5장 찬양하는 사람들

    I 성가대인가 찬양대인가? · 255

    II 신령한 노래를 부르는 사람들 · 279

미주 및 참고문헌 · 330

| 머리말 |

　교회음악 철학(A Philosophy of Church Music)은 교회음악의 비전을 이뤄가야 할 리더십(leadership)에 핵심적이고 실제적인 토대가 되는 사고를 말합니다. 이는 개인적인 학문 경험과 관습의 방향 안에서 세워진 교회음악 이론으로 머묾이 아니라, 하나님 말씀에 철저히 근거하고 복음주의 신학자들의 공통적인 견해, 교회음악 유산을 남기고 간 교회 음악가들의 음악관, 그리고 교회음악 이론 저술가들의 글을 통해 얻어진 총체적인 사고의 틀을 의미하는 것입니다.

　현재 교회음악의 그 소리는 참으로 다양함이 공존하는 시대의 느낌을 갖게 합니다. 그러나 그러한 다양함 속에서 조화로운 모습을 띠기보다는 제각각의 사고와 신념에서 상대와는 전혀 섞일 수 없는 듯한 독자성과 배타성을 지니고 있는 인상마저 갖고 있습니다.

　과연 교회음악의 정체성이란 무엇인가? 이에 대한 해답과 관련해 성경적인 이해마저 서로 다른 입장을 취해 왔던 종교개혁 당시의 대표적인 신학자들처럼 이 질문은 지금도 여전히 계속되는 논쟁거리로 남아 있습니다.

　이런 시대적인 상황의 흐름을 안고 이어져 왔던 대부분 개신교 교회들이 현재에 이르러선 전문 교회음악인들 수용의 폭을 넓히고 이에 대한 필요성의 목소리를 높여 가는 매우 고무적인 상황에 와 있기도 합니다. 하지만 여기에 부응해서 준비되어야 할 교회음악 지도자들에게 정작 교회음악 리더십을 세워 줄만한 교회음악 철학이 확고하게 세워져 있다고 자신할 수는 없는 것이 현실입니다.

다음의 글은 미국의 전국 음악대학 협의회(National Association of Schools of Music)에서 휘튼 대학(Wheaton College)의 음대 학장이었던 헤럴드 베스트(Harold M. Best)가 교회음악 교과과정(church music curriculum)에 대한 견해를 발표한 내용 중의 일부입니다:

> 탁월한 교회음악 양성을 위해선 음악의 본질이나 음악의 유형들, 그리고 실습의 모범이나 이론적인 훌륭함보다는 분명한 신학적인 관점에 중점을 두어야 한다... 교회음악인은 정작 자신이 보수를 받는 아마추어인지, 아니면 무보수의 전문가인지를 잘 이해하지 못하고 있다. 철학적으로나 신학적으로 무엇을 해야 하는지를 모르고 있는 것이다.

이는 약 20년 전의 미국 기독교 대학들의 교회음악 교육내용 실태를 반영하는 것이지만 역시 현재 우리나라 기독교 대학들의 교회음악 교육 현장의 현실도 그와 다를 바 없다란 사실을 부인할 수 없습니다. 이것은 비단 대학교들만의 문제는 아닐 것입니다. 목회자들부터 시작해서 각 교파들, 그에 따른 교단들의 깊은 인식 부족도 함께 합니다.

그렇다고 해서 이 문제가 심각할 정도에 이르지는 않았습니다. 교단에 따라선 이미 전문적인 교회음악 지도자를 위해 대학원 과정이 신설되어 전임 음악사역자나 음악목회자 양성도 이뤄지는 곳도 있기에 그러합니다. 언젠가는 좋은 선례를 통해 한국내의 전 교단으로 파급되리라는 희망을 가져 봅니다.

이러한 상황에서 이 책은 교회음악 전문지도자 혹은 음악 목회자 등의 그 어떤 제도나 시스템 체계에 대해 문제제기를 하기위한 것은 아닙니다. 오직 이 땅의 교회음악을 교회음악으로 이뤄 갈 수 있는 철학을 전하고자 간절한 심령의 외침으로 적어간 글입니다.

비록 이 책이 교회음악에 관한 모든 것들을 다루지는 못했지만 어떠한 분야에서의 음악사역이든지 그 시작이나 과정, 또 결과에 있어서 투영되어야 할 교회음악 리더십에 관한 철학을 제시하려고 노력하였습니다.

책을 냄에 있어 주저할 만큼 부족한 면도 많으나 예수 그리스도 안에서 교회 음악인들을 향한 작은 섬김이나마 되기를 바라며 적어간 글입니다. 단지 이 책으로 인해 더 나은 글들이 많아지고, 교회에서 하나님을 영화롭게 해드릴 음악 사역에 조금이라도 도움의 손길이 된다면 더 없는 기쁨이 될 것입니다.

끝으로 교회음악 비전과 사명감으로 이 책의 출판을 맡아 섬기신 중앙아트(Joong-Ang Art)의 안성복 장로님께 심심한 감사의 마음을 전합니다. 혹자는 저자가 책 한 권을 쓸 때 짊어지는 엄청난 부담은 그 가족 전체가 짊어지는 짐이 된다고 했는데 저 또한 예외는 아니었습니다. 언제나 끊임없는 기도와 격려로 내조해준 아내 이보혜 님에게 더 없이 깊은 마음의 고마움도 함께 전합니다.

2002년 12월에
저자 **김대권**

2022년 개정판을 내면서...

　교회음악 철학책이 나온 지 벌써 거의 20년 가까운 세월이 지났습니다. 하나님이 허락하신 사역으로 살아오던 삶의 자락에서 또다시 이 책에 대한 전면적인 수정 작업을 하게 되었습니다. 모든 서적이 그렇듯 이 책도 산고의 과정처럼 탈고를 거쳐 갔지만, 당시에 발견하지 못했던 문제들이 있음을 알게 되었습니다.

　그것이 각주에 표기된 인용 출처와 페이지, 년도와 히브리어 음역 표기, 성경 원어 사용에 대한 설명, 더 나아가 문맥 흐름에 명료한 문장 등의 수정과 아울러 이를 위해 보충해야 할 부분들이었습니다. 이로 인한 미흡함에 대해선 독자들께 진심으로 송구함을 전합니다. 다만 이를 통해서나마 이 책이 주님 안에서 온전히 사용될 수 있기를 기대할 수 있음에 감사할 따름입니다.

　여전히 부족함이 보일 수 있는 책일 수 있더라도 하나님의 부르심을 받고 사역 현장에서 애쓰는 모든 분에게 적지 않은 도움이 되었으면 하는 마음 간절합니다. 우리 주님의 나라를 위해 선한 섬김으로 이어질 수 있기를 또다시 소망해봅니다.

2022년 10월에
김대권

01

교회음악의 패러다임을 향하여

*이는 성도를 온전하게 하여 봉사의 일을 하게하며
그리스도의 몸을 세우려 하심이라(엡 4:12)*

교회음악은 교회에 의한, 교회를 위한, 그리고 교회 및 세상을 향한 음악입니다

제 1 장

교회음악의 패러다임을 향하여

    교회음악이라 할 때엔 본질상 어느 특정한 시대에서 얻어진 소리나 양식으로 설명되는 것이 아닙니다. 교회음악에 대한 정체성과 그 사역 리더십(ministny leadership)을 위해선 이전의 각 시대 상황들 가운데 개개의 다양한 소리들을 가능하게 했던 그 무엇을 다룸이 선행되어야 합니다.

    크리스토퍼 라이트(Christopher J. H. Wright)는 자신의 *현대를 위한 구약윤리*(*Living as the People of God: The relevance of Old Testament ethics*)란 책에서 구약 윤리를 현 시대에 적용하고자 했습니다. 정치, 사회, 경제, 문화의 다양한 각도에서 세부 사항은 다르지만 기본 원리는 변치 않고 여러 경우에 대한 모범으로서 사용한 말이 있습니다. 그것을 그는 패러다임(paradigm)이라고 하였습니다. 교회음악에도 이와 동일한 상황에서의 패러다임이 존재합니다.

    교회음악의 패러다임을 위해서는 바른 신학에 기초한 교회음악 철학을 전제로 합니다. 데이빗 패스(David B. Pass)는 오늘날 교회음악의 문제점이 교회음악인들 스스로가 신학적으로 동시에 철학적으로 자신들이 하고 있는 일들에 대하여 명확히 올바른 근거를 갖지 못한 사실에 있다고 지적했습니다.[1] 이때의 교회음악 철학은 음악사역 현장에서 음악이 말씀 안에서 어떤 비전(vision)에 의해 동기와 목적이 세워지고 어떻게 이뤄가야 하는 지에 대한 사고를 가리킵니다. 이는 마치 일반 음악사에 있어 음악 소리의 발전만이 아니라, 그 시대의 사조와 철학적인 흐름을 반영하는 음악 소리의 변화를 의식하는 것과도 비슷한 맥락입니다.

다만 교회음악 철학은 성경에서 비롯됩니다. 이는 시대 상황과 문화의 흐름 가운데 오직 진리의 말씀 안에서 교회음악의 패러다임을 세워가려는 사고입니다. 교회음악 철학은 말씀으로부터 나오고 말씀으로 말미암아야 할 전인적이며 영적인 사역(ministry)의 과정이어야 합니다. 왜냐하면 모든 만물의 근원이시며 이를 주관하심과 그의 궁극적인 목적이 하나님께만 있기 때문입니다.

교회음악은 음악이 교회를 이끌어 가는 것이 아니라 교회가 음악을 이끌어 가는 것입니다

교회음악이라 할 때에는 교회와 음악이 서로 동등하게 결합되어 있는 것 같지만, 결코 대등한 관계성을 갖지 않습니다. 음악은 교회에 우선하지 않을 뿐더러 교회의 방향이나 비전을 제시하는 위치에 설 수도 없습니다.

반면에 교회는 그의 사명(mission)과 비전속에서 수많은 열매들 중에 음악을 포함합니다. 음악 자체의 사명과 목적을 위해 교회가 존재한다고 생각하지 않습니다. 교회를 위해 음악이 있는 것이지 음악을 위해 교회가 있는 것이 아니기 때문입니다. 음악이 교회사역에 있어 설사 그 범위와 영향이 크더라도 교회가 없으면 교회음악도 없습니다.

음악이 교회를 이끌지 않고 교회가 음악을 이끌어 가야 비로소 교회음악이 됩니다. 이러한 철학에 기초하지 않으면 음악 영역 안에서 교회 표현을 사용한 종교음악으로 향하게 합니다. 교회음악은 교회에 의한, 교회를 위한, 그리고 교회 및 세상을 향한 음악입니다.

교회음악은 교회의 본질에 토대를 둔 음악입니다

교회음악의 사전적인 의미는 다음과 같습니다. "교회음악이란 그 말 뜻에 따르자면 건물로서의 교회 안에서 사용되는 음악 또는 교회라고 이해되는 공동체에서 사용하는 음악이다."[2] 이 말의 정의에선 교회음악은 음악의 본질 위에 세워진 것이 아니라 교회의 본질에서 나온 것임을 강조하고 있습니다. 다시 말하면, 교회음악의 시작은 음악이 아닌 교회로부터이며, 교회에서 수많은 사역들에 의해 이루어진 음악 소리라는 것입니다. 그런 까닭에 교회음악을 설명하기 위해선 교회의 속성과 의미를 먼저 살펴야만 합니다.

"...이 반석 위에 내 교회를 세우리니..."(마 16:18)에 처음 언급된 교회(에클레시아, *ekklesia*)[3]란 하나님이 세상에 속한 자들을 세상 밖으로 불러내시어 예수 그리스도로 거듭나게 하신 새로운 공동체를 의미합니다. 이 새로운 공동체의 교회는 사도행전 2장 42절-47절, 5장 42절의 기록으로 그 진정한 실체를 알려줍니다. 거기엔 '사도들의 가르침(디다케, *didache*),' '교제(코이노니아, *koinonia*),' '찬미(예배: *레이투르기아, leitourgia*),' 그리고 '구원받는 사람의 수가 더해감'을 나타내는 '전도(유앙겔리조, *euaggelizo*)를 통해서 그 정체성을 전하고 있습니다. 아드리안 헤스팅스(Adrian Hastings)는 교회란 바로 그 사명들 때문에 존재하는 것이며, 교회는 이를 위한 공동체이자 표현이라 했습니다.[4]

교회음악은 교회가 존재함으로 생성된 음악입니다. 교회로 인하여 행해지는 사명들에 따른 음악이 교회음악입니다. 이에 브루스 리프블래드(Bruce H. Leafblad)는 교회음악의 역할을 크게 세 가지 영역으로 나눠 다음과 같이 설명했습니다. "교회음악의 역할은 교회 사역에서 그 이상도 그 이하도 혹은 그 외의 것이 아닌 섬김(ministry)이다. 그 섬김에 먼저는 하나님께, 둘째로는 하나님의 백성들에게, 마지막으로는 세상을 향한 것이다."[5]

이를 구체적으로 설명한다면 교회음악 기능의 관점에서 예배, 교육, 교제, 그리고 전도와 선교로 구분됩니다. 이는 이미 언급된 사도행전 2장과 5장의 말씀대로 성령의 강림과 역사하심 속에 예수 그리스도 안에서 거듭난 사람들로 형성된 교회의 정체성에서 비롯된 교회음악의 핵심적인 틀이자 요소들을 말합니다. 이처럼 교회음악이란 교회의 사명들을 위해 있는 교회 본질의 소리들입니다. 그래서 엔 리 오르(N. Lee Orr)는 만약 교회음악인들이 이에 대한 인식이 견고하지 못하면 교회음악은 교회에서 음악 프로그램을 진행하는 음악 연주에 불과한 것임을 강조하기도 했습니다.[6]

그러므로 교회음악은 예배, 교육, 성도의 교제 그리고 전도 및 선교라는 각 영역에서의 사역을 위한 교회의 본질에 기초합니다. 이에 그 시작부터 동기와 의도, 목적, 과정과 끝은 언제나 교회의 정체성으로부터 흘러나와 교회를 든든히 세워가게 하는 섬김의 소리에 있습니다.

교회음악은 교회 공동체로 말미암는 소리입니다

로버트 웨버(Robert E. Webber)는 교회음악의 목적들 중의 하나가 예수 그리스도 안에서 한 지체가 됨을 더욱 견고히 하는 것이라 하면서 초대교회 교부인 이그나티우스(Ignatius ?-115)의 말을 다음과 같이 인용했습니다.

> 바로 지금 이 곳에서 불린 시편은 모든 목소리들이 함께 드린 완전한 하나의 찬송이었습니다. 젊은이와 노인들, 부자와 가난한자, 여자와 남자, 노예와 자유인, 이 모든 사람들이 한 선율을 부른 것이었습니다. 사회적인 구별들이 여기에선 사라진 것입니다... 완전한 평등 속에서 그들의 표현으로 이 지상이 천상을 모방하는 하나의 찬양대가 됩니다."[7]

이그나티우스(Ignatius)의 말처럼 교회 공동체의 연합된 삶으로 함께한 음악 안에는 어느 한 소수에 의한 소리가 아닙니다. 그리스도 안에서 하나 된 사람들 모두의 소리입니다. 이에 에버레트 퍼거슨(Everett Ferguson)은 "한 마음과 한 입으로 하나님 곧 우리 주 예수 그리스도의 아버지께 영광을 돌리게 하려 하노라"(롬 15:6)와 같이 비록 성과 나이, 신분 등에 따른 당시의 사회 문화적인 모든 차이에도 불구하고 그로부터 생성된 조화와 융합의 '한 목소리'는 기독교 초기만이 아니라 끝없이 변하지 않을 교회 공동체의 속성이라 하였습니다.[8] 그런 까닭에 교회 공동체를 표현하고 그의 연합(unity)을 강화해주는 매개체로서의 음악이어야 교회음악입니다.[9]

윌슨 딕슨(A. Wilson-Dickson)은 20세기 영국의 음악 비평가 휴고 코올(Hugo Cole, 1917-1995)이 "여러 종류의 교파, 그들의 믿음에 따라 모인 회중의 음악들에 있어… 매우 긴밀한 관계 속에 모호함 없이 각각의 음악적 색깔을 세심히 표현하고 있다"[10]라고 한 말을 인용하며 요한 계시록에 나타난 '각 나라와 족속과 백성과 방언'(계 7:9)의 모습으로 하나님은 다양성을 인정하시고 헌신한 그들의 문화 안에서 기뻐하고 계심을 알 수 있다고 했습니다.[11]

교회음악은 윌슨 딕슨의 견해처럼 요한 계시록의 비전을 안고 있습니다. 각 나라와 족속과 백성과 방언, 그들만의 공동체적 특성으로 인한 다양함과 풍부함에도 그리스도 안에서 한 몸인 일체감을 갖습니다. 그래서 C. S. 루이스(Clive Staples Lewis, 1898-1963)는 "각자의 취향과 생각들을 자제하고 오히려 공동체의 흐름을 수용하고자 하는 상황에서만 그리스도적인 교회음악이 존재하게 된다"[12]라고 말했습니다. 이는 "헬라인이나 유대인이나, 할례당과 무할례당이나, 야인이나 스구디아인이나, 종이나 자유인의 분별이 있을 수 없나니"(골 3:11)의 말씀에 따라 하나님 나라에서는 그 어떤 차별이나 구별은 존재하지 않고 그리스도로 말미암는 연합을 이뤄감에 있음을 알게 합니다. 만약 어느 시대의 특정한 음악양식이 교회음악의 이상(the ideal)이나 표준이라는 생각은 마치 이방인과 유대인간의 계층적인(hierarchical) 차등을 둠과 다를 바가 없는 것입니다. 다만 그들 나름의 개별적인 특성과 내용으로 인한 다양함의 풍성함만이 있을 뿐입니다.

그레고리안 찬트(Gregorian chant)의 엄숙함을 느끼게 하는 중세, 무반주 합창의 절제된 감정 속에서의 조화로움이 깃든 르네상스, 회화적·상징적인 깊음을 갖는 바로크, 감정표현의 다면성과 간결함의 기품 있는 고전, 섬세하고도 풍성한 감정표현이 두드러진 낭만, 교회사와 함께한 시편가와 전통적인 찬송가들, 시대별에 따른 앤섬(anthem)들, 19세기 대중 복음주의에 의해 발생한 가스펠송(Gospel song), 1940년에 시작한 프랑스 떼제(Taizé)공동체의 묵상적인 노래, 그리고 내면을 자유롭게 표출한 CCM(Contemporary Christian Music)과 현대 예배 음악인 CWM(Contemporary Worship Music), 또는 현대 워십 댄스로 알려진 CCD(Contemporary Christian Dance)나 이후로 또 다른 양식 등에 이르기까지 개개의 내용과 자체적인 성향의 면에서 실제 엄청난 차이가 있음에 불구하고 교회음악의 복음적인 사고는 본질적으로 계층적인 구별이나 차별이 존재하지 않는다는 것입니다. 다만 어떠한 음악이든 교회라는 공동체에 의해서 그리고 공동체를 위하여 이루어갈 수 있는 소리가 된다면 이미 교회음악의 정당성(validity)과 가치(value)를 지닌 것이라고 할 수 있습니다.

교회음악은 문화의 옷을 입습니다

문화란 "인간 집단의 생활양식"[13]이라고 보통 정의합니다. 그래서 교회음악은 문화의 옷을 입고 표현됩니다. 교회의 공동체적인 삶을 통해 발생한 음악이기 때문입니다. 이때 교회음악은 세상의 문화가 아닌 그와 구별된 교회로 말미암은 음악 문화입니다. 그만큼 여기의 구별된 음악이란 그리스도 안에서 형성된 음악이지 어떤 특정한 음악을 의미하지는 않습니다.

  문화는 그 속성상 시대에 따라 변합니다. 인종, 지역, 언어 이외에도 수많은 요인들에 의한 상이함 속에서 다양성을 이룹니다. 예외이기는 하나 동방교회의 음악에선 이집트의 시스트럼(sistrum: 기원전 9세기에 구리로 만들어진 것으로서 현재까지 에디오피아의 정교회 예배 때 연주하는 일종의 타악기)이란 악기처럼 개개의 공동체에 속한 문화적 특성에 의해 시대의 흐름을 타지 않는 경우도 있습니다.

  그러나 음악은 역사적인 발전에 따른 당시의 문화와 시대 상황이 반영된 그 나름의 소리들을 갖는 특성을 지닙니다. 이러한 문화 속에 존재하는 교회음악이기에 그의 설명을 위해선 어느 시대, 어느 양식의 부분만을 가리킬 수 없고 교회 공동체가 속해있던 시대의 포괄적인 모든 문화에 대한 배경과 이해를 전제로 합니다. 교회음악은 이처럼 교회라는 공동체 문화에서 구체화된 인간 경험이 함께 공존하기 때문에 교회음악을 어떤 시대나 특정한 장르로 기준하여 평가할 수 없습니다. 다시 말해 성경시대, 고대나 중세, 르네상스, 바로크, 아니면 고전 시대 등으로 돌아가 그때의 소리를 교회음악의 규범이나 틀로 삼을 수 없다는 것입니다. 이에 성경 시대의 예를 들어보아도 구약시대의 찬양 음악들은 매우 적극적이며 풍성한 악기들의 소리였던 반면, 신약시대엔 상당히 억제되고 절제된 찬송음악이었기에 이 중에 어느 특징으로 고정될 수 없는 음악입니다. 이렇듯 서로 다른 것은 찬양 소리의 변질이 아니라 그 시대 상황과 문화로 인한 자연발생적인 변화로서 성경 안에서조차 이 다양함의 정당성을 증거합니다.

제임스 화이트(James F. White)는 다음과 같이 말했습니다.

> 사람들의 문화적 수준은 매우 다양하며, 이러한 여러 상황 속에서 음악은 각각 적절히 사용되어야 한다... 음악은 각각의 문화적, 상황적인 여건에 따라 여러 가지 차이를 나타내게 되는 것이다. 그러므로 만일 회중의 문화와 상황에 적합한 음악을 채택하지 않는다면 우리는 선곡에 있어서 우월주의(elitism)에 빠지고 말 것이다.[14]

문화는 참으로 폭넓은 다양함의 공존 속에서 발전해 갑니다. 바로 그러한 문화 안에 교회음악이 있습니다. 혹자는 교회음악이 바른 정체성을 유지하기엔 다소 혼란스러울 만큼 세속문화의 영향력이 있음을 지적하며, 이에 대한 규명과 차별하려는 의지까지 보여줍니다. 하지만 그러한 구별이 정작 음악적인 영역에서의 노력이었다면 제임스 화이트의 말처럼 음악적 우월감의 엘리트주의(elitism)를 낮게 할 뿐입니다.

  교회음악을 이끌어 갈 때 음악의 속성으로 인한 다양성과 상이함을 인한 그 가치들은 무엇보다 존중되어야 합니다. 왜냐하면 이 세상의 모든 양식의 음악 소리들이 그 나름대로 가치가 있으며 하나님의 보존체계 안에서 제 각각의 위치가 있기 때문입니다.[15] 이러한 가운데에서 교회음악은 교회 공동체가 공유할 수 있을 만한 적절함과 정제됨이 어우러진 문화의 소리로 만들어져야 합니다.

교회음악은 내면의 방향에 따라 울려나는 소리입니다

  문화의 옷을 입는 교회음악이란 말은 문화에 종속되어 있거나 그에 좌지우지됨을 의미하는 것이 아닙니다. 그보다는 시대적인 상황과 문화에 대한 바른 인식으로 진정한 교회음악 사역을 위한 리더십과 이에 따른 교회음악 패러다임을 찾아가려는 것입니다.

  문화를 대함에 있어 우선은 그 스스로가 기독교적이다 비기독교적이다라고 할 수 없음을 이해하는 것에서부터 문화에 대한 사역 리더십의 시작이 가능합니다. 도널드 폴 엘스워스(Donald Paul Ellsworth)는 음악양식들 그 자체가 성(sacred)과 속(secular)으로 나눠짐이 어려움에도 불구하고 많은 교회 지도자들이 유일한 '교회 양식(church style)'이라 하는 것에 전념하고 있음을 지적했습니다.[16] 진 에드워드

비이스 2세(Gene Edward Veith Jr.)도 예술이란 말을 사용하여 그것이 기독교적인지, 비 기독적인지에 관한 물음의 답은 사실상 예술 작품의 양식(style)이나 형식(form)에 있지 않고 그 작품의 내용(content)에 있음을 강조했습니다.[17]

이와 관련된 예로서 출애굽기 32장의 타락한 이스라엘 백성들이 만들었던 금송아지와 하나님의 성전 뜰에 비치된 '바다(놋대야)를 받치고 있는 놋으로 된 열 두 소'(대하 4:4)를 들 수 있습니다. 이 둘 다 모두 똑같은 형식인 소의 형상을 갖고 있었습니다. 그러나 그 내용면에선 전혀 다릅니다. 출애굽기 32장의 금송아지는 이스라엘이 애굽에 있었을 당시, 나일 강 하구 고센 땅 근처 멤피스에서 숭배하던 황소의 신(아피스, Apis)의 영향을 받은 우상숭배의 극치를 보여준 것이었습니다. 이에 반하여 성전 뜰의 열두 소는 이스라엘의 열두 지파의 상징과 함께 제사장들의 정결 의식을 위한 것으로 그리스도인의 세례(침례)와 하나님 말씀의 정결하심을 나타내는 상징적인 내용입니다.[18]

또 다른 예는 성막을 짓는데 필요했던 재료들에 관한 사실입니다. 출애굽 이후 모세가 하나님으로부터 성막을 지으라 명하심을 받던 그때 이스라엘 백성들이 가지고 있었던 물품들은 애굽 사람들의 것이었습니다. 출애굽 당시 상황을 성경은 이렇게 말씀합니다.

"이스라엘 자손이 모세의 말대로 하여 애굽 사람에게 은금 폐물과 의복을 구하매 여호와께서 애굽 사람으로 백성에게 은혜를 입히게 하사 그들의 구하는 대로 주게 하시므로 그들이 애굽 사람의 물품을 취하였더라."(출 12:35-36).

이스라엘이 성막을 짓기 위하여 하나님께 헌납했던 "금과 은과 놋과

청색, 자색, 홍색실 등"(출 25:2)은 애굽에서 얻은 것들이었습니다. 이스라엘은 비록 애굽의 흔적이 있던 것이라도 부정하게 여기지 않았을 뿐더러 그 자체가 값지고 귀한 것이었기 때문에 즐거이 허물로 드렸던 것입니다.

피조물과 우상들을 숭배하던 문화와 전통 속에 통용되었을지도 모르는 이방 나라의 물건들이 이처럼 거룩하신 하나님의 성막을 위해 사용되었다는 사실은 문화에 대한 인본주의적인 사고의 틀을 벗어나게 해줍니다. 다만 하나님께서 주신 문화명령인 거시안적인 계획과 (창 1:28), "만물이 주에게서 나오고 주로 말미암고 주에게로 돌아감이라"(롬 11:36)라는 말씀에 뿌리를 둔 신본주의적인 신념으로 가게 합니다. 물론 성경에 나타난 이러한 비전과 신념의 철학은 무조건적인 문화수용을 의미하지 않습니다. 다만 궁극적으로는 문화가 어떠한 영적 토양에서 열매 맺어야 하는지를 분별하여 그에 대한 사역의 마음가짐과 영적 리더십을 지녀야 합니다.

분명한 것은 이 세상의 문화라고 하는 모든 표현양식과 그의 구체적인 방법들은 교회와 분리될 수 없다는 사실입니다. 그것들은 오히려 거듭나서 또 하나의 새로운 문화로 형성될 수 있는 잠재력을 지닌 것들로 이해되어야 합니다. 이는 "문화는 그 자체가 목적이 아니고 인간의 종교적 믿음을 나타내는 방편"[19]이란 사고에 기초하기에 그렇습니다. 결국 문화란 기독교 영성에 따른 철학과 그 비전의 방향으로 열매 맺어지게 될 사역 현장입니다.

이에 교회음악을 표현해줄 문화에 대한 음악사역 리더십의 방향성은 다음과 같이 설명됩니다.

> 문화는 그 주체인 인간이 그에게 문화활동을 맡기신 하나님과 어떠한 관계를 맺고 있는가에 따라 방향이 달라진다. 다른 말로 하자면 문화는 종교에 의해 그 방향성이 좌우된다. 문화의 영성은 본래 하나님이 인간에게 사명으로 주신 그 방향과 계획에 따라 나가는 것, 아니면 그것을 거부하고 자율적이고 인본주의적인 방향으로 나가는 것, 이 두 가지로 크게 구별할 수 있다.[20]

그래서 로버트 웨버(Robert E. Webber)는 "소위 중립적인 문화행위라는 것은 있을 수 없다"[21]고 전제한 뒤 "인간의 문화행위는 그가 가진 가치관(values)을 반영하는 것이다. 그리고 이 가치관은 삶에 관한 종교적 확신(basic religious conviction)에서 유래하는 것"[22]이라 하였습니다. 그의 말처럼 문화행위인 음악 만들기에도 중립적인 위치란 존재하지 않습니다. 음악은 내면적인 가치관을 담을 수 있는 소리입니다. 이 때문에 문화행위인 음악을 통한 교회음악 리더십은 어떠한 양식이나 형식보다 실제적인 내용 속의 내면적 방향성을 점검해 보아야 할 책임에 더 관심을 가져야 합니다.

문화가 내적인 방향의 토대로 열매가 형성되듯이 교회음악도 그 어떠한 내면을 담은 소리임을 성경은 말씀합니다. 단적인 예로 음악이 하나님을 위한 소리인지 우상을 예배하기 위한 소리인지에 대해 명백한 구분을 두었습니다. 성경은 영적 타락의 음악소리에 대해 한 마디로 그 자체가 지극히 공허하거나 아니면 혼란 속의 소음에 불과한 것임을 드러냅니다. 반면에 하나님을 찬양하는 음악소리는 감격에 넘쳐 있는 중에도 질서가 있으며 큰 소리이든 작은 소리이든 그 안엔 성령의 인도하심과 하나님의 임재가 있습니다. 이는 음악 소리가 아닌 영혼의 소리입니다. 그렇다고 음악 스스로가 영적인 그 무엇을 소유한 것임을 의미하지는 않습니다. 그 음악을 만들어 내고 부르는 자의 내면으로부터 우러나오는 소리를 가리킵니다.

특별히 음악미학의 관점에서 음악은 인간으로부터 출발하므로 인간의 내적 본질로 동일시되어 그 모든 작용 또한 인간의 내재적인 것으로 설명될 수 있다고 합니다.[23)] 이에 음악분석 학자인 장-자크 나티에(Jean-Jacques Nattiez)가 음악이 성립하는 하나의 사건을 설명하기 위해 제시했던 모델, 즉 (제작자 => 작품 <= 해석자)에 관한 도식은 큰 설득력을 줍니다. 이 도식에서 제작자(producer)와 해석자(interpreter) 사이에 있는 작품(artifact)을 통하여 서로의 내적 커뮤니케이션(communication)이 이루어짐을 볼 수 있습니다.

이 일련의 과정으로 얻을 수 있는 것은 음악 작품 자체로부터 어떤 의미나 의도를 명확히 알 수 없지만 그 음악을 작곡했거나 혹은 그것을 재창조하는 편곡자와 연주자인 제작자에 의해 작품의 의미와 의도가 이를 듣고 이해하게 되는 해석자인 청중에게 전달된다는 사실입니다.[24)] 작품이 되는 음악의 진정한 의미의 결정은 결국 제작자와 해석자에게 속해 있다는 것입니다. 그래서 음악은 본질상 스스로 의미를 지니거나 심지어 영적이다 아니다 할 수도 없습니다. 오히려 음악을 만드는 사람들의 내면의 방향성이 어디에 있느냐에 따라서 그 의미가 천차만별이 되거나 영적 차원의 의미심장한 소리로 존재할 수 있습니다.

그러므로 교회음악은 어떤 특정한 음악양식과 형식에 근거하지 않고, 그 소리를 만들어 내는 내적 방향성에 기초합니다. 물론 내면이 중요하다 하여 이를 표현하는 양식과 형식에 무관심할 수는 없습니다. 이에 대한 프란시스 쉐퍼(Francis A. Schaeffer, 1912-1984)의 설명입니다.

> 경건한 혹은 불경건한 양식 같은 것이 없다고 하여 모든 다양한 양식들이 그 예술 작품 속에 담고 있는 메시지나 내용과 전혀 관계가 없다고 함은 매우 잘못된 것이며 순진한 생각이다. 양식들 그 자체들은 어떤 세계관이나 메시지들을 위한 상징적인 체계나 매개체로서 발달되는 것이다.[25]

그의 말처럼 기독교 세계관과 메시지를 담아낼 소리로서의 교회음악 양식의 발전을 이뤄가는 것은 마땅하며 그에 대한 책임도 따라야 합니다. 그러나 분명한 것은 하나님 피조세계 내에서 그것을 개발하고, 자기 헌신의 반영인 문화로서의 교회음악을 이루는 사역에 매진하기 위해선 무엇보다 더욱 내면에 영적으로 말씀 안에서 민감해야 합니다. 그래야만 어떠한 양식과 형식, 특정한 소리에 몰두하지 않게 하고 오히려 먼저 내면이 어디에 그리고 얼마만큼 고정시키고 있느냐 하는 영성으로 집중하게 할 그의 온전함을 이루어갈 수 있습니다.

교회음악은 정서의 언어인 음악으로 표현 됩니다

성 프란체스코 수도원에서 성직자의 길을 걷기도 한 낭만주의 음악의 대가였던 프란츠 리스트(Franz Liszt, 1811-1886)는 음악이 갖는 본질적인 면에 대하여 이렇게 설명했습니다.

> 음악은... 강요함 없이 사상과 대립하거나 결합한다. 만약 음악에 강장점이 있다면... 그것은 인간 이성의 도움 없이 내면적인 충동을 가능하게 할 최대의 수용능력을 갖고 있음이다... 음악은 우리의 감각에 의해 인지될 수 있는 감정 구현의 진수이다. 그것은 마치 감각 기관에 화살처럼, 빛처럼, 안개처럼 침투하여 우리의 영혼을 채운다.[26]

음악의 본질이 위에 언급된 어느 한 음악가에 의해 결정될 수는 없겠지만, 그의 말은 인류가 생긴 이래로 지금까지 받아들일 수 있는 통상적인 정의이자 인간의 경험으로도 검증된 사실입니다.

제임스 화이트(James F. White)는 이에 구체적인 예를 들어, 음악은 그 특성상 "박자, 음조, 음량, 선율, 화음, 운율과 같은 다양성을 통해서 인간의 감정을 아주 강하게 표현할 수 있도록 해준다"[27]라고 말했습니다. 수잔 랭거(Susanne K. Langer)는 음악 안에 있는 조성적인 움직임으로 인하여 감정의 상징적인 고조를 나타내며 표현할 수 있음을 언급하기도 했습니다.[28] 심지어 독일의 염세사상의 대표적 철학자인 쇼펜하우어(Arthur Schopenhauer, 1788-1860)까지도 "음악은 가장 내적인 세계의 현실을 그려내고 구체화하는 그 자체이며, 인생의 보편적인 감정과 충동을 구체적이고 명확한 형식으로 직접 표현하는 것"[29]이라고 하였듯 기독교인이든 비기독교도이든 상관없이 음악의 이러한 경험과 이해가 거의 다를 바 없음을 공감할 것입니다.

특별히 음악미학 분야에서 음악의 표현 방법을 말할 때 사물·사상 등을 실제로 표현하기가 불가능한 것임을 이야기하면서도 절대적인 추상성으로는 볼 수 없다고 합니다. 설사 실제적인 서술은 할 수 없다 하더라도 성악음악이나 표제음악(program music)을 통해선 어떤 상징적인 의미, 혹은 어느 정도의 사물이나 느낌을 매우 섬세하고 구체적으로 묘사하는 차원만큼은 가능하다는 것입니다.[30] 이러한 사실은 음악이 인간 감정에 밀접하고 심오하게 직결된 정서의 언어임을 확인하게 해줍니다.

인간의 감정을 표출하거나 전달하며 승화시키기에 가장 강력한 언어가 음악이라는 것에 대해서 성경은 이미 말씀하였습니다. 성경시대의 음악 소리들 가운데 그것이 갖는 속성으로 말미암는 정서적인 표현들을 쉽게 찾아볼 수 있습니다. 그의 예들은 홍해에서 초자연적인 하나님의 구원하심으로 말미암는 감격과 기쁨의 노래(출 15장), 승전 소식에 즐거움으로 소고를 잡고 춤을 추며 아버지를 맞이했던 입다의 딸(삿 11:34), 고통과 괴로움의 탄식을 은유적 표현의 소리로 악기에 비유하는 욥의 고백(욥 30:31), 온갖 다양한 악기들, 춤, 노래들로 하나님을 찬양하는 시편 등입니다. 인간의 희로애락의 삶이 있는 곳에선 언제나 그것들과 연관된 정서적인 음악이 있었던 것입니다.

음악사용에 다소 엄격했던 교회사 시절에도 음악의 본질적 특성의 느낌은 예나 지금이나 동일함을 알 수 있습니다. 20세기 미국의 대표적인 찬송학자 윌리엄 레이놀즈(William J. Renolds)는 이러한 상황의 이해를 돕고자 16세기 존 칼빈(John Calvin, 1509-1564)의 불란서 시편 찬송가의 영향을 받았던 그 당시 영국 찬송가 편집자인 존 데이(John Day)의 시를 인용했습니다.

> 그러므로 만약
> 음표들, 선율들 그리고 쉼표들
> 이 모든 것들이
> 마음으로 완전하게 느껴지지 않는다면
> 그 어느 누구도 음악예술 속에서
> 진정한 선율을 기쁨으로 노래할 수 없으리라.[31]

음악은 사상이나 생각을 직접적으로 표현하고 서술하는 논리적인 언어일 수는 없지만, 이처럼 인간 정서를 표현함에 있어선 대단히 뛰어난 감각의 언어라 할 수 있습니다.

교회음악은 음악의 이러한 속성으로 인하여 인간 정서에 따르는 느낌들이 발생합니다. 특히 예배 중에 어떤 양식의 음악이든지 마주하게 될 모든 음악은 음악 그 자체의 다양한 효과들로 예배에서의 감정이 더 깊고 풍성하게 표현됩니다. 단순한 말보다 음악으로 부르는 노래가 인간의 감정을 더 구체적으로 강하게 전달해 줄 수 있기 때문입니다.

복음은 진리이나 음악은 진리가 아닙니다

교회음악에 관한 사고들을 대할 때 종종 복음과 음악의 차이가 없는 듯한 경우를 마주할 수 있습니다. 복음과 음악을 동일한 차원에서 이해하는 행동양식이 있다는 말입니다. 교회음악 사역의 내용과 그 과정을 위한 생각 속에 때로는 음악이 마치 복음의 속성을 갖고 있는 것처럼 행하는 문제입니다.

진리라고 할 때 두 가지의 본질을 갖습니다. 첫째가 오직 하나만을 나타내는 절대성입니다. "…내가 곧 길이요 진리요 생명이니 나로 말미암지 않고는 아버지께로 올 자가 없느니라"(요 14:6b). 이 말씀은 그 어떠한 예외적인 상황과 이견을 붙일 수 없는 절대적입니다. 둘째는 단순히 불변함의 차원만이 아니라 구원을 베푸시는 하나님의 능력입니다. "…이 복음은 모든 믿는 자에게 구원을 주시는 하나님의 능력이 됨이라… 복음에는 하나님의 의가 나타나서 믿음으로 믿음에 이르게 하나니…"(롬 1:16b-17a). 진리인 복음이란 결단코 더하거나 뺄 수 없는 절대성과 믿음으로 믿음에 이르게 하시는 하나님 구원의 능력입니다.

그런데 교회에서 행해지는 음악의 실제를 종종 대하다 보면 마치 진리를 이야기하듯이 하는 인상을 받을 때가 있습니다. 예를 들면, 교회음악에 특정한 양식과 소리, 음색 아니면 연주 방법 등의 기준들로 구분을 짓거나 정의하는 것입니다. 이에 교회음악을 어느 하나에 고정시키고 다른 것에 대한 수용은 물론 인정조차 거부하는 배타주의를 낳기도 합니다. 여기에는 음악이 복음처럼 절대성을 소유하는 사고가 자리 잡고 있습니다.

음악은 이미 엄청난 양의 음악사를 적을 만큼 다양한 발전을 이루며 그에 따라 변화된 소리들로 이어져 왔습니다. 역사 이래로 지금까지 개개의 민족들 혹은 서로 어우러져 만들어낸 문화의 소리가 음악입니다. 그 소리들은 사람들의 문화 속에서 거듭나고 발전되어 갈 뿐, 시간과 장소를 초월한다든지 어제나 오늘이나 내일도 똑같은 진리에서처럼 비견될 성질의 것이 결코 아닙니다. 이에 반하여 진리는 유일하신 하나님의 말씀입니다. 만약 음악소리에 그 어떤 절대적 기준과 권위를 둔다면 결국 음악은 진리와 다를 바 없는 신성불가침한 속성을 갖게 됩니다.

19세기 초 독일의 루터교회 회개 부흥운동(Lutheran Confessional Revival)과 함께 찬송가의 개혁과 발전을 이뤄가려던 움직임이 있었습니다. 그러나 아무런 성과 없이 끝날 수밖에 없었던 그때의 상황을 요한 다니엘(John Daniel)은 다음과 같이 설명했습니다.

> 루터의 찬송가들은 그들 나름의 발전 여지가 차단된 상태에서 4분의 4박자라는 확고한 틀에 매여 있었다. 그 코랄 찬송은 이처럼 확고하게 불리면 불릴수록 더욱 장엄해지는 것으로 생각되는것이었다.[32]

사실 이것은 독일 찬송가 코랄(choral) 음악에 복음과도 같은 권위를 부여하여 그 이상의 발전마저 금지했던 사례를 말해줍니다. 이처럼 코랄 선율을 리듬의 생동감 속에서 조금이나마 변형해 부르는 것조차 용납할 수 없다고 하는 것은 여러 가지의 이유를 든다하여도 음악 양식에 마치 절대성을 두는 것과 다를 바 없습니다.

이보다 훨씬 이전 시대엔 심지어 제네바 성 베드로 교회음악 감독이었던 부르주와(Louis Bourgeois, ca. 1510-ca. 1561)가 존 칼빈(John Calvin, 1509-1564)의 시편찬송 노래를 좀 더 아름답게 부를 목적으로 편곡한 것이 죄명이 되어 감옥에 잡혀 들어가기까지 했습니다.[33] 그는 칼빈의 대표적 찬송가인 *제네바 시편가*(Genevan Psalter, 1542)의 공인된 음악 편집자였음에도 말입니다.

이런 현상은 찬송 표현에 자유롭지 못한 그 시대의 음악관과 그에 따른 경험 속에 이어져 온 전통적인 당시의 관행 때문이라고 볼 수 있습니다. 하지만 현 시대에서도 "어떤 일정한 형태의 음악을 '교회의 것'으로 못 박고 다른 모든 것들은 교회적이 아니라고 보는 것은 어떤 음악양식을 절대적으로 지켜야 할 규범으로 파악하는 것"[34]이란 말처럼 되어 음악에 절대성과 종교적인 권위마저 부여하는 결과를 초래할 뿐입니다.

또 다른 문제는 음악에 어떤 신성한 능력이 있음을 강조하는 것입니다. 좀 더 나아가면 음악으로 인하여 영적 치유까지 가능하다고 하는 사고입니다. 문헌에 따르면 그리스 철인 탈레스(Thales, B.C. 640-546)가 음악으로 흑사병을 치료받았으며 피타고라스(Pythagoras, B.C. ca. 580-ca. 500)는 정신적인 치료를 위해 음악을 사용하는 것이 좋다고 강조했다는 말이 전해져 옵니다.[35] 그리스 음악사상의 설립자로 알려진 이 피타고라스의 생각을 다시금 정립한 6세기 때의 음악 권위자이자 석학이었던 보에티우스(Boethius, ca. 480-524)는 그의 *음악 원리*(De Institutione Musica) 중에서 *인성의 음악*(Musica Humana)을 통해 음악이 육체와 영혼 및 그의 각 부분들을 통제한다고 봄으로써 보다 확고한 이론적인 체계를 세우기도 하였습니다.[36]

그러나 이러한 음악철학, 즉 음악을 통해 육신의 질병과 정신적인 치료가 가능하다 하여 영적인 영역이 음악에 의해 좌우 된다는 생각은 왜곡된 믿음으로 가게 할 수 있습니다. 도널드 휴스태드(Donald P. Hustad)의 "정서적 언어인 음악을 통해서 인간 영혼 치유에 도움을 준다"[37]라는 말대로 어디까지나 도움의 차원이지 음악의 직접적인 치유를 의미하진 않습니다. 음악에 대한 예찬론을 가졌던 마르틴 루터(Martin Luther, 1483-1546)도 "악기들은 단지 말 없는 음악만을 남겨줌에 반하여 우리에게 남겨진 수많은 찬송시와 시편들은 음악과 함께 결합함으로서 듣는 자의 영혼을 감동시켜 준다"[38]고 하여 영혼의 참된 감동은 음악에 담긴 하나님의 말씀으로 된 가사에 있는 것임을 분명히 했습니다. 사실 우리는 노래 자체에 의해서가 아니라 노래의 주제(대상)에 의해 영적인 영향을 받는 것이기 때문입니다.

비록 음악이 영혼에 도움을 주는 특성이 있더라도 정작 영혼 자체의 변화는 오직 하나님의 영으로만 가능합니다. 감정의 움직임을 통하여 영혼에 영향을 끼치는 음악의 과정과 영혼에 직접적이며 진정한 변화를 이루게 하시는 성령 하나님의 역사하심과는 전혀 다른 차원입니다. 아래의 인용된 글은 이를 잘 설명해줍니다.

> 음악은 마음을 빨리 움직여줄 수 있는 매체의 수단이 된다. 이렇게 신속하게 정서를 흔들어 마음의 문을 빨리 열어줄 수 있다는 특성이 성령의 도구로서 사용될 수 있는 조건이 된다. 그리고 음악이 인간 영혼 깊이 침투하여 작용하는 것과 성령이 인간 영혼 깊이 들어와 역사하는 과정에서 공통된 성격을 발견할 수 있는데, 이것 또한 성령의 도구로서 사용될 수 있는 조건이 된다. 그러나 이렇게 공통된 특성을 지니고 있다고 해도 결코 음악과 성령은 동질이 아니다. 음악은 성령이 될 수 없고, 성령도 음악이 될 수 없는 것이다.[39]

음악으로 말미암는 영적인 도움이라 할 때 음악 자체가 아니라 그 안에 말씀에 기초하고 또 말씀을 경험한 고백들이 담겨진 가사로 인한 영향을 일컫는 것입니다. 실제로 영혼에 변화를 갖게 하는 것은 음악이 아닙니다. 다만 음악으로 표현된 가사가 흘러나오게 된 살아계신 하나님의 말씀에 있습니다. 이와 관련하여 주목하게 할 하나님 말씀의 예들입니다.

"하나님이여 내 속에 정한 마음을 창조하시고 내 안에 정직한 영을 새롭게 하소서"(시 51:10).
"또 새 영을 너희 속에 두고 새 마음을 너희에게 주되 너희 육신에서 굳은 마음을 제거하고 부드러운 마음을 줄 것이며"(겔 36:26).
"하나님의 말씀은 살았고 운동력이 있어 좌우에 날선 어떤 검보다도 예리하여 혼과 영과 및 관절과 골수를 찔러 쪼개기까지 하며…"(히 4:12a).

이 말씀들은 완전한 영적 치유와 변화, 마음과 영혼의 소생은 오직 하나님께 속한 것임을 드러낸 증거입니다. 물론 음악은 인간의 정서, 심리, 물리적인 영역에서 영향력을 가능하게는 합니다. 그러나 이와 차원이 다른 영적 영역에서의 직접적인 치유를 의미하는 것이 아님을 분명히 해야 합니다.

사실 현대 음악 치료법에 관한 그 근거들은 역사이래로 인간의 종교 본능적인 주술적인 관습과 믿음에 기초한 것임을 알 수 있습니다. 아래에 인용된 내용은 이에 관련한 구체적이며 실증적인 예입니다.

고대인들에겐 처음에는 주술적인 것이었다. 그리스어로 '노래하다'라는 말에 '마술로 고치다'의 의미가 있는 것은 음악이 본래 주술적이었음을 나타낸다. 그들은 음악이 병을 고칠 수도 있고, 마음을 정화시킬 수도 있으며 기적을 일으킬 수도 있다고 믿었다. 신, 동물, 심지어는 숲과 바위까지도 음악으로 매혹시켰다는 오르페의 신화와 리라의 명수인 암피온(제우스와 테베의 여왕인 안티오페의 아들)이 쌍둥이 형제 제투스와 함께 테베의 성벽을 쌓다가 리라를 연주하자 돌들이 저절로 움직여 성벽이 완성되었다는 신화 등이 음악의 마법적 효과를 믿는 원시적 음악관의 일례를 보여준다. 고대인들은 정신병이나

간질병 같은 병은 타악기의 반복되는 타주 소리에 맞추어 심한 흥분으로 이끌려지고, 그 다음에는 깊은 수면에 빠져들면 병든 정신이 빠져나간다고 믿었다. 다윗의 하프 연주로 사울의 광증이 진정되고, 나팔소리에 여리고의 대리석이 부서진다는 성서속의 이야기, 중세 동화의 무용 병 이야기나 피리 부는 사나이 이야기 등, 음악이 지니는 기적적인 힘에 대한 믿음은 현대정신병학까지 계속되어 오고 있다. 즉, 현대의 음악치료법 등이 이 마법의 음악에서 발전했다고 할 수 있다.[40]

음악치료는 어떤 음악을 들음에서부터 직접 연주 또는 창작 등의 음악적인 활동을 통해 정서적으로나 심리적으로 안정이 되어 육신의 병까지 호전되는 과정들로 말할 수 있습니다. 이러한 결과는 대부분의 병이 마음에서부터 오는 것이기에 그럴 수 있기 때문입니다. 그런데 성경은 "...네 마음을 지키라 생명의 근원이 이에서 남이니라"(잠 4:23), "마음의 즐거움은 양약이라"(잠 17:22)라고 말씀합니다.

그만큼 육신의 진정한 치유와 강건하게 될 수 있는 길은 능력의 하나님 말씀에서 비롯되는 것임을 직시해야 합니다. "...내 말에 귀를 기울이라... 그것은 얻는 자에게 생명이 되며 그 온 육체의 건강이 됨이니라"(잠 4:20, 22). 이에 어떤 장애를 극복하게 할 치료과정으로 돕는 음악과 달리 심령에서 비롯된 연약해진 육신에 온전한 강건함은 하나님의 말씀에 있다는 사실입니다.

한편으론 음악이 마음의 안정을 갖게 한다는 차원에서 더 나아가기도 합니다. 그리스의 에토스의 이론(*The Theory of Ethos*)으로 음악이 인간을 윤리적이며 도덕적인 사람으로 만든다고 하는 데 이른 것입니다. 물론 어느 정도의 도움은 가능할 수 있습니다. 정서가 불안한 상태로는 인격에 다소간의 문제를 유발시킬 수 있기 때문입니다.

그러나 음악에 의해 윤리나 도덕성이 좌우된다고 하는 생각은 인간을 전인격적인 존재로 보지 않고 감정만을 앞세운 불완전한 인격존재로서 이해한 것임에 불과합니다.

더욱이 정서와 정신적인 차원에서만이 아닌 영혼마저 통제하듯 이끌어 간다고 함은 이미 음악이 아닌 그 이상의 존재로 믿는 것입니다. 마치 로마서 1장 17절의 말씀처럼 음악에 하나님의 의가 나타나거나 심지어 하나님의 구원을 얻게 할 수 있다는 것과도 다를 바 없습니다. 예술로서의 음악은 만들어진 소리로 존재하는 것이지 이 외의 영역을 벗어나 영적인 변화를 갖게 한다는 생각처럼 영적 능력을 기대하는 것은 결과적으로 우상숭배를 낳게 할 뿐입니다.[41]

이와 관련하여 헤럴드 베스트(Harold M. Best)는 다음과 같이 매우 단호한 말을 했습니다.

> 예술가들이나 음악인들로서 우리는 만들어진 것이 본래 갖지도 않는 특권을 가정하여 지배 아래있는 작품(handiwork)으로 하여금 지배하는 것으로 만들 수 있다는 생각을 결코 용납할 수 없다… 우상 숭배의 초기단계는 예술이나 음악이 그 존재와 사용에 의해서 그 어떤 행위들을 실현시킬 수 있다고 생각하는 데에서부터 온다.[42]

그는 또한 음악의 진정한 의미를 설명하고자 도덕적으로 상대적이며 진리의 말씀을 명확히 나타내기엔 불가능하다 전제하고 "음악은 믿음, 신앙고백, 도덕적이며 윤리적인 정확성, 심지어 세계관을 표현하는 역량 면에선 본질적으로 중립적이다"[43]라고 강조했습니다. 이미 오래전에 매우 보수적인 영국의 청교도들조차 음악을 심미적인 것, 즉 아름다움에 호소하는 소리로 보고, 음악의 본질엔 신학적이거나 도덕적

요소가 섞이지 않는 것으로 생각하였습니다.[44] 경건주의에 뿌리를 둔 이들의 사고에도 음악 그 자체가 중립적인 것임을 명확히 하였습니다.

한편으로는 이와 다른 견해도 있습니다. 매개체 역할을 하는 음악 스스로가 중립적이지 않으며 무엇인가를 말할 수 있어 특히 그 안에 담긴 가사들에 색깔을 입혀 강화하거나 대립하게 해줄 수 있다는 점을 강조한 캘빈 조안슨(Calvin M.Johanson)의 관점입니다. 이는 음악 역사적으로 텍스트 페인팅(Text-Painting)이란 방법을 통하여 가사에 보다 현실감 있는 표현을 주고자 그에 효과적인 선율의 움직임, 화성, 리듬의 역동성 등을 가지고 나타낼 수 있음을 근거로 한 말입니다.

여기에선 복음적인 가사(신학)와 음악(예술)이 완벽한 결합을 이룬다면 복음을 간접적으로 구현할 수 있다고 합니다. 이때의 음악은 음악적인 특징이 복음 내용이나 그 표현의 특징과도 일치해야만 가능하다고 했습니다. 이에 음악이란 '매개체가 메세지이다(The medium is the message)'라는 음악가들의 사고를 전하며 설사 복음자체로서의 음악은 아니더라도 이러한 상황 속에서 음악이 그 음악적 행위 안에서 복음이다 라고까지 주장한 것입니다.[45] 결국 이 말은 복음의 가사가 이처럼 반영된 어떤 음악의 소리를 정작 음악 그 이상의 무엇으로 받아들이게 할 수 있게 할 여지를 줍니다.

물론 음악은 가사에 가장 적절히 어울릴만한 소리로서의 정서적인 표현이 풍부하며 그의 잠재적인 효과는 실로 강력합니다. 음악은 속성상 그 안에 담긴 가사와 너무나 잘 결합할 수 있는 특성을 지니기 때문입니다. 그래서 마르틴 루터도 "음표들은 가사를 살아 움직이게

해준다(Die Noten machen den Text lebendig)"라고 하였습니다.[46]

그러나 음악은 음악에 불과합니다. 아무리 복음 가사에 극대화된 음악적인 정서를 담은 상징적인 표현을 이루었다 해도 복음적인 가사가 원래부터 없었던 것이라면 단순히 음악으로 남을 뿐입니다. 그런데도 어떠한 음악적 행위 안에서 그것을 복음이라고 할 수 있다거나 어느 음악의 양식과 형식만이 교회적이라고 하는 생각은 복음과 음악을 동일시하려는 것과 다를 바 없습니다.

교회음악은 영적 성장에 분명 영향을 줄 수 있습니다. 음악에 의한 정서적인 감격이 영혼을 돕기도 하기 때문입니다. 하지만 영성의 근본은 음악에서가 아니라 영적 교훈과 권면이 되는 음악 속의 하나님 말씀입니다. 말씀을 경험한 믿음의 찬송 고백들입니다. 그런 이유로 존 윌슨(John F. Wilson)은 "음악은 그 자체가 사람들로 하여금 그리스도인이 되게 할 수 없을 뿐만 아니라 예배하게 할 수도 없다"[47]라고 말하며 이는 단지 음악과 함께한 영적인 메시지로 인한 것임을 강조하였습니다.

앞에서 가사에 대한 영향력을 언급했던 마르틴 루터도 이러한 생각에 확고했습니다. 이는 그가 회중찬송 음악인 코랄(Choral)의 목적을 위한 다음의 말에서 확인할 수 있습니다. "회중을 위한 찬송을 만들어서 하나님의 말씀이 그들 안에 살아있게 하기 위한 것이 나의 의도입니다."[48] 이는 교회의 실제적이며 참된 영적 부흥과 성장이 음악에 있음이 아니라 그 안에 담긴 하나님의 말씀임을 명확히 해줍니다. 그래서 루터는 음악과 함께한 찬송을 'viva vox evangelii(살아있는 복음의 소리)'라고 했던 것입니다.[49]

음악은 복음의 본질을 소유할 수 없습니다. 음악은 그 어떤 절대성을 갖지 않으며, 직접적인 영적 치유를 낳는 복음의 능력도 없습니다. 음악은 정서적인 언어 그 이상의 것이 아닙니다. 음악은 음악이고 복음은 복음입니다.

교회음악은 심미주의와 실용주의에서 벗어나야 합니다

교회음악 리더십 중 예배음악에서 종종 잘못된 두 가지의 이즘(ism)을 볼 수 있습니다. 그 중 하나가 심미주의(aestheticism)입니다. 심미주의는 교회음악을 아름다움에 목적을 둔 예술지상주의에 직결된 이즘(ism)입니다.

하나님께 올리는 예배는 물론 아름답게 행해져야 마땅합니다. 성경은 이에 관한 기록을 남겨주었습니다. 성막 안의 지성소 안은 "금으로 그룹 둘을 속죄소 두 끝에 쳐서 만들되"(출 25:18)와 같이 천사의 상징물인 그룹을 금으로 입혀 아름답게 만들어 놓았습니다. 솔로몬을 통해 지어진 성전의 모습은 더 화려하고 섬세한 아름다움을 나타내었습니다.

> "솔로몬이 하나님의 전을 위하여... 안에는 정금으로 입혔으며... 천장은 잣나무로 만들고 또 정금으로 입히고 그 위에 종려나무와 사슬 형상을 새겼고 또 보석으로 전을 꾸며 화려하게 하였으니 그 금은 바르와임 금이며 또 금으로 전과 그 들보와 문지방과 벽과 문짝에 입히고 벽에 그룹들을 아로새겼더라"(대하 3:3-7).

성전 앞에는 두 놋 기둥이 있었습니다. "성소같이 사슬을 만들어 그 기둥머리에 두르고 석류 일백 개를 만들어 사슬에 달았으며 그 두 기둥을 외소 앞에 세웠으니 좌편에 하나요 우편에 하나라..."(대하 3:16-17). 그런데 이것들은 건물의 하중을 버티게 해주는 실용적인 목적이 전혀 없는 것으로 아름다움의 표현을 위해 있었습니다.[50]

성막에서 제사를 주관하던 제사장들의 의복들도 마찬가지였습니다. "그 옷 가장자리로 돌아가며 청색 자색 홍색실로 석류를 수놓고 금방울을 달되"(출 28:33)처럼 제사장은 지성소에 들어갈 때 자연의 아름다운 상징물이 수놓인 옷을 입었습니다. 더구나 단순히 사실적인 자연의 형상만이 아니라 석류의 색깔에도 없는 청색이란 상상의 미적 표현까지 더하고 있었습니다.

성막이나 성전에서의 화려함과 같은 아름다움으로 하나님을 예배함은 지극히 당연합니다. 예배(worship: 가치와 신분)란 말 속에 담긴 의미도 예배자의 정성이 가득 담긴 아름다움을 통해 하나님의 최고 가치를 드러내며 기리기 위한 찬양과 경배를 나타내기에 그러합니다.

그러나 예배의 본질은 아름다움만으로 설명될 수 없습니다. 성전의 역사가 이를 잘 대변해줍니다. 출애굽 480년 만에 7년 6개월간 동안 수많은 전문 인력들(8만 명의 벌목꾼들과 7만 명의 운반인 들을 합해 15만 명, 여기에 3천 6백 명의 감독 하에서 일한 그 외의 백성들, 대하 2:17-18; 열왕기상 5:13-16엔 감독인원과 전문 인력만 18만 3천 3백 명으로 기록됨)과 그 당시 최상의 건축 재료들을 심지어 이방나라로부터 동원시켜 아름다움과 웅대함을 갖추어 건축된 솔로몬 성전(B.C.

960)이었지만 하나님을 적대한 바벨론에 의하여 무참히 파괴(B.C. 586)된 채 유대인들은 성전 없이 70년을 살아야 했습니다. 더구나 가까스로 다시금 세워진 스룹바벨 성전(B.C. 516)은 세월의 흐름에 따라 그 빛을 잃어갔으며, 그 후로 계속된 수리와 확장공사에 의해 어렵게 완성되었던 헤롯 성전(B.C. 9)조차 A.D. 70년엔 완전히 무너져 지금까지 성전이란 건물은 존재하지도 않습니다.

이러한 역사적인 사실들은 비록 하나님의 철저하고 세밀한 계획과 엄격한 지침 안에서 지어졌던 성스러운 전이었지만, 예배에서 강조되어야 할 부분이 결코 미적 아름다움, 세련됨, 웅장함 등의 외형적인 형상들에 근거하지 않음을 명확히 교훈하는 것입니다.

미적인 사고에 대한 교회음악 중 예배음악의 올바른 사고를 위한 기초를 제임스 화이트(James F. White)는 다음과 같이 제시했습니다.

> 음악은 그 자체가 가진 본질적 아름다움을 통해 예배에 공헌한다. 그러나 우리는 비록 아름다움이 예배에 있어서 상당한 위치를 차지한다 해도 아름다움의 창조가 예배의 목적은 아니라는 데에 주의해야 한다... 음악회를 평가하는 기준으로 한 교회의 예배를 평가해서는 안 된다"[51]

이미 앞에서 인용했듯이 비록 음악 자체에 어떤 메시지적인 잠재력이 있음을 가리키며 음악의 높은 가치를 강조했던 캘빈 조안슨(Calvin M. Johansson)이었지만 정작 이와 관련하여선 보다 강한 어조로 심미주의는 본질상 음악의 아름다움이 하나님이 되거나 그에 동등한 자리만큼 예배 대상의 자리로 올려놓게 할 심각한 이즘(ism)임을 경고하기까지 했습니다.[52] 이에 오늘날 예배에서 받아들일만한 미학의 모범이 과연 무엇이 되어야 할지는 다음의 진술로 온건한 사고를 갖게 할 수 있습니다. 곧 예배음악은 예배 집중에 산만하지 않도록 해야 하며, 다루기 지나칠 만큼의 까다로움이나 어려움은 피하면서 예배의 모든 순서와 그 사이에 꼭 맞는 감성에 기여함이 음악의 진정한 미적 가치라는 설명입니다.[53] 그래서 비록 예배를 위하려는 목적이라도 고도의 예술음악 사용은 직접적인 미적 관조를 요구하기 때문에 오히려 예배를 통한 묵상을 혼란케 할 수 있다는 것입니다.[54]

성경은 이렇게 선포합니다. "아름답고 거룩한 것으로 여호와께 경배할지어다"(시 96:9). 여기에서의 아름다움(*하다라*, hadarah)은 '존경하다,' 높이다, 혹은 공경하다'를 뜻하는 *하다르*(hadar)에서 유래된 말로 어떤 형상이나 소리에서의 미적 아름다움을 직접적으로 의미하지 않습니다. 물론 예배에서 외적인 미도 중요합니다. 하나님께 최상의 것으로 드림을 강조함은 결코 지나치지 않을뿐더러 그분을 향한 섬김에 지극한 높임과 존경이 있다면 외적으로도 마땅히 공교함과 아름다움 속에서 올려드려야 할 것입니다.

하지만 교회음악 사역에서 예배음악의 궁극적인 목적이 미적 아름다움을 이뤄드림에 있지 않습니다. 하나님의 진정한 관심은 예배하는 자들의 내적 아름다움인 거룩함에 있으시기 때문입니다. 곧 아름다움의 거룩함이 아니라 거룩함의 아름다움입니다. 그래서 성경은 "거룩한 옷(hadarah: 아름다움, 영광)을 입고 여호와께 경배할지어다"(시 29:2)라고 말씀합니다. 이러한 까닭에 '창조주 하나님과 피조물인 하나님 백성간의 만남이자 대화'인 예배로 들어설 때 거룩하신 하나님과의 온전한 관계로 준비되어있지 않았다면, 아무리 질적인 아름다움을 갖춘 음악과 교회 건축물 안에서 행해지는 예배라 해도 만남과 대화 없는 종교적인 의식에 불과할 뿐입니다.

예배는 하나님과 그의 백성간의 관계를 드러내는 증거입니다. 그 관계성에 순전함을 이루는 실제적인 그리스도인의 삶을 인하여 감사, 경배, 찬양, 헌신 등으로 이어지는 결과가 예배입니다. 이때의 예배 음악은 심미주의 속성인 소위 최고를 지향하고 모든 관심이 그에 집중된 심미감을 지향하는 소리가 아니라 하나님께만 고정되어 성령 안에서 심령으로부터 전인격을 다해 올리는 섬김의 소리이어야 합니다. 이것이 하나님 앞에서 진정한 미적가치를 지닌 아름다움(hadarah)입니다.

교회음악 사역 속에 또 하나의 그릇된 사고는 실용주의(pragmatism)입니다. 교회음악 사용에 대한 기준이 음악적인 효과와 결과에 틀을 둔 이즘(ism)입니다. 실용주의자들은 이상적인 교회음악을 위해서라는 의도에서 어느 음악이든 실제 사용된 결과를 기준으로 삼고 음악의 완전한 도구화를 선언합니다. 교회음악의 가치조차도 기대된 결과에 의해서 정해집니다.

이에 한스 로크마커(Hans R. Rookmaaker)는 음악이 설사 복음전도의 효과나 결과를 가져오더라도 꼭 복음 전도라는 틀에 맞추려 한다면 그 가치가 도리어 저하될 수 있다고 하면서 그만큼 진정한 교회음악은 실용주의 사고가 아니라 기독교적인 틀 속에서의 내제적인 가치와 타당성을 드러내는 것이어야 한다고 강조했습니다.[55] 그래서 도널드 휴스태드(Donald P. Hustad)도 교회음악의 기능이 사역(service)의 차원으로 이해되어져야 할 것임을 분명히 하고자 다음과 같이 설명했습니다.

> 만약 어떤 음악들로 인하여 회중이 즐거워 박수를 친다거나, 사람들이 예배로 더 관심 갖게 되거나 혹은 메시지가 전달되는 작용이 이뤄지면 '좋은 교회음악이다' 하는데 이것은 왜곡되어 있는 '기능'의 의미를 가리키고 있음이다. 진정으로 좋은 교회음악이란 철저히 '예전적인 것'으로 적절해야 한다. 왜냐하면 그 음악은 교회에서 예배(leitourgia), 선포(kerygma), 교육(didache), 목회적인 보살핌(diakonia)과 교제(koinonia) 안에서 하나님을 목적에 두고 봉사하는 것이기 때문이다.[56]

교회 사명을 위하여 각 그 기능에 따른 적합한 음악사용은 필요합니다. 그렇다고 해서 기능적인 효과가 좋다고만 하는 음악이 교회음악의 가치 기준이 된다는 것은 무리가 있습니다. 이는 음악을 도구화하려는 오류를 낳게 할 뿐 아니라 궁극적인 하나님의 역사하심을 의식하지 못하게 할 수도 있습니다. 설사 어떤 음악이 사역의 과정과 결과에 다소 영향을 줄 수도 있겠지만 그것이 이 모두를 인도하며 결정하는 것은 아니기 때문입니다. 달리 말하면, 음악이 마치 그 사역을 좌지우지 하는 것으로 인식하게 한다는 여지를 줄 수 있다는 것입니다.

그러므로 실용주의에서의 음악은 결과 지향적인 평가에 의한 기능과 효과에 집중합니다. 이러한 실용주의는 음악 사역에 있어 영적 리더십이 음악을 이끌어 감이 아니라 오히려 만들어진 음악에 그 리더십을 내어주는 심각한 문제를 낳게 합니다. 그러나 분명한 사실은 같은 음악이라도 리더십에 따라 전혀 다른 결과를 가져올 수 있음만 아니라 사역의 궁극적인 리더십은 오직 하나님께 속해 있다는 것입니다.

실용주의의 또 다른 오류는 결과만 좋다면 어느 음악이든 사용할 수 있다는 생각입니다. 이것은 종종 절제 없는 자유로움의 과도한 상황을 연출합니다. 더 큰 문제는 음악을 교회 공동체에 적절히 적용하고 도울만한 체계와 리더십이 준비되어 있지 않은 상황에선 교회내의 갈등과 혼란조차 일어날 수도 있다는 것입니다.

사실, 음악엔 그 나름의 가치와 기능의 적합성을 분별할 수 있는 보편적 판단이 가능합니다. 예배음악에서 비록 절대적인 기준이 없다 하더라도 교회 공동체 모두가 수용할 수 있고 또 행할 수 있을 만한 공동의 예배 언어로서의 원칙은 존재합니다. 그렇기에 음악은 교회 공동체에서 무리 없이 표현될 수 있는 언어이어야 합니다.

결국 미학적인 아름다움에 목적을 두는 심미주의나 리더십이 뒤바뀐 실용주의는 지나치면 지나칠수록 우상숭배의 개념으로 향하게 됩니다.[57] 교회를 섬기는 사역의 표현인 음악은 예배의 대상이 될 수 없고, 우상숭배적일 수도 없습니다. 물론 교회음악엔 봉헌 차원의 예술성과 기능에서의 실용성 모두 필요합니다. 다만 이 두 가지 어느 것이든 그 자체가 목적이 될 수 없고 편중됨 없는 균형 속에서 섬길만한 리더십이 말씀 안에서 견고히 세워져 있어야 합니다. 그래야 비로소 미적인 예술성이 거룩함의 아름다움으로 향할 수 있고 실용성이 성령의 역사 속으로 들어갈 수 있는 것입니다.

교회음악의 패러다임은 섬김(ministry: 사역)을 기초로 한 교회음악 철학에 있습니다

　현 시대를 이끌어 가야 할 교회음악의 패러다임을 위하여 긴요하게 필요한 것이 있습니다. 이는 음악 리더십이 아닙니다. 지금까지 언급하였던 여러 가지의 옳은 사고들을 갖게 하는 교회음악 철학입니다. 진정한 교회음악의 시작은 교회가 음악을 이끌어 가는 것이라 하였듯이 바른 철학이 없으면 음악이 교회를 이끌어 가는 왜곡된 교회음악으로 인하여 그 본래의 목적을 기대할 수 없습니다. 무엇보다 여기엔 바른 신학을 전제로 합니다. 신학이 옳지 않으면 신앙이 그릇되어 가는 것과 마찬가지로 바른 신학에 근거한 교회음악 철학이 없다면 변질된 교회음악으로 나아가기에 그러합니다.

　교회음악 철학은 교회 음악인들의 사고를 이끌어 줍니다. 그 사고를 통해서 교회음악은 이루어집니다. 이것이 온전하면 교회음악은 교회음악이어야 한다고 말할 수 있습니다. 다시 말해 교회음악은 교인음악으로 설명할 수 없습니다. 음악을 만든 사람이 기독교인이라 해서 그 모두가 교회음악이라 하고 이의 진정한 리더십을 제시한다고 볼 수 없다는 말입니다. 왜냐하면 창작을 포함한 모든 음악사역에 따른 리더십의 진정성은 교회를 위한 부르심이란 소명(calling)과 그로 인한 섬김(ministry)에 기초하고 있기 때문입니다.

　교회음악은 교회 공동체에 의해 이루어질 수 있어야 하고 또 그들과 함께 하며 동시에 그들을 위하여 성장과 연합의 열매를 맺게 할 수 있어야 할 소리라고 이미 언급한 바 있습니다. 그래서 어느 개인의 선호에 따른 음악적 우월감에 쏠릴 수도 있는 엘리트주의(elitism)적인 인상을 주는 것이라면 예술분야의 한 영역인 종교음악 장르로 자리매김 할 뿐입니다. 여기엔 말씀 안에서 얻어진 교회음악의 철학과 온전한 사역(ministry: 섬김)을 낳게 할 소명이 존재하다고 볼 수 없다는 사실입니다.

궁극적으로 교회음악 철학은 어떤 논리적인 이론 서술을 목적하지 않습니다. 현시대의 교회를 위하여 교회음악의 본질, 목적, 방향, 내용, 과정 등에 이르는 모든 영역에서의 사역 리더십을 제시하고자 하나님 말씀 위에 세워진 실제적인 교회음악 비전(vision)으로 향하게 할 거룩한 열망입니다. 이를 위한 토대는 에베소서 4장 12절에 있습니다. 곧 "성도를 온전케(*카타르티스모스*, *katartismos*: 준비, 훈련, 완전)하며," "봉사(*디아코니아*, *diakonina*: service)의 일을 하게하며," "그리스도의 몸을 세우려(*오이코도메*, *oikodome*: building) 하심이라"의 세 가지 목적을 선언한 말씀입니다.

이 비전은 성도로 하여금 온전한 찬송·찬양의 삶을 통한 준비와 훈련, 능동적인 봉사의 현장으로 들어가게 할 영적 성장 그리고 그리스도의 몸인 교회 공동체를 견고히 세움을 아우르는 총체적 음악사역(music ministry)인 섬김입니다.

이러한 비전의 틀이 되는 교회음악 철학을 위해서 이제 찬송·찬양의 본질과 의미, 성경에 기록된 음악의 내용과 속성들, 그리고 교회음악들의 역사적인 사례들을 성경적 관점에서 살펴보고, 특별히 예배에 중요한 기능을 갖는 찬양대—여기에서는 현대적인 예배의 워십팀(worship team)까지 포함한 음악사역 그룹—의 정체성을 찾아감으로써 현시대의 교회를 온전히 섬겨갈 교회음악 리더십을 제시하려고 합니다.

02

찬양의 본질

너희 의인들아 여호와를 즐거워하라
찬송은 정직한 자들이 마땅히 할 바로다(시 33:1)

찬양은 하나님을 인한 기념, 기억, 선포, 감사, 고백, 인정, 자복, 엎드림, 굴복, 순종, 헌신 등을 드러내는 믿음의 진정한 증거입니다.

제2장

찬양의 본질

존 칼빈(John Calvin)은 "찬양이야말로 하나님의 백성들이 할 수 있는 최고의 헌신이며, 그 믿음의 진정한 증거이다"라고 말하였습니다. 사실 헌신이란 말을 떠올린다면 오지의 선교나 농촌목회 혹은 지역교회 현장에서 만나는 수많은 사역들을 생각할 것입니다. 때로는 극도의 위험과 어려움 속에서 목숨까지도 잃을 만한 희생이 따르는 곳에서의 사역이야말로 최고의 헌신이라 말할 수 있을 것입니다.

그런데 하나님 앞에서 헌신의 기준은 외형적인 어떤 사역 내용에 있다고 할 수 없습니다. 궁극적인 판단은 하나님께 속한 것이기 때문입니다. 다만 그 정도가 다르다 해도 최소한의 결단이 없다면 이루어질 수 없기에 그 모두는 하나님을 향한 헌신임엔 다를 바 없을 것입니다.

그런데 헌신이란 말은 본질적으로 그 어떤 사역과 관계된 일로서만 설명되지 않습니다. 아무리 연륜이 깊고 탁월한 사역이라도 그 헌신의 결과가 하나님이 아닌 자신의 이름과 업적으로 남게 될 수도 있기에 그러합니다. "내가 예언하는 능이 있어 모든 비밀과 모든 지식을 알고 또 산을 옮길 만한 모든 믿음이 있을지라도 사랑이 없으면 내가 아무것도 아니요, 내가 내게 있는 모든 것으로 구제하고 또 내 몸을 불사르게 내어 줄지라도 사랑이 없으면 내게 아무 유익이 없느니라"(고전 13:2-3). 이 말씀은 희생이 따르는 행위들의 동기가 사랑에 있지 않은 것이라면 하나님 앞에 아무 가치가 없음을 교훈하신 내용입니다. 동시에 하나님 앞에서 참된 헌신자의 모습을 비추어줄 거울이 될 말씀이기도 합니다. 사역의 이력과 열매가 어떠하든지 만약 그 속에서 하나님께 최고의 헌신을 가리킨 온전한 찬양이 없었다면 그 모두가 아무것도 아님을 적용할 수 있는 말씀이기 때문입니다.

찬양이란 드리는 자의 자신은 철저히 감추고 하나님만을 드러내는 가장 겸손한 섬김입니다. 보통 찬양이 노래로 표현된다 하여 경배하는 음악으로 설명되지만은 않습니다. 찬양은 하나님 앞에서 믿음, 감사, 인정, 고백, 굴복, 순종, 헌신 등을 나타내는 진정한 믿음의 증거입니다. 그래서 하나님을 영화롭게 해드릴 찬양의 삶을 제외하고 사역이나 업적을 남겼던 일들만을 헌신이라고 하는 것은 하나님 말씀의 교훈과 대치됩니다. 그리스도인의 모든 삶의 영역에 있어서 그 무엇보다 찬양이야말로 하나님께 가장 최우선이 되는 헌신의 증표이자 결과입니다.

종교 개혁의 불을 붙이기 전 마르틴 루터는 '내가 하나님을 위해 무엇을 했느냐'가 아니라 '내가 하나님 앞에서 무엇이 됐느냐'를 놓고 더 깊이 자신을 성찰하였다고 합니다. 루터의 말처럼 누구든 아무리 위대한 업적을 남긴 신앙의 인물이나 신학자 또는 사역자라 하더라도 하나님 앞에서 어떻게 살아가고 있느냐가 더 중요합니다.

찬양이 바로 그와 같습니다. 하나님께 어떠한 일을 행함이 아니라 하나님 앞에 어떠한 영적 상태로 있는가에 대한 실제 모습이 찬양이기 때문입니다. 찬양은 하나님을 향해 드려질 수 있는 최고의 헌신이라고 했던 칼빈의 생각이 여기에 있었습니다. 찬양에 대한 그의 말은 그저 명언을 남기는 차원이 아니었습니다. 칼빈은 찬양의 삶으로 마감하듯이 임종할 무렵 자신의 유언에 따라 비명 없는 무덤을 남기고 떠났습니다. 그래서 지금까지 그의 무덤을 찾을 수 없습니다. 종교 개혁과 함께 *기독교 강요*(Institutes of the Christian Religion)란 불후의 신학적인 업적을 남기고 간 위인이자 개혁가였지만 자신을 완전히 감추며 오직 주님만 높임 속에 광야의 소리처럼 사라졌던 것입니다.[1]

찬양이나 찬송은 우리 모든 기독교인에게 신앙 여정의 동반자와도 같습니다. 공적이든 사적이든 예수님의 이름으로 모인 곳이나 홀로 있는 곳에도 그 동행함은 언제나 변함없습니다. 그런데 그와 같이 너무도 친숙하고 익숙해져 있는 찬양이 하나님 앞에서 깊고 깊은 헌신이라는 사실을 알고 경험하는 사람은 그리 많지 않을 수 있습니다.

그러므로 찬송·찬양 안에 담긴 보석과도 같은 의미들을 전해준 믿음의 선진들인 성경의 인물들을 먼저 만나야 할 것입니다. 그 내면의 소리들을 들어야 할 것입니다. 그것이 하나님을 향한 최고의 헌신이며 믿음의 진정한 증거인지를 알아 우리도 심령으로부터 흘러나오는 온전한 찬양을 할 수 있게 하기 위해서 말입니다.

찬양은 오직 하나님의 백성들만이 할 수 있는 특권입니다

　찬양·찬송은 하나님의 백성들만이 할 수 있습니다. 다시 말해 찬양은 하나님을 경험하지 못한 사람들이 할 수 없다는 본질을 갖습니다. 마르바 던(Marva J. Dawn)은 "우리가 하나님을 보지 못하고 알지도 못한다거나 우리의 삶 안에서 하나님이 하나님으로 존재하지 않는다면 결코 찬양의 목적이 되신 하나님께 반응할 수 없다"[2]라고 말했습니다. 이는 찬양이란 하나님과의 관계적인 삶으로부터 우러 나오는 증거인 까닭입니다. 그래서 하나님을 모르는 사람들에게선 결코 말씀 속에 선포된 찬송, 아니 말씀에 따른 그 어떠한 행위나 모습도 기대할 수 없습니다. 이에 찰스 스펄전(Charles H. Spurgeon, 1834-1892)은 "하나님을 찬양하는 것, 이것이야말로 진정한 자녀 됨의 표시"[3]라고 하였습니다.

　예수 그리스도를 통하여 거듭나고 평생 하나님의 신실하신 그 은혜 속에 있는 우리들은 어떠합니까? 단 하루의 삶을 되돌아 보더라도 모두가 다 하나님의 흔적으로 가득해 있음을 고백할 수밖에 없습니다. 이때 자연스러운 반응이 나타납니다. 대부분 그의 보편적인 것을 떠올린다면 찬송·찬양일 것입니다. 거기엔 분명 깊은 감사에서부터 순종과 영적 헌신의 결단들이 있습니다. 이런 연유로 하나님을 얼마나 경험하였는지 쉽게 알 수 있는 방법은 삶 속에서 찬양을 살펴보는 것입니다. 찬양은 그만큼 그의 깊이와 정도를 드러내는 척도입니다. 이에 하나님과 단절된 자들은 노래를 부를 수는 있으나 결코 찬양할 수 없습니다. 시편 기자의 "죽은 자가 여호와를 찬양하지 못하나니 적막한 데 내려가는 아무도 못하리로다"(시 115:17)라는 말씀과 같은 맥락입니다.

이와 달리 "…찬송하리로다… 산 소망이 있게 하시며"(벧전 1:3b)라는 말씀대로 그리스도를 통해 거듭나 산 소망을 품고 살아가는 그리스도인은 찬송이 터져 나옵니다. 그것도 "…하나님의 은혜로 값없이 의롭다 하심을 얻은 자 되었느니라"(롬 3:24b)인 칭의의 은총과 하나님의 영으로 인도하심(롬 8:14)을 받음과 하나님 나라를 유업으로 받게 됨(갈 4:17)이란 은혜를 찬송하며 증거할 수 있는 하나님 자녀들에게만 주어진 특권 중의 특권으로서 말입니다.

찬양은 영성의 실제입니다

흔히 찬송이나 찬양이란 말에 곧바로 떠오르는 것이 있습니다. 노래입니다. 성경에서도 가장 보편적인 모습이 노래이기에 이를 음악으로 자연스럽게 생각합니다. 하지만 표현의 방식일 뿐인 노래로 그 본질을 말할 수 없습니다. 성경은 다만 하나님을 노래하는 찬송·찬양 속에 담겨 있는 내면의 이야기로 그 실체를 말씀합니다.

그래서 성경에 기록된 찬송, 찬양, 칭송, 송축, 찬미 등의 원래 의미를 찾아보면 다양한 뜻이 있음을 알 수 있습니다. 흥미롭게도 대부분 음악과는 아무 상관이 없는 하나님 자랑, 기념, 기억, 선포, 감사, 인정,

자복, 엎드림, 굴복 등의 구체적인 믿음의 고백과 그 속사람의 행동들을 가리킵니다. 이의 한결같은 공통점은 영성(spirituality)의 실제입니다. 하나님 은혜에 대한 감사 표현의 차원에서 한 걸음 더 나아가 하나님을 향한 믿음, 순종 그리고 헌신과도 맞물려 있는 영적 상태를 나타내는 것입니다.

이 영성은 사상과 삶, 신학과 인간 실존의 공존을 보여주는 총체적인 영적 성향으로 말씀 안에서 살아가는 그리스도인의 실제적인 삶에 직결되어 있습니다.[4] 그만큼 영성은 하나님 앞에서 삶의 모든 면과 함께하며 드러나게 하는 방식이기에 찬양의 본질을 떠나서는 생각할 수 없습니다. 이는 찬양이 말씀과 삶이 어우러진 영성으로 증거하기 때문입니다. 그래서 찬양을 입술의 열매라고 말씀합니다(히 13:15).

찬양은 섬김입니다

성경 속에 우리 믿음의 조상들은 찬송이나 찬양을 시나 노래, 악기 연주, 춤, 외침, 두 손을 듦, 손뼉 침 등의 많은 표현양식으로 전해주었습니다. 수천 년이 지나도 여전히 이러한 유형은 계속되고 있습니다. 특히 현대 문화의 흐름에 따라 그 표현의 자유로움과 전문성이 두드러짐으로 이를 위한 전문 사역자들의 역할마저 크게 강조됨은 벌써 오래전 이야기가 되었습니다.

그러나 찬양은 소리나 이를 위한 표현 양식인 그 어떤 방법들로 설명되는 것이 아닙니다. 찬양은 말씀의 가사 안에 삶이 녹아진 영적 고백입니다. 다만 이러한 찬양에 표현을 위해서 음악이 사용되는 것입니다. 그래서 아무리 아름답고 세련된 워십 댄싱(worship dancing)이라든지 현시대의 감각을 풍성하게 담아내는 CCM(Contemporary Christian Music)과 CWM(Contemporary Worship Music) 등이 탁월한 음악 소리를 갖추었어도, 찬송·찬양의 본질과 그 의미에서 우러나오는 것이 아니라면 그저 한낮 무대 공연이나 공허한 종교적인 노래의 울림일 뿐입니다.

사실 교회마다 찬양의 물결로 가득한 은혜의 시대를 지나오는 동안 찬양의 기쁨과 감격을 이뤄 보고자 관심을 다양한 음악과 악기와 반주법 및 음향 등에 기울여왔음을 부인할 수는 없습니다. 물론 찬양 사역자들이 그것들에만 의존하지는 않았을 것입니다. 영적 차원인 찬양이 그러한 노력만으로는 사역의 힘겨움만 경험하게 될 것을 잘 알고 있기 때문입니다. 그럼에도 풍성함을 통한 시도와 수고는 실제로 중요하며, 계속 발전해 나가야 할 교회 음악인들의 책임임엔 분명합니다.

그러나 처음 시작과 과정 그리고 그 결과가 찬양의 본질로부터 비롯된 것이 아니라면, 찬양과 아무 관련없는 종교적인 노래에 불과합니다. 찬양은 하나님을 향한 섬김입니다. 우리를 위한 것이 아니라 하나님을 위한 섬김입니다. 섬김이라고 하는 그 소리는 구원의 감격으로 가득한 영혼의 울림입니다. 찬양은 신앙의 결과이지 그의 시작이나 준비를 위해 존재하지 않습니다. 성경은 찬양의 모든 행위가 하나님을 인하여 자연스럽게 나타난 믿음의 증거임을 말씀하기 때문입니다.

내적이든 외적이든 이 모두가 영적 섬김으로 설명됩니다.

개신교 영성 신학의 대표적 인물이었던 유진 피터슨(Eugene H. Peterson)은 "느낌을 통해 행동으로 나아가는 것보다는 행동을 통해 느낌을 얻는 것이 훨씬 빠르다. 예배는 예배 행위로 표현된 하나님에 대한 감정이 아니라, 하나님을 향한 감정을 발전시키는 행위다"[5]라고 하였습니다. 이것은 예배에서 진정한 찬양의 모습을 전하려 한 것입니다. 곧 찬양할 때 음악적인 감정을 좇아가기보다는 하나님을 인하여 내면에서의 능동적인 애씀과 수고로 나아가야 할 섬김이라는 것입니다.

온전한 영성의 상태는 지금 자신의 기분이 어떤가 하는 데에 달려 있지 않습니다. 우리가 어떤 사람이며 어떤 사람이 되어가고 있느냐에 있습니다. 마찬가지로 찬양 역시 정서적인 느낌에 있지 않고 부르는 그때 어떤 사람이며 또한 어떤 사람으로 되어가느냐에 있습니다. 찬양하는 자는 감정에 몰입함이 아니라 그것을 뛰어넘는 심령의 심지가 견고한 믿음을 노래하는 사람입니다.

C. S. 루이스(Clive Staples Lewis)는 지식이나 원칙 혹은 습관은 지속될 수 있는 반면 감정이라고 하는 것은 그 자체가 얼마든지 변할 수 있는 속성을 가지고 있다고 하였습니다.[6] 유진 피터슨(Eugene H. Peterson)도 이러한 인간의 변화무쌍한 감정이야말로 믿을 것이 못됨을 지적하기 위해 폴 쉐러(Paul Scherer)의 말을 인용했습니다. "성경은 우리가 느끼는 방식에 대해서 시간을 거의 허비하지 않는다."[7] 이에 로버트 미첼(Robert H. Mitchell)은 거룩한 감정의 근원으로 나아

갈 것을 다음과 같이 권면했습니다.

> 신약성경에서 인간의 주관적인 감정에 관심을 두지 않음을 주목하라! 그 안에 기록된 복음적인 설교들은 개인적인 감정, 개인적인 간증들을 거의 강조하지 않는다… 반면에 역사를 통하여 하나님의 섭리, 성육신 사건과 그 의미들, 믿음, 신앙, 그리고 헌신으로 초대하고 있다. 감정에 대한 관심보다는 감정의 대상과 감정을 낳게 할 행위들에 전심하라![8]

이러한 교훈들은 찬양함으로 얻어지는 감정적 변화에 대한 관심보다 찬양의 대상인 하나님께 집중하여 찬양함에 최선을 다하도록 안내합니다. 찬양의 시작이나 과정은 그 어떤 음악들—자신들의 정서적 취향에 따른 찬양 음악들—에 의해 좌우되지 않습니다. 먼저 아버지 되신 하나님을 경험함으로 시작된 모든 감정의 발전이 찬양으로 깊어집니다. 어떤 양식의 음악으로 표현되든 이러한 찬양은 하나님 감격에서 깊게 울려나오는 노래를 통한 섬김이 되는 것입니다.

존 칼빈(John Calvin)은 찬양의 표현양식을 엄격하게 규제하듯 매우 절제한 인물이었습니다. 그런데도 그가 찬양이야말로 하나님께 최상의 가치만 아니라 최고의 헌신이라 한 것은 찬양의 본질이 음악 차원에 있지 아니함을 말하려 했던 것입니다.

찬송·찬양은 영적인 섬김입니다. "…그들이 회막 앞에서 찬송(쉬르, Shiyr: 노래)하는 일(쇠라트, sharath: 섬기다, 봉사하다)을 행하되…"(대상 6:32)라는 말씀처럼 노래를 통한 찬송·찬양은 거룩하신 하나님의 임재를 상징하는 곳에서 경외함으로 행했던 이들과 같이 영적 헌신을 동반한 최상의 섬김입니다. 우리가 찬양한다고 하는 그때도 이미 얻은 구원의 기쁨과 지금까지 베푸신 모든 은혜에 대한 깊은 감사, 앞으로도 우리와 영원히 함께 하실 하나님으로 인한 감격 속에 행하는 믿음의 섬김입니다. 그 노래의 가사가 수평적이든 수직적이든 전심을 다해 부르는 하나님을 향한 섬김 그 자체입니다.

찬양은 지극히 자발적인 소리입니다

우리는 "찬송·찬양은 하나님의 명령이다"란 말을 많이 들어왔습니다. 이는 하나님 말씀이 이에 대하여 소극적이거나 권면 정도의 차원이 아닌 명령과 다를 바 없기에 그러합니다.

> "여호와의 이름을 찬양할 것은 저가 명하시매"(시 148:5).
> "왕이 레위 사람을 여호와의 전에 두어서 다윗과 왕의 선견자 갓과 선지자 나단의 명한 대로 제금과 비파와 수금을 잡게 하니 이는 여호와께서 그 선지자들로 이렇게 명하셨음이라"(대하 29:25).
> "보좌에 음성이 나서 가로되 하나님의 종들 곧 그를 경외하는 너희들아 무론 대소하고 다 우리 하나님께 찬송하라"(계 19:5).

시편에 기록된 찬송, 송축, 혹은 찬양과 함께한 동사는 한결같이 '하라'라고 하는 명령형입니다. 특히 위에 인용된 성경말씀에서의 '명령하다'(짜바, tsavah, 시 148:5)는 창세기 3장 11절에서 선악과를 먹은 아담에게 "내가 너더러 먹지 말라 명한(짜바, tsavah) 그 나무 실과를 네가 먹었느냐"의 '명령'과 같은 말입니다. 이 사실을 근거한다면, 우리는 찬송·찬양은 그야말로 하나님 명령에 따라 행해야 할 무조건적인 복종이란 구속력을 지닌 것은 아닌지 하는 생각이 들 수 있습니다.

그래서인지 때론 찬양, 워십 리더들 중엔 강권적으로 찬양하기를 촉구하기도 합니다.

그런데 창세기를 보면 하나님께서 내리신 명령을 준행해야 할 아담의 행동은 자유의지 가운데에서 행할 수 있는 선택 속에 있었음을 알 수 있습니다. 더구나 아담으로선 명령을 어김에 따르는 죽음이 두려워 어쩔 수 없이 행해야 할 마음을 가졌으리라 생각되지도 않습니다. 그때는 하나님께서 창조하신 후 '보시기에 좋았더라'의 말씀대로인 환경이기도 했지만 인간의 죽음이란 고통 자체를 전혀 알 수 없는 존재로 살아가고 있었기 때문입니다.

다만 아담은 진정 하나님을 창조주 아버지로 알고 기뻐하며 감사하면서 깊은 존경과 사랑 그리고 경외감을 가졌을 것입니다. 그런 상황에선 하나님의 명령하심에 대한 마음과 그에 따른 행위는 단지 두려움에서의 맹목적인 복종이라기보다 하나님의 아들로서 마땅히 행해야 할 당위적 성격을 지녔다고 봄이 더 자연스럽습니다. 이는 하나님의 모든 '명령'에 적용되는 내적인 틀입니다. 그래서 "곧 내 주의 교훈을 좇으며 우리 하나님의 명령을 떨며 준행하는 자의 의논을 좇아… 우리 하나님과 언약을 세우고 율법대로 행할 것이라"(스 10:3)의 '명령(미쯔바, mitsvah)'이란 말도 아담에게 주어졌던 '명령(tsavah)'에서 유래된 것입니다. 여기의 '떨며(하레드, Chared: tremble, reverential)'는 거룩한 떨림 속에서의 공경심을 뜻합니다.[9] 그만큼 하나님의 말씀에 순복해야 할 진정한 속마음은 불복함으로 말미암아 심판에 따른 공포감과는 아무 관련이 없습니다. 다만 하나님을 사랑하며 아버지로

섬기는 자로서 내면 깊은 데에서의 지고한 경외심 속에 있을 뿐입니다.[10]

찬양에 대한 이해는 바로 이러한 마음가짐에서부터 시작합니다. 그것이 하나님을 인하여 당위적으로 발생하는 것임을 성경은 이렇게 말씀합니다.

> "...찬송은 정직한 자의 마땅히 할 바로다"(시 33:1b).
> "그것들이 여호와의 이름을 찬양할 것은... 지음을 받았음이로다"(시148:5).
> "우리 주 하나님이여 영광과 존귀와 능력을 받으시는 것이 합당하오니..." (계 4:11a).

하나님이 찬양받으실 이유는 이러한 내용만으로 제한되지 않습니다. 무한하신 하나님으로부터 비롯되는 찬양인 까닭입니다. 특히 구원의 은혜를 입은 자로서는 찬양이란 깊은 감격의 외침으로 이어지게 합니다. 캔드릭(Graham Kendrick)은 찬양의 이러한 속성을 생각하며 다음과 같은 예를 들어 설명하기도 했습니다.

> 나는 근자에 '바다표범으로부터 소녀를 구해낸 사람을 칭송함'이라는 머리글이 실린 신문을 보았다. 그의 행동, 그의 용기, 소녀를 구하기 위해 자기 목숨을 선뜻 던진 그의 의지로 말미암아 그는 칭송받게 되었고 건전한 사고를 가진 사람이라면 당연히 그에게 칭찬을 돌릴 것이다.[11]

물론 그래함 캔드릭이 제시한 예를 가지고 찬양의 합당함이란 이유에 충분한 비유가 될 수는 없을 것입니다. 거기엔 하나님을 향한 찬송·찬양의 주제에 비교할 수조차 없는 예수 그리스도의 죽으심을 통한 대속의 사랑과 사망에서 부활하심으로 영원한 생명의 소망까지 이르게 하신 하나님의 은혜가 있기 때문입니다. 이로 인한 찬양은 권면,

요청, 명령 등에 좌우되지 않는 기쁨 가득한 끝없는 함성일 수밖에 없습니다.

그래서 마르틴 루터는 하나님이 독생자이신 예수 그리스도를 내어 주셔서 죄, 사망, 악으로부터 구원하셨음을 진정으로 믿는다면 이에 대해 침묵할 이가 어디 있겠으며 감격스런 칭송으로 찬양하지 않을 사람은 없을 것이라고 하였습니다.[12] 찰스 스펄전도 "하나님을 찬양하는 노래는 영적인 갈망이다. 구원받은 영혼은 주님 안에서 스스로 즐거워하며 계속 지치지 않고 노래한다"[13]라고 말했습니다. 토미 테니(Tommy Tenney)는 이렇게 강조하기까지 했습니다.

> 하나님을 찬양하는 것은 하나님의 속성이나 하나님의 방법 때문에, 하나님이 하나님이시기 때문이다. 하나님은 우리가 나날이 편안하든 편하지 않든 찬양을 받아 마땅한 분이시다. 더 이상 그 어떤 말을 더할 필요도 없다.[14]

성경엔 찬송(율로기아, eulogia: 고후 9:5, 계 5:12, 7:12)이란 말이 '연보,' 혹은 '헌금'의 뜻으로도 기록되었습니다. 이처럼 헌금이란 본래 의미와 같이 찬송, 찬양, 찬미, 송축 모두가 다 내면으로부터의 '드림'이란 본질에 뿌리를 두고 있습니다. 그러므로 찬양은 '연보나 헌금'의 속성 안에서 이뤄지는 것인 만큼 명령에 따른 구속이나 강압이나 억지에서 올 수 없습니다.[15] 다만 지극히 자발적으로 심령 깊은 곳에서 우러 나오는 기쁨과 감사와 헌신으로 이어질 섬김의 소리입니다.

하나님은 예배 처소를 마련하도록 모세에겐 성막(출 25:9)을 다윗에겐 성전(대상 28:19)—솔로몬에 의해 지어짐—을 건축하도록 준비시키셨습니다. 성경은 이에 관한 계획을 하나님이 직접 지시하셨다고 말씀합니다. 예를 들면, 성막과 성전의 모형, 이에 관련한 모든 성물들, 또 그것들의 세밀한 치수와 색깔까지도 빠짐없이 하나님의 아이디어로만 행하게 하셨습니다. 영원한 천상예배의 예표로서의 성전건축은 전적인 하나님의 주권에 속한 것이므로 명령 그 자체였습니다. 여기에서 행해지는 제사규례 및 제사법들도 하나님의 엄격한 명령에 의해서만 세워진 것이었습니다.

그런데 이와 관련된 음악에 있어선 어떠한 음악으로, 혹은 어느 일정한 양식으로 하라는 일체의 말씀은 없으셨습니다. 더구나 현시대의 찬양하는 이들의 그룹도 처음부터 하나님의 직접적인 명령에 따라 조직되지 않았습니다. 성경은 다윗에 의해 자연발생적으로 생겨난 것임을 말씀합니다. 이는 찬양이 하나님을 경험한 자들이라면 자발적으로 행하는 것임을 알게 하는 사실입니다.

이런 맥락에서 온전한 찬양 사역 리더십은 획일적이거나 강제성 혹은 강요와는 거리가 먼 것임을 주목해야 합니다. 저드슨 콘월(Judson Cornwall)은 이에 대한 자신의 경험을 다음과 같이 소개했습니다.

> 어느 주일 아침 강단 뒤에 서서 손을 들고 찬양을 하다가 눈을 뜬 나는 문득 무척 놀라운 사실을 깨닫게 되었다. 찬양하는 모습이 저마다 너무 다르고 또한 너무나 다양했다. 어떤 사람은 손을 들고 있었고, 어떤 사람은 손뼉을 치고 있었다. 고개를 숙이는 사람도 있었고 얼굴을 위로 들고 있는 사람도 있었다. 무릎을 꿇고 있는가 하면, 흩어져 성경을 읽고 있는 사람도 있었다. 우리 모두가 하나의 경배 속에 연합되어 있긴 했지만, 우리의 모습은 너무나 개인적이었다. 나는 먼저, 똑 같은 행동을 통해 우리를 서로 연합 시키고자 합창을 하게했다. 그러나 나는 곧 그것이 얼마나 쓸데없는 짓이며, 내가 사람들의 육체를 얼마나 전형적인 방법으로 다루려하고 있는가 하는 것을 깨닫게 되었다. 우리는 모두 찬양 속에서 이미 하나 되어 있었고, 우리의 생각들은 예수님과 하나가

되어 있었다. 그리고 각자 자신의 방법대로 자기를 표현하는 것이어야말로 우리의 유일한 방법이었다. 실제로 그 다양성은 우리의 찬양을 덜 의식적인 것이 되게 했고, 생생하게 살아있게 했다.[16]

찬양 사역에 있어서 회중의 찬양 소리를 위한 고무와 격려는 마땅합니다. 그렇다고 해서 마치 억지처럼 하게 할만한 어떤 요구나 이야기 등은 지양되어야 합니다. 성령 안에서의 예배엔 적절함과 질서 속에 자유가 있기 때문입니다(고전 14:40, 고후 3:17). 찬양으로 인도함엔 이것이 그 토대입니다. 회중이 찬양할 수 있도록 북돋움에는 강제성이나 억지스러움을 낳게 할 그 무엇이든 이에 어울릴 수 없다는 것입니다. 다만 자연발생적인 예배 반응으로 회중이 임할 수 있게 할 영적 민감성 속에서의 인내와 도움이어야 합니다. 그렇지 않다면 찬양의 본질을 희석하고 왜곡시키게 할 수 있는 여지만을 줄 수 있을 뿐입니다.

그 어떤 사역이든 이의 중심은 사람이 아닙니다. 성령이십니다. 그 사역의 진정성은 이 사실을 깨닫는 데에서부터 시작됩니다. 이러한 의식과 믿음 속에서 특히 찬양 사역자는 찬양 속에 인도하실 성령을 사모하고 그분의 주권적 역사하심 앞에 섬김이란 종의 위치를 잃지 않아야 합니다. 하나님의 구속과 은혜를 인하여 심령으로부터 흘러나오는 감사와 감격 속에 자발적인 섬김의 순전한 소리가 되기를 열망하면서 말입니다.

지금까지의 이 모든 내용은 찬송·찬양에 관한 핵심적인 부분을 다룬 것입니다. 이제는 이의 구체적이고 실제적인 의미들의 깊이를 캐기 위해 하나님 말씀의 골짜기로 들어가고자 합니다. 제임스 화이트(James F. White)는 예배에 대한 정의를 내리는 것에 대해서 이렇게 말했습니다.

> 어떠한 용어의 의미를 파악하기에 가장 좋은 방법이란 단순하게 정의를 내리기보다는 어떠한 상황에서 그 말이 사용되었는가 하는 점을 살펴보는 것이라 본다.[17]

이 말은 찬송·찬양의 본질을 알아가기 위하여 성경의 인물들이 남겨준 삶의 소리 안으로 들어가도록 하는 권면으로 다가옵니다. 그 안에는 그들의 믿음과 뿌리 깊은 영성을 만나볼 수 있습니다. 과연 찬양이 하나님의 백성들이 할 수 있는 최고의 헌신이었는지도 확인할 수 있습니다. 이로써 이 시대의 찬송·찬양에 참된 영적 감격과 거룩한 기쁨의 회복으로 나아가게 해줄 것입니다.

03

찬송은 하나님을 향한 최상의 섬김입니다

이 백성은 내가 나를 위하여 지었나니
나의 찬송을 부르게 하려 함이니라(사 43:21)

찬송·찬양은 우리의 전 존재를 초월하신 하나님이심을 고백하는 것이기에
우리의 그 무엇으로도 제한하거나 멈출 수 없는 섬김의 시간입니다.

제 3 장

찬송은 하나님을 향한 최상의 섬김입니다

I. 찬송은 내면의 두 손을 드는 것입니다

"그가 또 잉태하여 아들을 낳고 가로되 내가 이제는 여호와를 찬송하리로다 하고 이로 인하여 그가 그 이름을 유다라 하였고…"(창 29 : 35)

성경을 보면 찬양이라는 단어를 처음 나타나게 한 사람이 등장합니다. 믿음의 조상으로 불리는 아브라함이나 자신을 산 제물로 드림에 아무 말 없이 순종했던 이삭이나 하나님으로부터 이스라엘의 이름을 받게 된 야곱도 아닙니다. 이들처럼 주목받을 만한 인물이라고 하기엔 거리가 먼 어느 여인입니다. 그런데 평생 자기 남편으로부터 애정조차 제대로 받지 못하며 지냈던 딱한 삶의 처지에서 찬양이라는 말이 나온 사실은 자못 흥미로움을 갖게 합니다.

이 여인은 다름 아닌 야곱의 첫 번째 아내인 레아(Leah: 피곤함에 지친)였습니다. 그녀의 이름에서 말해 주듯이 동생 라헬(Rachel: 암양)에 비하여 눈에 총기가 부족해 보였고 아름다운 외모와는 거리가 멀었습니다. 이러한 이유에서인지 야곱은 레아가 아닌 라헬을 처음부터 결혼 상대자로 택하였던 것 같습니다. 이에 라헬과의 결혼을 조건으로 야곱은 장인이 될 라반을 위하여 칠 년간의 무보수 봉사를 성실히 이행하기까지 합니다.

하지만 그 고생 끝에서 정작 얻은 아내는 라헬이 아닌 레아였습니다. 고대 근동의 관습은 결혼식을 저녁때 치르게 되는데 신부는 너울로 얼굴을 가리게 되어 있었습니다. 베일로 가려진 신부가 레아인지도 모르고 야곱은 신방에서 하룻밤을 지냈던 것입니다. 이 사실을 알고 난 야곱은 이에 몹시 항의하였지만, 아우가 먼저 결혼하는 것이 자기 고장에선 허락되지 않는다는 라반의 변명만 듣습니다.

결국 생각지도 않았던 레아를 아내로 받아들이고 또다시 칠 년간의 봉사 조건에 그처럼 원했던 라헬을 두 번째 아내로 맞이합니다. 그 때문에 레아는 일생 동안 남편 야곱으로부터 애정 깊은 사랑을 기대할 수 없었는지도 모릅니다.

찬송은 내면의 두 손을 들고 하나님께 나아가는 것입니다

레아는 남편의 냉대 속에서도 첫아들을 낳았습니다. 첫째 아들인 르우벤을 출산하며 "...여호와께서 나의 괴로움을 권고(*라아*, raah: 보다,

목도하다)하셨으니 이제는 내 남편이 나를 사랑하리로다…"(창 29:32) 라고 했습니다. 이 말은 남편으로부터 겪었던 그녀의 심정이 어떠했는지를 알 수 있게 합니다. 이때 지어진 이름 르우벤(Reuben)은 '보라 아들이라'를 뜻합니다. 레아는 하나님이 자신에게 처한 어려운 처지를 보시고 헤아려 주셨기에 아들을 주셨다고 믿었기 때문입니다. 그래서 르우벤이라는 이름으로 야곱에게 보이며 그러한 상황을 확인시키고 싶었던 것입니다. 그렇지만 아들을 낳기 전과 후에도 아무런 변화가 없었습니다. 냉담한 남편으로 인해서 오는 괴로움은 계속될 뿐이었습니다.

레아는 그렇다고 그와 같은 남편과 함께했던 삶을 불평의 세월로 보내지 않았습니다. 오히려 남편의 마음을 돌리기 위해 간절한 기도 생활 속에서 인내했던 것입니다. 이는 둘째 아들인 시므온(Simeon)으로 헤아릴 수 있습니다. 시므온을 낳고 레아는 "…여호와께서 나의 총이 없음(*사네*, sane: 사랑받지 못하다, 미워하다)을 들으셨음으로 내게 이도 주셨도다…"(창 29:33)라고 했습니다. 하나님이 자신의 고충을 들으셨음을 드러내고자 '들음'을 뜻하는 시므온이라고 지었던 것입니다.

그런데도 여전히 레아의 심적인 고통은 끝나지 않았습니다. 하나님의 베푸심을 인하여 또 다시 셋째아들을 갖게 되는 순간에도 레아는 "내가 그에게 세 아들을 낳았으니 내 남편이 지금부터 나와 연합하리로다(*라바*, lavah: 결합하다, 연합하다)"(창 29:34)하며 자기 남편과 하나 됨이란 그저 한 낮 꿈같은 일임을 토로하고 있었기 때문입니다. 그래서 이 셋째아들 레위(Levi)의 이름은 '연합'입니다. 이러한 사실로 계속 아들을 낳았던 레아는 그때까지도 아이들의 이름을 남편인 야곱이 아비로서 직접 지어주지 않았던 설움만이 아니라 대신 자신이 지은 그 이름들을 통해서라도 남편의 애정을 여전히 구해야만 하는 기막힌 심정들을 나타냈습니다. 그만큼 마음에 말할 수 없는 상처로 가득했음을 이해하게 해줍니다.

그런데 이후 레아는 이전에 볼 수 없었던 모습으로 다른 말을 쏟아냅니다. 넷째 아들을 낳았을 때입니다. "...내가 이제는 여호와를 찬송(*야다*, yadah)하리로다..."(창 29 : 35)라고 했습니다. 그리고 아들 이름을 유다(찬양)로 지었던 것입니다. 비록 이 아들로 인해 레아의 처지가 나아질 상황이 아니었음에도 이전과는 전혀 다른 고백이었습니다. 하나님을 향한 찬송이었습니다.

여기의 '찬송(*야다*: yadah)'의 뜻은 '두 손을 들다, 뻗치다'입니다. 본래 찬양과 감사를 뜻하지만, 한편으로는 마치 어떤 깊은 구덩이에 빠진 사람이 두 손을 뻗쳐 들고 도움을 구하는 것처럼 하나님 앞에 그와 같이 두 손을 들거나 뻗치는 모습으로 다가오는 말입니다. 더는 자기 의지로 무엇인가를 이룰 수 있다거나 그렇게 하려는 마음 자체의 포기를 의미합니다. 그도 그럴 것이 레아는 낳아 준 아들들을 통해 얻게 될 수 있을 것이란 남편의 애정에 대한 자기 생각과 기대마저 이제는 내려놓겠다는 것입니다. 대신 하나님께 자신의 모든 것을 내어 맡김 속에서의 찬송으로 이어졌습니다. 레아가 올린 찬송은 하나님 앞에서 전적인 자아의 내려놓음이었습니다.

우리들은 종종 찬양하면서 두 손을 들기도 합니다. 이것은 경배의 외적 표현일 수 있으나 이에 머물지만은 않습니다. 이는 하나님 앞에 엎드림의 낮아진 마음입니다. 자아와의 멀어짐 속에 하나님만을 향한 절대적 신뢰의 의지입니다. 이 찬송으로 들어섬엔 그 어떠한 어려움들이 장애가 될 수 없습니다. 하나님께 완전한 내어 드림으로 기대어 있기 때문입니다. 그렇다고 억지스럽거나 의식적인 노력으로 하는 찬양이 아닙니다. 다만 현실이 찬양할 수 없을 만큼의 아픔과 고통 속에 있을지라도 이미 우리의 체질을 아시는 하나님께 믿음을 보여 드리는 것입니다. 이 믿음은 하나님을 바라는 것입니다. 내면의 두 손을 든 채 하나님을 기다리는 것입니다(시 27:14).

독일인 벤자민 슈몰크(B. Schmolck, 1672-1737)는 루터교회의 성직자였습니다. 목회자의 아들로 태어난 그는 열여섯 살에 설교를 할 정도로 일찍부터 영적인 지도력을 발하였습니다. 그가 살고 있던 당시는 이미 루터파 교회와 로마 가톨릭 교회간의 종교전쟁(1618-1648)이 끝난 뒤였습니다. 그런데 이 전쟁이 끝나면서 맺어진 평화조약 중의 어느 항목 때문에 루터교회의 교세는 거의 제한된 상태로 묶이게 되었습니다. 이때 유일하게 남아있던 루터교회를 벤자민 슈몰크가 담임하게 되었습니다. 한 교회이기는 하지만 돌아보아야 할 사역 현장이 서른여섯 개의 마을이나 되는 광활한 지역이었기에 그 수고는 매우 고된 것이었습니다. 그래서인지 만년엔 몸의 마비증세와 백내장으로 고생함에 이를 만큼 몸을 아끼지 않은 헌신적인 삶을 살았습니다. 하루하루 어렵고 힘겨운 돌봄의 현장이었지만 전심을 다해 섬겼던 것입니다.

그러던 어느 날, 내외가 함께 전도와 심방을 마치고 집에 돌아왔을 때 충격적인 모습을 대하게 됩니다. 집은 모두 불에 타 폐허가 되어 있었고, 거기엔 자신의 어린 아들 형제가 나란히 서로 껴안은 채로 불에 타 죽어 있었던 것입니다. 그들은 한동안 정신을 잃고 서 있었습니다. 그러고 나서는 무릎을 꿇고 기도를 올립니다. 눈물로 가득한 기도였으나 조금의 원망이란 말은 없었습니다. 하나님을 향한 믿음의 기도로 채워져 있었을 뿐입니다.

이후에 벤자민 슈몰크는 겟세마네 동산에서 "...나의 원대로 마옵시고 아버지의 원대로 하옵소서..."(마 26:39b)라고 기도하시던 주님의 말씀을 생각하며 다음의 찬송의 시를 적어내려 갔다고 합니다.[1]

> 1. 내 주여 뜻대로 행하시옵소서 온 몸과 영혼을 다 주께 드리니
>   이 세상 고락간 주 인도하시고 날 주관 하셔서 뜻대로 하소서
> 2. 내 주여 뜻대로 행하시옵소서 큰 근심 중에도 낙심케 마소서
>   주님도 때로는 울기도 하셨네 날 주관 하셔서 뜻대로 하소서
> 3. 내 주여 뜻대로 행하시옵소서 내 모든 일들을 다 주께 맡기고
>   저 천성 향하여 고요히 가리니 살든지 죽든지 뜻대로 하소서
> (찬송가, 내 주여 뜻대로)

레아로부터 전해진 찬송의 본질은 독일 루터교회의 한 목회자에게서 믿음의 꽃으로 피어났습니다. 그의 찬송은 자신을 온전히 하나님 앞에 내려놓으며 하나님만을 의지하는 믿음을 노래한 것입니다. 일평생 하나님을 향해 믿음으로 나아간 그의 인생 발자취는 결국 900여 편의 찬송시가 되어 더 없는 값진 신앙 유산으로 전해져오게 되었습니다.

진정, 찬송은 어떠한 상황과 환경에서도 멈추어 질 수 없는 믿음의 고백입니다. 하나님께 우리 중심적인 생각과 감정과 의지조차 내려놓

고 말씀 안에서 흐트러짐 없는 믿음일 때에야 비로소 우러나올 수 있는 것이 찬송입니다. 여기엔 그 내면이 간절하게 하나님을 향하여 두 손을 들고 있습니다. 엎드림의 감사 속에서의 찬송으로 말입니다. 이것이 하나님께서 레아를 통해 보여주신 찬송의 본질입니다.

찬송 속에 영광스러운 메시아의 탄생 계보가 이어졌습니다

레아가 낳은 넷째 아들인 유다의 계보를 따라가면 다윗 왕이 나타납니다. 다윗은 전 생애를 통하여 찬양의 본질을 남겨 주었고, 오늘날 찬양하는 무리의 기원과 그 토대를 마련해준 인물이었습니다. 그러나 무엇보다 유다의 후손에서 구세주 예수 그리스도의 탄생이란 영광스러운 계보가 이어졌다는 사실입니다. 이는 유다를 위한 야곱의 축복 기도를 통해서 메시아가 유다 지파로부터 나올 것임을 밝혀준 다음의 말씀 그대로입니다.[2] "유다야 너는 네 형제의 찬송(yadah)이 될지라 네 자손이 네 원수의 목을 잡을 것이요 네 아비의 아들들이 네 앞에 절하리로다 …그에게 모든 백성이 복종하리로다"(창 49:8, 10b).

여기에 인용된 메시아 탄생 예언인 말씀에서의 '찬송(yadah)'은 레아의 찬송과 동일한 말임을 대할 때 공감할만한 것이 있습니다. 이는 그 본래의 의미처럼 예수 그리스도를 처음 영접할 때의 회심이나 또 이미 그리스도인이었더라도 예수님의 이름으로 두 손 들고 회개하던 경험입니다. 더 나아가 그리스도께서 우리 모든 것에 주인 되심을 고백하는 내면의 찬송입니다. 성경은 이렇게 말씀합니다.

> "큰 음성으로 이르되 죽임을 당하신 어린 양은 능력과 부와 지혜와 힘과 존귀와 영광과 찬송(eulogia)을 받으시기에 합당하도다 하더라 내가 또 들으니 하늘 위에와 땅 위에와 땅 아래와 바다 위에와 또 그 가운데 모든 피조물이 이르되 보좌에 앉으신 이와 어린 양에게 찬송(eulogia)과 존귀와 영광과 권능을 세세토록 돌릴지어다 하니"(계 5:11-12).

모든 피조물이 '죽임을 당한 어린 양이신 그리스도'께 '부와 지혜와 힘과 존귀와 영광과 찬송'을 받으시기에 합당하심을 선언한 말씀입니다. 이때 반복된 찬송(율로기아, eulogia)은 봉헌이란 뜻을 담고 있는 말로써 찬양, 찬미, 축복 등을 가리킵니다. 하지만 이미 언급했듯이 '헌금 혹은 연보'(고후 9:5)로 기록된 단어이기에 그 중심에서만은 기쁨과 감사 속에서 '드림'이란 본질 위에 심령으로부터 흘러나온 온전한 드림입니다. 곧 우리의 주인 되신 주님을 향해 자신을 내려놓으며 두 손 들고 나아감에 내어드림의 찬송입니다. 이러한 찬송 고백을 통해 구세주이신 예수 그리스도 메시아의 탄생 계보가 이어졌던 것입니다.

찬송은 하나님을 하나님으로 인정하는 것입니다

찬송은 우리의 신앙생활에 필연적인 동반자입니다. 단지 찬송의 가사 중에 지치고 상한 영혼들을 향한 위로와 권면을 담고 있어서가 아닙니다. 찬송은 믿음으로 살아가는 인생 여정 가운데 모든 순간마다 하나님을 인정하고 신뢰할 만큼 전 존재의 드림이란 믿음의 증거이기 때문입니다.

찬송에는 지나온 삶에 대해 감사함이 있습니다. 이 감사함은 현재와 앞으로도 하나님이 허락하신 생명이 다하는 그날까지 멈추지 않게 하실 은혜의 결과입니다. 다만 이 찬송은 감사를 쏟아내게 할 약속의 말씀을 붙잡고 살았던 믿음의 조상들과 같이 하나님을 하나님으로 인정해 드림을 전제로 합니다. 과거와 현재와 미래에도 변함없으심을 시인할 수밖에 없는 신실하신 하나님이신 까닭입니다. 그래서 레아로부터 나온 '찬송(yadah)'은 '고백하다,' '인정하다'를 의미합니다. 우리는 이 찬송의 어휘로 인해 레아가 넷째 아들을 낳고서야 비로소 하나님을 진정으로 인정한 고백이었음을 헤아릴 수 있게 합니다.

그런데 무엇을 인정했다는 말이겠습니까? 레아는 그동안 남편의 애정에 집착하여 자신을 향한 위로의 말로서 아들들의 이름을 지었습니다. 그러나 이제는 둘, 셋도 아닌 넷째 아들까지 주신 분이 하나님이심을 인정하며 자기 삶을 복되게 생각했던 것입니다. 감사의 마음도 잃지 않으면서 말입니다.

이러한 마음은 그녀의 마지막 아들 스블론을 낳았을 때에 확인됩니다. "하나님이 내게 후한 선물을 주시도다 내가 남편에게 여섯 아들을 낳았으니 이제는 그가 나와 함께 거하리라"(창 30: 20). 비록 여전히 남편의 애정을 향한 미련이 남아 있었지만, 후히 베푸시는 하나님을 기억하며 감사의 마음이 먼저 있었습니다. 레아는 넷째 아들을 낳고부터는 그간의 고통스러운 생각들을 접었습니다. 대신 하나님께 눈을 들어 감사 찬송을 하였습니다. 유다(찬양)로 지어진 그 이름은 레아가 하나님의 섭리 앞에 엎드리며 감사로 올린 고백임을 증거한 것이었습니다.

찬양은 현재의 삶이 어떠한 상황이든 그 가운데에도 하나님을 하나님으로 인정하는 것입니다. 생각과 감정과 의지도 직면한 현실에 좌우됨이 아니라 오직 선하신 하나님의 다스림 안으로 들어가 전적인 신뢰 속에 믿음을 노래하는 것입니다. 성경은 이렇게 말씀합니다. "...예수로 말미암아 항상 찬미의 제사를 하나님께 드리자 이는 그 이름을 증거하는 입술의 열매니라"(히 13:15). 여기에 '증거'(호몰로게오, *homologeo*)'는 '인정,' '동의,' '시인,' '고백'을 말합니다.

찬송·찬양은 우리 전 존재를 초월하신 하나님이심을 고백하는 것입니다. 우리의 그 무엇으로도 제한하거나 멈출 수 없는 섬김의 시간입니다. 여기에 인용한 히브리서 말씀처럼 하나님의 섭리 속에 드러난 그 이름의 선하신 성품대로 인도해 주심을 믿고 인정해 드리는 것입니다. 이때는 우리의 자아 중심적인 모든 것들의 철저한 내려놓음이 있습니다. 찬송·찬양은 언제나 전능하신 하나님께 내면의 두 손 들어 우리 자신의 전 삶을 맡겨 내어드림의 헌신을 노래하는 것입니다.

II. 찬송은 우리를 뛰어넘는 감사입니다

"감사(토다, towdah)로 제사를 드리는 자가 나를 영화롭게 하나니 그 행위를 옳게 하는 자에게 내가 하나님의 구원을 보이리라"(시 50 : 23)

찬송엔 언제나 감사가 있습니다. 찬송할 수밖에 없는 감사의 이유로 가득하기 때문입니다. 그런데 성경은 "범사에 감사하라..."(살전 5:18a)라고 말씀합니다. 이는 어떠한 이유나 조건에 제한될 수 없는 것이 진정한 감사임을 선언한 것입니다. 그래서 범사에 감사는 우리의 믿음을 되돌아보게 하는 때이기도 합니다.

찬송은 지·정·의를 넘어서는 믿음의 감사입니다

하나님께 감사의 노래가 늘 끊이지 않게 할 힘은 신실하신 하나님의 말씀으로 말미암은 믿음에 있습니다. 우리가 만약 출애굽한 이스라엘 백성들처럼 홍해를 건넜거나, 광야 사막 길 반석에서 솟아나는 물을 보았거나, 공중의 메추라기 떼와 하늘로부터 내려오는 만나를 먹었거나, 여리고 성이 스스로 무너지는 것 등이란 하나님의 초자연적인 역사를 경험하였다면 이에 감사함은 너무나 당연할 것입니다.

하지만 '범사(파스, pas: 모든 것)에 감사'는 우리의 생각과 감정과 의지를 뛰어넘게 하는 영적 감사입니다. 곧 우리의 모든 것을 초월하신 하나님의 신비스러운 인도하심 안으로 들어설 수 있게 하는 감사입니다. 여기엔 우리의 인내와 기다림이 따르는 필연적인 믿음을 전제로 합니다. 이해할 수 없고 감당하기 어려운 상황에 내몰려 있는 처지에도 찬송의 옷을 입혀 주시겠다는 하나님의 약속에 사로잡히려는 감사입니다. 마치 하나님이 근심과 괴로움을 대신하여 예비해주신 찬송의 옷으로 입게 될 것임을 시온에서 믿음으로 사모하며 갈망하던 이들처럼 말입니다(사 61:3a).[3] 그래서 감사는 하나님을 향한 믿음의 진정한 증거입니다.

성 어거스틴(St. Augustine, 354-430)이 히포(Hippo)의 주교였을 당시 삼위일체 교리에 관한 설교를 하고 있었을 때였습니다. 물론 어거스틴 자신도 그 비밀스러움에 관한 분명한 해답을 알 수 없어 이에 대해 깊은 고민을 가졌습니다. 그런 그에 관한 다음의 일화가 전해져옵니다.

> 성 어거스틴은 어느 날 바닷가에서 한 소년을 만납니다. 그 소년은 손에 양동이를 들고 바닷물을 담아다가 해변 모래사장에 붓는 일을 하고 있었습니다. 그 일을 쉬지 않고 계속하는 것을 본 어거스틴은 "얘야 지금 너는 무엇을 하고 있느냐?"고 질문을 합니다. "예, 저는 지금 해변가의 작게 패인 곳에 이 바닷물 모두를 다 담을 생각이에요."라고 대답합니다. 어거스틴은 그 아이의 천진난만함에 미소를 지으면서 "너는 그렇게 할 수 없단다. 어찌 이 큰 바다가 그 작고 작은 곳 안으로 다 들어갈 수 있단 말이냐?"고 하자 그 소년은 잠시 자신이 하던 일을 멈추고 이렇게 말합니다. "제게는 저 큰 바닷물 모두를 이렇게 작은 곳에 다 넣는 것이 오히려 인간 생각에 하나님의 성삼위 일체의 신비로움을 담는 것보다는 훨씬 쉽답니다. 어거스틴 주교님![4]

삼위일체는 이에 더하거나 뺄 수 없는 진리입니다. 인간 이성(reason)의 영역을 완전히 벗어난 거룩한 신비스러움 그 자체입니다.

그런데 이와 같은 비밀스러움은 삼위일체만이 아닙니다. "여호와의 말씀에 내 생각은 너희 생각과 다르며 내 길은 너희 길과 달라서 하늘이 땅보다 높음같이 내 길은 너희 길보다 높으며 내 생각은 너희 생각보다 높으니라"(사 55:8-9)의 말씀대로 하나님의 주권적 섭리가 그렇습니다. 그 과정은 도무지 알 수도, 헤아릴 수도 없는 우리의 모든 것을 초월하신 경이로움으로만 설명됩니다. 위에서 언급한 예화처럼 어린아이가 바닷물 모두를 모래사장의 조그마한 웅덩이 속으로 다 집어넣을 수 없듯이 창조주 하나님의 주권적 영역은 결코 피조물인 인간의 생각 안으로 넣어질 수 없다는 사실입니다.

그래서 세상 가운데 직면할 수 있는 모든 삶의 여정 속에 "나는 빛도 짓고 어두움도 창조하며 나는 평안도 짓고 환난도 창조하는 자니라"(사 45:7)라고 하신 하나님의 말씀 안에서 믿음으로 살아가게 해줍니다. 이에 믿음의 선진들도 혹독한 고난 속에서 끝까지 믿음으로 살아간 삶을 남겼습니다. 성경은 이렇게 말씀합니다.

> "어떤 이들은 희롱과 채찍질뿐 아니라 결박과... 돌로 치는 것과 톱으로 켜는 것과 시험과 칼에 죽는 것을 당하고... 궁핍과 환난과 학대를 받았으니 저희가 광야와 산중과 암혈과 토굴에 유리하였느니라... 이 사람들이 다 믿음으로 말미암아 증거를 받았으나 약속을 받지 못하였으니"(히 11:36-39).

이 말씀의 받지 못한 약속이라 함은 그리스도께서 다시 오심으로 완성될 '새로운 언약에 언급된 약속'에 의한 하나님 나라의 도래함을 경험하지 못했다는 것을 가리킵니다.[5] 비록 하나님으로부터 믿음을 인정받았지만 살아있는 동안엔 그와 같이 장래의 소망을 가슴에 담고 생각과 감정과 의지를 내려놓은 채 오직 믿음으로 견뎌야 했던 것입니다. 신실하신 약속의 말씀에 완전한 의지와 신뢰 속에의 믿음으로 말입니다.

그런데 고난이란 상황만으로 끝나는 말씀이 아닙니다. 이 세상에서의 삶은 그리스도에 의해서 새롭고 영원한 삶의 시작으로 들어가기 위한 잠시 지나가는 과정임을 말씀한 것입니다. 그렇지 않다면 참담한 인생일 뿐임을 세상은 말할 것이라고 한 다음의 말씀이 있는 이유입니다. "그리스도 안에서 우리가 바라는 것이 이 세상에만 해당하는 것이라면, 우리는 모든 사람 가운데서 가장 불쌍한 사람일 것입니다"(고전 15:19, 새번역).

이에 하나님의 말씀은 이것으로만 끝나지 않습니다. 이 세상에서 전혀 비교할 수 없을 더 좋은 것이 마련되고, 온전함으로 이르기 위한 하나님의 약속하심이 있다는 사실입니다(히 11:40). 이 약속은 과거만이 아니라 현재와 미래에도 그 말씀을 신뢰하는 하나님의 자녀에게는 변함이 없습니다. 그만큼 이를 향한 믿음은 미래의 소망을 바라보는 시야의 크기를 말해줍니다. 곧 "하나님을 믿는다는 것은 이 세상의 사실들이 일의 결국이 아니라는 것을 보는 것이다. 하나님을 믿는다는 것은 삶이 의미 있다는 것… 이 의미가 세상 속이 아니라 밖에 있다는 것을 보는 것이다"[6]라는 고백에 있습니다.

이처럼 믿음이란 이 세상 이후의 삶에 초점을 둘 수 있는 영적 능력입니다. 키에르케고르(S. Kierkegaard)가 강조했듯이 인간의 지·정·의를 완전히 뛰어넘는 믿음의 도약(leap of faith)입니다.[7] 막막한 어둠 가운데에서도 말씀대로 하나님이 함께하심을 의지하며 성령 안에서 혼란스러운 생각과 무너진 감정 그리고 주저앉고 싶은 육신을 일으켜 감사함에 들어서게 할 도약입니다. 찬송은 바로 이러한 믿음의 감사함을 노래하는 것입니다.

그래서 찬송은 믿음의 실체입니다. "누구든지 그리스도께서 우리를 위하여 행하신 일을 말이나 노래도 하지 않으려 한다면 진정으로 믿지 않음을 보여주는 것이다"[8]라는 마르틴 루터(Martin Luther)의 말도 이를 잘 말해줍니다. 물론 과거의 역사하심만을 노래하는 찬송이 아닙니다. 과거만 아니라 현재와 미래에도 변함없으실 신실하신 하나님을 향한 믿음의 노래이기 때문입니다. 시간과 환경을 초월하신 하나님을 향한 믿음으로 노래하는 것임을 시편 기자는 이렇게 선언합니다.

"내가 그들의 모욕으로 마음이 상하여 근심하고 있습니다. 내가 동정을 바라지만 얻을 수 없고 위로를 바라지만 나를 위로할 자가 없습니다. 그들이 음식 대신에 나에게 쓸개를 주었고 내가 목마를 때 초를 주었습니다. 하나님이시여, 내가 고통과 절망 가운데 있습니다. 나를 높이시고 나를 구원하소서. 내가 노래로 하나님을 찬양하며 감사함(*towdah*)으로 그의 위대하심을 선포하리라. 이것이 황소를 제물로 드리는 것보다 여호와를 더 기쁘게 할 것이다."(시 69:20-21, 29-31, 현대인의 성경).

이 시편 69편은 메시아의 수난을 예언한 것으로 알려진 탄원시입니다. 그만큼 시편 기자가 직면한 현실은 극심한 고난의 현장 가운데 있었음을 알게 합니다. 그런데도 구원해주심을 간청함만으로 끝나지 않습니다. 그 속에서 오히려 감사함의 찬송 노래로 이어집니다. 변화된 환경을 인해서가 아니었습니다. 변하지 않은 상황을 마주하며 구원의 하나님이심을 확언하는 믿음에 의해서였습니다. 그래서 이 말씀은 믿음의 감사야말로 하나님을 기쁘시게 할 진정한 제사임을 밝힌 말씀입니다.[9] 이때의 '감사'는 레아가 올린 찬송(yadah)에서 파생된 명사형인 토다(towdah)입니다.

이처럼 환란이나 핍박과 고통에 내몰림을 당한 처지에도 내면으로부터 멈출 수 없는 감사의 찬송 노래가 가능함은 하나님의 선하신 인도하심을 향한 절대적인 믿음에 있음을 알게 합니다. 이에 토미 테니(Tommy Tenney)는 "환란 중에 드려지는 찬양의 제사는 왕 중 왕인 하나님께 특별히 달콤하고 좋은 향기를 낸다. 그런 찬양이 의심과 의혹이 아니라 믿음의 신앙에서 나오는 것이기 때문이다"[10]라고 하였습니다.

성경엔 이러한 찬양의 향기로운 감사의 제사를 믿음으로 외치며 삶을 실천했던 인물이 있습니다. 아삽입니다. '모으는 자'란 의미의 이름을 지닌 아삽은 레아가 낳은 셋째 아들 레위의 장자인 게르손의 후예였습니다. 제사장 계열인 그는 헤만 그리고 에단과 함께 다윗 왕과 군대 지도자(혹은 각 지파 지도자)들로부터 찬양 사역을 위해 세움을 받았습니다(대상 25:1). 또한 하나님의 말씀을 받드는 선견자(선지자의 옛말)인 영적 지도자이기도 했습니다(대하 29:30).

성경이 아삽을 통해 말씀한 찬송엔 절대적인 신뢰의 감사함이 있습니다. 특히 서두에 인용된 시편 50편은 표제가 '아삽의 시'라고 되어 있지만, 참된 제사에 대한 내용으로 그의 중심은 '감사'입니다. 그것도 이 시편의 '감사'(시 50:23)는 이미 살폈던 메시아의 수난을 예언한 고난 속 기도에서 두 손을 든 엎드림의 감사(towdah)를 나타낸 말입니다. 곧 감사할 수도 없는 때에 절대 믿음으로 고백하는 감사입니다. 이러한 감사로 드리는 제사가 하나님을 영화롭게 하는 것임을 선포한 말씀입니다.

그런데 하나님 앞에서의 제사는 제물 자체로만 설명될 수 없습니다. 제사를 드리는 동기와 마음의 중심 그리고 진심으로 헌신된 감사의 제사를 드림에 있기 때문입니다. 그 안엔 참된 감사함의 내면이 얼마나 자리하고 있느냐 하는 것입니다. 그의 진정성은 믿음에 있습니다. 시편 50편은 바로 이에 대한 말씀입니다.

이 시편으로 먼저 하나님은 드려진 제물에 대해선 책망하지 않는다고 하셨습니다. 다만 하나님의 관심이 제물들로 올리는 수소나 숫염소에 있지 않다고 하셨습니다. 모든 삼림의 짐승들과 천산의 생축이 다 하나님의 것인데 어찌 수소의 고기와 염소의 피와 같은 것에 마음을 두었겠느냐고 반문하셨습니다(시 50:8-13).[11] 대신 제사에 있어 그 토대의 실체가 다름 아닌 하나님을 영화롭게 해드릴 엎드림의 감사(towdah)로 이르게 한 믿음에 있다고 하신 것입니다(시 50:14, 23). 그리고 믿음의 감사에 대한 약속의 말씀을 이렇게 주셨습니다. "...그 행위를 옳게 하는 자에게 내가 하나님의 구원을 보이리라"(시 50:23b).

이 시편 기자인 아삽은 믿음의 터 위에서 흘러나온 감사의 외침만 아니라 삶으로 이러한 감사를 증거하였습니다. 물론 처음엔 고통스러운 현실로 괴로워할 수밖에 없었던 연약한 존재였습니다. 이를 솔직하게 드러내어 놓은 그의 모습이 시편 73편에 있습니다. 다음의 말씀은 인생에 휩싸인 모순과 온통 불법으로 가득한 세상을 인하여 심한 번민 속에서 쏟아낸 그의 고백입니다.

> "나는 발을 잘못 디뎌 거의 미끄러질 뻔하였으니 이것은 내가 악인들이 잘 되는 것을 보고 교만한 자들을 질투하였음이라. 그들이 일평생 아무런 고통도 없이 건강하게 지내며 다른 사람들과 같이 어려움을 당하거나 병으로 고생하는 일도 없으니 교만을 목걸이로 삼고 폭력을 옷으로 삼는구나. 그들의 마음은 악을 토하고 그들의 탐욕은 하늘 높은 줄 모른다. 그들이 남을 조롱하며 악한 말을 하고 거만을 피우며 은근히 남을 위협하는구나. 그들이 입으로 하늘에 있는 하나님을 대적하고 혀로 땅에 있는 사람들에게 악담하니 그의 백성이 그들에게 돌아가서 그들의 악한 영향을 그대로 받아 '하나님이 어떻게 알겠는가? 가장 높으신 분이라도 세상에서 일어나는 일을 다 알 수는 없다.' 하는구나."(시 73:2-12, 현대인의 성경).

아삽은 하나님을 향한 확신마저 잃어버린 것처럼 내면의 걸음조차 미끄러질 뻔한 상황까지 이르렀음을 감추지 않고 아뢰었습니다. 그런데 만일 하나님을 신뢰하며 의지하는 마음이 없었다면 이러한 솔직함보다는 단지 원망 섞인 말들로만 채웠을 것입니다. 하지만 그러지 않았습니다. 이 시편 처음부터 하나님의 백성을 향하신 선하심에 대한 확신부터 시작하고 있었습니다(시 73:1).[12] 그리고 자신의 속마음이 진정 무엇인지를 이렇게 고백하였습니다.

> "내가 하나님의 성소에 들어갔을 때 악인들의 최후를 깨달았습니다. 내가 어리석고 무식하여 주 앞에 짐승같이 되었습니다. 그러나 내가 항상 주를 가까이하므로 주께서 내 오른손을 붙드셨습니다. 주는 나를 주의 교훈으로 인도하시니 후에는 영광으로 나를 영접하실 것입니다. 하늘에서는 나에게 주밖에 없습니다. 내가 주와 함께 있는데 이 세상에서 무엇을 더 바라겠습니까? 몸과 마음은 쇠약해질 수 있습니다. 그러나 하나님은 내 마음의 반석이시며 내가 필요로 하는 전체입니다."(시 73:17, 22-26, 현대인의 성경).

이 말씀대로 그는 하나님의 성소에서 '영원한 시야'를 마주하게 됨으로 자신을 집어삼킬 듯한 모든 부정적인 생각에서 벗어나 믿음의 고백을 할 수 있게 되었습니다.[13] 이때의 믿음은 갑자기 생겨난 것이 아닙니다. 과거로부터 역사하신 하나님을 기억하는 내면의 열망에서 비롯된 것이었습니다. 이에 이 시편 마지막 절엔 "...주의 모든 행사를 전파하리이다"(시 73:28)로 끝납니다. 여기서 '전파'의 의미는 이미 베푸신 하나님의 역사하심을 말로 전하는 행위입니다. 그만큼 현실에 처한 고난 속 현장에서도 현재만 아니라 미래를 바라보았기에 과거에 일하신 하나님을 회상하며 믿음에서 믿음으로 이어진 감사함 속에 그분의 모든 행사를 전파할 수 있게 된다는 것이었습니다. 이는 또한 그의 탄원시인 시편 77편에서 다음과 같이 고백했던 이유이기도 합니다. "여호와여, 내가 주의 행하신 일을 기억하며 옛날에 주께서 행하신 기적을 되새겨 보고 또 주의 모든 일을 묵상하며 주께서 행하신 놀라운 일을 생각하겠습니다."(시 77:11-12, 현대인의 성경).

독일의 테데움(Te Deum)이라고 알려진 찬송가가 있습니다. '다 감사드리세'란 찬송가입니다. 이 곡의 작시자는 독일의 30년 종교전쟁(1618-1648)과 삶을 함께한 마르틴 링카르트(Martin Rinkart, 1586-1649)라는 인물입니다. 그는 소년시절부터 훗날 바흐가 음악 감독으로 사역했던 라이프치히의 성 토마스 교회(St. Thomas Church)에서 찬양하는 무리의 구성원으로 있을 정도로 음악적인 은사를 가졌으나 이후엔 성직자로서의 삶을 살았습니다. 하지만 전쟁 시기 속에 있었기에 그의 목회는 단지 폐허가 된 건물에 남아 환자들을 돌보며 죽은 자들을 위한 장례를 집전하는 사역에 집중되었습니다. 전쟁이 한창일

1637년엔 흑사병까지 돌아 그 한 해만도 무려 사천 오백여 명이나 되는 시신을 위해 장례를 치러 주었습니다. 또 그 해 어느 날엔 자기 아내의 죽음과 함께 육십 번의 장례를 치러야 하는 고통의 날도 감당하기까지 했습니다.[14] 시드니 모어(Sydney H. Moore)는 이 전쟁 기간의 당시 상황을 이렇게 설명했습니다. "전쟁에서 죽지 않았더라도 그들에겐 흑사병과 기근의 죽음이 기다리고 있었으며 극악한 황폐로 인하여 강간과 강도, 폭력과 살인들은 전혀 문제가 되지도 않았다."[15] 이러한 참혹함 속에서도 마르틴 링카르트는 다음의 찬송시를 작시했습니다.

1. 다 감사드리세 온 맘을 주께 바쳐 그 섭리 놀라와 온 세상 기뻐하네
예부터 주신 복 한없는 그 사랑 선물로 주시네 이제와 영원히
2. 사랑의 하나님 언제나 함께 계셔 기쁨과 평화의 복 내려 주옵소서
몸과 맘 병들 때에 은혜로 지키사 이 세상 악에서 구하여 주소서.
3. 감사와 찬송을 다 주께 드리어라 저 높은 곳에서 다스리시는 주님
영원한 하나님 다 경배 할지라 전에도 이제도 장래도 영원히.

이 찬송시는 그가 외경인 집회서(Ecclesiasticus 50:22-24)의 말씀 구절을 가지고 새롭게 만든 것인데 원래의 제목은 *식사기도(Tisch-Gebetlein*; 1630)였습니다. 이는 식사 기도가 단순하지만 하나님의 은혜와 사랑을 기억하며 감사함에 가장 적합한 것으로 여겼기 때문이라고 전해집니다. 이 소박한 형식의 기도는 비록 비참한 삶의 현장일지라도 하나님의 선하신 인도하심을 의지하며 평화와 자유와 구원하심의 확신 속에 감사함이란 심령의 외침으로 적어간 믿음의 노래였습니다.[16]

전쟁의 잿더미에서 흘러나왔던 감사의 이 찬송시는 전쟁이 끝난 해에 독일 전역에서 드려진 예배 때 요한 크뤼거(Johann Crüger, 1647)

에 의한 찬송가로 불려 하나의 전례가 되었습니다. 이후 국가적인 경축 예배 때에도 늘 울려 퍼짐으로 유럽의 모든 교회에 이것이 독일을 대표하는 감사 찬송인 테데움(Te Deum)으로 알려지게 되었습니다.

찬송은 감사할 이유를 주심에 자연스러운 결과이지만 하나님 앞에서의 감사 찬송이란 조건이 없습니다. 이것이 찬송의 본질입니다. 그래서 시드니 모어는 "찬송의 진정한 부흥(회복)이 일어났던 때가 전쟁 속의 암흑과 황폐함의 기간에 있었다"[17]라고 말했습니다. 독일이 전쟁의 참상을 안고는 있었더라도 그 시기에 무려 5,000여의 찬송 곡이 만들어진 것도 이를 증명합니다. 마르틴 링카르트가 남기고 간 그 영적인 감사는 전쟁 폐해 속에서 빚어진 찬송 유산 중에서 가장 빛나고 아름답게 전해집니다.

하나님을 향한 이러한 감사의 찬송은 과거를 경험한 노래로 끝나지 않습니다. 그 과거는 현재를 노래하게 하고 미래에 감사의 노래로 나아가게 합니다. 이것은 우리의 제한된 경험 속 과거를 넘어서서 지금과 앞으로도 변함없이 역사하는 신실하신 하나님으로 말미암는 열매입니다. 이에 하나님을 향한 감사는 조건을 넘어선 영적 차원인 믿음의 고백으로 이어질 수 있게 합니다. 찬송가든 찬양의 노래를 통해서든 그 안에 담긴 감사의 내용들은 노래 속에 파묻힐 수 없습니다. 하나님의 깊고 오묘하신 섭리와 역사하심을 드러낼 믿음의 고백이기 때문입니다. 이 소리는 인간의 생각, 마음과 의지조차 넘어서는 영적 헌신을 의미합니다. 그래서 하나님은 아삽을 통하여 선포하신 그러한 감사함이 하나님을 영화롭게 하는 것이라 말씀하셨던 것입니다. 진정,

아삽과 같이 신실하신 하나님의 말씀에 절대 믿음으로 엎드림 속에서의 찬송 노래는 우리를 완전히 뛰어넘는 감사함의 증거입니다.

찬송 속에 감사는 하나님 앞에 자복하듯 쏟아내는 섬김입니다

 아삽이 올린 찬송의 감사엔 흥미로운 사실 한 가지가 숨겨져 있습니다. '자복하다'의 뜻이 있다는 것입니다. 하나님 앞에서 죄를 고백할 때 사용되는 말입니다.

 여호수아서를 보면 이스라엘 백성들이 요단강을 건넌 후 가나안 땅을 정복해가는 중, 가나안인들과의 전쟁으로 생기는 전리품에 대해 아무도 취하지 말라 하신 하나님 명령을 어긴 아간에 관련한 기록이 있습니다. 여기서 여호수아는 아간에게 "이스라엘의 하나님 여호와께 영광을 돌려 그 앞에 자복(*towdah*)하고…"(수 7:19a)라는 말을 합니다. '자복'은 자신의 죄에 대하여 자발적으로 하나도 빠짐없이 고백함을 뜻합니다.

 이것이 에스라서에도 발견됩니다. 바벨론 포로생활에서 2차로 귀환한 제사장 에스라가 이전에 돌아왔던 백성들을 향한 전면적인 개혁에서 하나님의 뜻을 선포할 때 나타납니다. "이제 너희 열조 하나님 앞에 죄를 자복(*towdah*)하고…"(스 10:11a). 비록 인용된 이 말씀들에 기록된 '자복'이 '감사'의 의미가 아닐지라도 주목할 수 있는 것은 하나님께 감사함의 그 진정성엔 마치 자복하듯 함이 있다는 것입니다.

죄인 된 두려움 속에서의 자백은 아닙니다. 자비와 인자의 하나님께서 베풀어 주심에 대한 감사함이 어떤 타의나 억지가 아닌 지극히 자발적이며 매우 구체적인 감사의 고백이라는 것입니다. 그만큼 감사함의 내면 상태와 고백하는 과정이 어찌 되어야 하는지를 헤아릴 수 있게 하는 말씀입니다.

이러한 자복함의 뜻을 지닌 감사는 신약에서도 살펴볼 수 있습니다. 예수님이 표현하신 감사였습니다. "천지의 주재이신 아버지여... 감사하나이다"(마 11:25). 이 말씀에 사용된 '감사(엑소몰로게오, *exomologeo*)'는 '고백 혹은 자복하다,' 또는 '찬송하다'를 뜻합니다. 그리고 하나님의 마지막 선지자 요한에게 나아갔던 이스라엘 백성들에게 "자기들의 죄를 자복하고..."(마 3:6a)라는 말씀에서의 '자복'도 예수님의 '감사'와 같은 단어입니다.

감사는 진정, 하나님께 전인적인 수고를 다하는 고백이어야 합니다. 그것이 이미 지난 역사하심 때문만 아니라 그 과거가 현재와 미래에도 변함없는 신실하신 하나님이심을 향한 절대 신뢰 속에 속사람으로부터 우러나오는 고백이어야 합니다. 찬송을 통해서일 때는 가사의 음절마다 흐르는 감사가 우리의 생각과 마음에서 온 힘을 다해 마치 자복하듯 하나님 앞에 쏟아내는 섬김이라는 것입니다.

삶으로 증거한 아삽의 감사는 그 후손에게까지 이어졌습니다

　삶에 깊숙이 자리한 아삽의 감사는 그의 후손을 통해서도 하나님이 들어 쓰심 속에 나타남을 성경에서 찾아볼 수 있습니다. 그것이 먼저 아삽이 하나님의 언약궤가 다윗성으로 옮겨질 때 찬양하는 무리 가운데 세움 받아 동행하는 모습의 시작이었습니다(대상 15:16-17, 19). 그리고 하나님의 언약궤가 안치된 후 번제와 화목제가 끝난 뒤 그 앞에서 '하나님을 기리며, 감사하며, 찬양하게'할 레위 사람들의 책임자로 아삽이 임명됩니다(대상 16:4-5). 특별히 헤만과 에단이란 인물도 언약궤를 메고 가는 동안 함께 구별된 중심 구성원이었습니다. 더구나 노래에 익숙하여 노래를 직접 인도했던 레위인의 족장인 그나냐도 있었습니다(대상 15:22). 그럼에도 아삽만이 언약궤 앞에서의 찬양 사역에 지도자로 감당하게 된 것이었습니다.

　이에 주목해볼 수 있을 만한 것이 있습니다. 헤만은 사무엘의 손자입니다. 사무엘은 이스라엘의 초대 왕 사울이 세워지기 이전까지 선지자와 제사장 그리고 왕의 직무를 동시에 감당하고 있었던 그 시대의 영적 지도자이었습니다. 그러한 사무엘로부터 다윗은 하나님의 기름 부음을 받기도 하였던 터라 어찌 보면 헤만을 향한 다윗의 마음이 각별할 수도 있었을 것입니다. 그리고 에단은 음악으로 대단히 뛰어났던 인물입니다. 시편에 보면 '에단의 손'을 의미하는 '여두둔'이란 말로 '여두둔에 혹은 여두둔의 법칙에 맞추어'란 지시어가 있습니다(시편 39, 62, 77편). 이는 '에단의 지휘에 따라서' 부르라는 뜻입니다. 아삽이나 헤만의 법칙에 따라 부르라는 표제는 시편에서 찾아볼 수 없습니다. 그만큼 음악사역의 중요한 역할 속에서 에단은 인정받을 만했을 것입니다. 더욱이 시편 77편의 표제엔 '아삽의 시'라고 되어 있으나 에단을 가리킨 '여두둔의 법칙에 따라 부르는 노래'라고 되어있습니다. 시편 기자가 아삽이더라도 이 시의 노래를 위한 지도만은 에단에 의해서였을 정도로 음악적인 탁월한 역량이 아삽보다 에단에게 더 가까워 있음은 분명했습니다.

그러나 하나님의 언약궤 앞에 머물며 매일 정규적인 섬김을 위한 책임자로 세움 받음이 아삽이었다는 것입니다.[18] 대신 헤만과 에단은 언약궤가 없는 기브온 산당인 여호와의 옛 성막에서 제사장 사독과 함께 따로 섬기게 됩니다. 이에 대해 성경은 이렇게 말씀합니다.

> "제사장 사독과 그의 형제 제사장들에게 기브온 산당에서 여호와의 성막 앞에 모시게 하여 ... 그들과 함께 헤만과 여두둔과 그리고 택함을 받아 지명된 나머지 사람을 세워 감사하게 하였고 또 그들과 함께 헤만과 여두둔을 세워 나팔과 제금들과 하나님을 찬송하는 악기로 소리를 크게 내게 하였고…"(대상 16:39, 41b-42a).

거룩함의 상징인 언약궤 앞에 항상 머물며 구별된 섬김의 삶을 살아가던 아삽은 이제 성전 시대를 준비하는 과정에서 또다시 세움을 받는 장면이 나타납니다. 곧 "다윗이 군대 지휘관들과 더불어 아삽과 헤만과 여두둔의 자손 중에서 구별하여 섬기게 하되…"(대상 25:1)의 말씀대로 그것도 명단에서 가장 앞선 위치에 있음을 볼 수 있습니다. 그리고 그의 아들들도 다음과 같이 함께하게 됩니다. "아삽의 아들들은 삭굴과 요셉과 느다냐와 아사렐라니 이 아삽의 아들들이 아삽의 지휘 아래 왕의 명령을 따라 신령한 노래를 하며"(대상 25:2).

아삽을 통한 사역의 흔적은 시대가 흘러서도 여전했습니다. 그것은 남 유다 13대 히스기야 왕이 부패한 이스라엘을 회복시키고자 종교개혁 속에 성전을 정결케 하고 번제를 드리게 한 후 레위 사람으로 하여금 여호와를 찬송하게 했을 당시 울려 퍼진 찬송시가 다름 아닌 아삽의 시였습니다(대하 29:30). 아삽의 후손들로 이루어진 찬양 사역도 이어졌는데 이는 남 유다 16대 요시아의 왕 시대의 일입니다. 이스라엘의 신앙 회복을 위하여 요시아 왕이 개혁을 단행하면서 치렀던 유월절 축제 때 노래로 섬김에 그 위치를 지켰던 이들은 아삽의 후손들이었던 것입니다(대하 35:15).

그런데 이러한 흐름은 남 유다가 바벨론에 의해 무너져 오랫동안 정지되는 상황에 이르게 됩니다. 바벨론 포로 시대에 들어감으로 찬양의 직무가 끊겨 버림의 참담한 심경에 대해 성경은 이렇게 말씀합니다.

> "우리가 바벨론의 여러 강변 거기 앉아서 시온을 기억하며 울었도다 그 중에 버드나무에 우리가 우리의 수금을 걸었나니 이는 우리를 사로잡은 자가 거기서 우리에게 노래를 청하며 우리를 황폐케 한 자가 기쁨을 청하고 자기들을 위하여 시온 노래 중 하나를 노래하라 함이로다"(시 137:1-3).

이처럼 바벨론으로 끌려가 온갖 모욕을 당함 속에서 하나님을 찬송하던 악기마저 나뭇가지에 걸어놓는 뼈저린 시기를 지나야만 했습니다. 이는 하나님이 아니라 바벨론 사람들의 즐거움을 위해서 노래해 보라는 조롱 섞인 말을 들어야 하기까지 했기 때문이었습니다. 마음

속으로만 하나님을 찬양하는 갈망 속에 지내던 날들은 이제 어느덧 세월이 흘러 드디어 포로 생활을 끝낼 수 있게 되었습니다. 그래서 70년 만에 고국으로 돌아가는 행렬 속에 이들도 함께합니다. 그리고 무너진 성전을 다시 일으키고자 기초를 세우는 때를 맞이합니다. 이를 위해 제사장들과 더불어 악기를 들고 서서 감사와 찬양을 드렸던 레위인들은 바로 아삽 자손들인 128명이었습니다(스 2:41).[19] 성전 기공식에서의 그 모습을 성경은 이렇게 말씀합니다.

> "성전 기초를 놓자 다윗 왕이 지시한 규정대로 예복을 입은 제사장들은 나팔을 들고 자기 위치에 서고 아삽 집안의 레위 사람들은 제금을 들고 각자 자기 위치에 서서 여호와께 감사와 찬양 드리며 이렇게 노래하였다. '여호와는 선하시며 이스라엘에 대한 그의 사랑은 영원하다!' 그러자 모든 백성들은 성전 기초를 놓은 기쁨 때문에 큰 소리로 여호와를 찬양하였다."(스 3:10-11, 현대인의 성경).

이 말씀대로 성전 재건의 첫발을 내디디며 하나님을 찬양함에 제사장들과 함께한 주된 역할을 아삽 자손들이 감당하였던 것입니다. 모든 백성도 그 기초의 놓임을 보고 기쁨 가득한 찬송을 올립니다. 이러한 감격스러운 그 감사의 찬양은 이후에 성전이 완공되어 봉헌식을 행할 때도 이어졌습니다(스 6:16).[20]

이뿐 아니라 느헤미야서를 보면 예루살렘의 성벽 낙헌식에 관한 기록이 나옵니다. 성벽을 쌓던 당시 사람들은 한 손엔 병기를 잡고 다른 한 손으로만 일을 해야 할 만큼 방해 세력들로부터 온갖 어려움들을 인내해야 했습니다(느 4:17). 그런데도 결국은 하나님의 돌보심으로 그 일을 이루게 됩니다. 이에 성벽 낙헌식을 위해서 선별된 레위인들이 제금 치며 비파와 수금을 타며 노래를 부릅니다. '감사'로 가득한 노래였습니다(느 12:27, 31, 38, 40). 그런데 이때의 노래는 모두 아삽이 남기고 간 감사(towdah)의 찬양입니다. 이는 성벽 봉헌식 후 특별한 제도들을 세우면서 옛적 아삽의 시대에 지도자를 통하여 하나님을 감사하는 찬송 노래를 하였다는 회고가 그 증거였습니다. 이에 대한 성경의 말씀입니다.

> "옛적 다윗과 아삽의 때에는 노래하는 자의 지도자가 있어서 하나님께 찬송하는 노래와 감사 (yadah)하는 노래를 하였음이며"(느 12:46).

비록 이 말씀에서의 감사(yadah)는 레아의 찬송으로 거슬러 올라간 감사의 의미인 단어이지만, 결과적으로는 아삽의 감사(towdah)로 이어져 오랜 세월 속에서도 변함없이 이스라엘 백성들 마음 가운데에 자리하고 있었음을 헤아릴 수 있게 합니다. 더구나 이미 아삽으로부터 내려온 가계 유산인 감사 찬송이 스룹바벨 성전 시대에 실제적인 사역 리더십 속에서 이루어져 가고 있었음을 볼 수 있기 때문입니다. 그것이 아삽 후손인 맛다냐가 성전 업무를 위해 특별한 직분을 받았음에 있습니다. 곧 "저는 기도할 때에 감사하는 말씀을 인도하는 어른이 되었고"(느 11: 17)라는 말씀입니다. 감사의 기도를 대표하는 맛다냐의 영적 리더십은 또 웃시라는 인물로 계속되었는데, 그는 예루살렘에 거하는 레위인의 감독이 되어 하나님 전 일을 맡은 지도자로 섬겼던 것입니다(느 11:22).

아삽을 통해서 전해져 온 감사(towdah)의 찬송! 그 감사는 마치 자복하듯 하나님의 모든 은혜에 대한 감사를 쏟아내는 고백이었습니다. 환경에 좌우되지 않고 오히려 그것을 뛰어넘는 절대적 신뢰 속에 믿음으로 두 손 들며 나아가는 영적 헌신이었습니다. "감사로 제사를 드리는 자가 나를 영화롭게 하나니…"(시 50:23a)라는 아삽의 외침은 그의 후손들을 통해 지속되었습니다. 이는 전적인 하나님의 주권적 섭리 안에서 그 감사로 향하게 하시는 인도하심의 결과입니다. 이에 믿음의 터 위에서 올려야 할 그 감사는 우리의 찬양을 통해서도 하나님의 영화로움을 드러낼 영적 섬김입니다.

III. 찬송은 밤중에 노래하게 하시는 하나님을 향한 엎드림입니다

"가로되 내가 모태에서 적신이 나왔사온즉 또한 적신이 그리로 돌아 가올지라 주신 자도 여호와시오 취하신 자도 여호와 시오니 여호와의 이름이 찬송을 받으실지니이다"(욥 1 : 21)

 이 세상엔 노래의 아름다운 상징이 되는 작은 새 두 마리가 있습니다. 그 하나는 종달새인데 꼭 이른 아침 떠오르는 해를 맞이하면서 청아한 노래를 합니다. 다른 하나는 검은색의 작은 새로서, 관목 숲속에 숨어 지내다가 밤이 되면 부드럽고 아름다운 소리로 감동적인 밤의 노래를 하는 나이팅게일이란 새입니다.
 자연의 세계처럼 찬송에도 낮의 노래와 밤의 노래가 공존합니다. 그런데 영적인 삶 깊숙이 들어가면 밤보다는 낮에 노래 부르는 사람들이 훨씬 더 많음을 볼 수 있습니다. 몸이 건강하고, 가정이 화목하며, 모든 일이 순조로울 때 하나님을 찬양하는 것은 그다지 어렵지 않기 때문입니다. 그러나 이 모든 안락함이 없어지게 된다면 사람들은 비로소 자신들이 행해왔던 찬송에 대한 성찰 속에 그 안에는 밤과 낮의 구분이 없음을 깨닫기 시작합니다.

찬송엔 하나님 앞에 엎드리는 굴복함이 앞섭니다

밤에 노래한 사람을 성경은 욥을 통해서 조명해 줍니다. 먼저 욥은 하나님을 경외하며 악에서 떠난 자라고 성경은 말씀합니다(욥 1:1). 그것도 하나님이 심지어 사탄에게 세상에서 욥처럼 온전함과 정직함 속에 하나님을 진정으로 경외하는 이가 없다고 말씀하시기까지 한 인물이었습니다(욥 1:8).

그러던 그에게 하나님의 허락을 받은 사탄으로부터 갖은 고난이 시작됩니다. 첫 번째 시련은 한 사람이 가져온 것만으로 그치지 않고 연이어 네 사람에 걸쳐 전달된 기막힌 소식들이었습니다. 그동안 욥을 섬겨왔던 종들과 전 재산인 모든 가축, 아니 그보다 자녀들 모두의 죽음이란 이루 말할 수 없는 비보였던 것입니다.

너무도 참담한 소식들에 욥도 인간인지라 겉옷을 찢고 머리털을 밀어 걷잡을 수 없는 마음의 슬픔을 나타냈습니다. 그러나 그는 곧이어 "... 주신 자도 여호와시요 취하신 자도 여호와시오니 여호와의 이름이 찬송(*바라크, barak*)을 받으실지니이다"(욥 1:21b)라는 고백을 합니다. 극도의 고통스러운 내면을 부인할 수 없던 욥이었지만 정작 그 중심으로부터는 이와 전혀 상반된 고백을 내놓았던 것입니다. 하나님을 향한 찬송이었습니다.

여기서 주목할 수 있는 것은 찬송으로 향한 그의 첫 모습입니다. 그것이 먼저 땅에 엎드림이었습니다(욥 1:20). "... 땅에 엎드려 경배하며"(욥 1:20b)에서 엎드림의 의미는 '경배'입니다. 그런데 이 '경배(샤

하아, shachah)'는 외적인 엎드림만이 아니라 내면의 '굴복함'입니다. 그래서 그가 올린 찬송(*barak*)이란 원어엔 '무릎을 꿇다'란 뜻이 있습니다. 이처럼 욥은 주체할 수 없을 내적 고통 가운데에서도 신앙의 증거인 '하나님의 무제한적 주권을 인정'[21]함을 드러냈습니다. 그리고 선하신 하나님의 뜻과 섭리를 향한 절대적 신뢰 속에 엎드림의 믿음으로 나아갔던 것입니다.

　찬송·찬양엔 욥과 같은 굴복의 영성이 있습니다. 찬송·찬양이 그로 인한 권면과 위로의 시간만이 아닙니다. 오히려 어떤 상황에 내몰려 있더라도 그 문제들에 대해서 믿음의 진정성을 내어놓을 영적 헌신으로 들어서는 때입니다. 찬송·찬양은 우리를 위해 그 어떤 베풀어짐의 누림이 아니라 하나님께 내적 엎드림과 굴복함을 통한 영적 섬김의 시간입니다.

찬송은 복의 근원이신 하나님을 선언하는 것입니다

　찬송의 이유와 목적과 동기는 오직 하나님께 있습니다. 이는 본질적으로도 하나님으로 말미암아 찬송이 나오기 때문입니다. 그래서 찬송하면 할수록 하나님이 누구이신지에 대한 고백으로 가득하게 됩니다. 그만큼 찬송의 모든 내용은 하나님이 무엇을 행하시고 무슨 말씀을 하시는지에 관한 선포이기도 합니다. 그 중엔 하나님께서 복의 근원이심을 선언함이 있습니다.

하루아침에 전 재산과 자식들마저 모두 잃게 된 욥은 "여호와의 이름이 찬송을 받으실 지이다"라고 했습니다. 이때의 '찬송(barak)'은 '송축하다,' '축복하다'를 뜻합니다. 욥이 하나님을 축복했다는 것입니다. 피조물인 인간이 창조주 하나님을 축복함이 가능할 수는 없습니다. 다만 이에 대해 신학적 해답을 구약학자인 로널드 알렌(Ronald B. Allen)은 이렇게 설명했습니다.

> 이는 하나님께서 우리에게 복을 내려 주셨다고 말했을 때 그 의미를 다소 이해할 수 있다. 그분은 영원한 생명의 구원을 베푸셨고, 복을 내려주셨으며, 그리스도의 몸을 주시어 우리가 하나님의 자녀 되게 하셨다. 하나님께선 우리에게 상처받은 자들을 돌보게 하셨을 뿐만 아니라 하나님 이름에 영광을 드릴 수 있도록 다양한 형태의 섬김 들을 주셨다... 확실하게 설명하면 '축복함'이란 곧 '기억함'이다. 하나님이 우리 삶에서 모든 복의 근원되심을 즐거이 기억할 때에 우리가 하나님을 축복한다. 이 축복이란 말은 시편 103편 3-5절의 '모든 죄악을 사하심,' '모든 병을 고치심,' '구속하심,' '관을 씌워주심,' '소원을 만족케 하심,' '새롭게 하심'이란 고백들로 점차 발전한다. 결국 우리가 하나님을 축복한다는 것은 우리들이 누리는 모든 복들의 근원지로서 하나님을 가리킬 때임을 의미한다.[22]

이와 같이 하나님을 송축함이나 축복함은 모든 복의 근원이 하나님이심을 선포하는 것입니다. 이 말은 창세기에서 자주 사용되었던 것임을 확인함으로써 더욱 분명해집니다.

하나님이 세상을 창조하시는 다섯째 날에 조류와 어류를 만드시고 나서 "그들에게 복을 주어 가라사대 생육하고 번성하여 여러 바닷물에 충만 하라 새들도 땅에 번성하라"(창 1:22)라고 하셨습니다. 여기에서 '복을 주다'는 욥이 고백한 '찬송(barak)'과 같은 말입니다. 이는 공중이나 바다의 모든 생물도 하나님의 복을 받음으로만 생육하고 번성할 수 있음을 드러냅니다. 그래서 하나님은 인간을 창조하신 후에도 그들에게 복을 주심이나 노아의 홍수 사건 이후에도 노아와 그 아들들에게 복을 주심도 그와 같은 말씀을 하셨습니다. 이에 대한 성경 말씀입니다.

> "하나님이 자기 형상 곧 하나님의 형상대로 사람을 창조하시되 남자와 여자를 창조하시고 하나님이 그들에게 복(barak)을 주시며 그들에게 이르시되 생육하고 번성하여 땅에 충만하라, 땅을 정복하라, 바다의 고기와 공중의 새와 땅에 움직이는 모든 생물을 다스리라 하시니라"(창 1:27-28).
> "하나님이 노아와 그 아들들에게 복(bakak)을 주시며 그들에게 이르시되 생육하고 번성하여 땅에 충만하라"(창 9:1).

욥은 절망적인 소식에도 불구하고 하나님의 복에 대한 믿음은 흐트러지지 않았습니다. 인간과 모든 생물이 하나님께서 창조하실 때 베푸신 복으로 생육하고 번성한다는 진리를 기억했기 때문입니다. 그래서 자신에게 주어진 삶 가운데 누려왔던 모든 풍요로움도 받아 누리게 하신 하나님의 복이었음을 시인하였습니다. 그리고 현재의 고난과 환난을 넘어 하나님의 주권적인 섭리 앞에 믿음으로 엎드리며 "...여호와의 이름이 찬송을 받으실지니이다"(욥 1:21b)라고 고백했습니다. 욥은 찬송으로 복의 근원이신 하나님을 시인했던 것입니다.

전 재산의 손실을 넘어 자신의 가계를 이어갈 10남매 모든 자녀의 사망 소식에도 끝까지 하나님을 송축하였던 욥이었지만 또 다른 고통이 찾아옵니다. 그의 발바닥에서부터 머리끝까지 악성 종기가 나게 되었습니다. 얼마 전 닥쳤던 극심한 괴로움에 이제는 육체의 고통까지 감내해야만 했던 것입니다. 그러나 욥은 불평하는 마음조차 품지 않았습니다. 그저 재 가운데 앉아서 기와 조각을 가져다가 몸을 긁고 있었을 뿐입니다(욥 2:8). 여기서 재 가운데 앉아 있음은 당시 지도자로 인정받았던 욥에게는 치욕적인 모습이었습니다. 왜냐하면 그 재가 있는 곳은 그가 살던 지역의 쓰레기 장소였고 또 그것들을 모아 태운 재였기 때문입니다.[23] 그럼에도 불구하고 기막힌 고난 속에 그러한 상황조차 묵묵히 현실로 받아들이고 있었던 것입니다.

그런데 이때 욥은 충격적인 말을 아내에게서 듣습니다. "그래도 자기의 순전을 굳게 지키느뇨 하나님을 욕하고 죽으라"(욥 2:9). 흥미롭게도 '욕하다'는 송축(*barak*)이란 말과 같은 말입니다. 히브리어 원어엔 송축(*barak*)과 대조적으로 사용되는 '저주(아라르, *arar*, 창 12:3)'란 말은 따로 있습니다.

특히 욥 아내의 그 말에선 송축이란 단어가 어떻게 하여 정반대의 의미로 번역되었는지는 주목할 만합니다. 무엇보다 한 가정의 어미로서 모든 자녀의 죽음을 받아들이기는 남편의 욥보다 어찌 보면 더 깊은 고통 속에 있었을 것입니다. 욥기서 1장엔 욥이 고통스러워했던 그때조차도 그 아내의 내면에 대해서는 아무런 언급도 없었습니다. 다만 만신창이가 된 몸 상태로 쓰레기의 잿더미 위에 있는 남편의 모습을 보게 된 순간 견딜 수 없는 마음을 그의 아내가 완곡한 표현의 말을 했던 것이라 추정할 수도 있기 때문입니다.

그래서 다음과 같은 해석으로도 접근합니다. 문맥에 특정한 의도를 나타낸다고 하는 관점에서의 이해입니다. 이는 하나님을 찬양하지 말아야 할 어떤 것에 대해 찬양하라 함과 관련됩니다. 다시 말하면,

하나님을 부적절하게 송축 또는 찬양하라는 것이 오히려 강한 부정의 의미가 될 수 있습니다. 곧 잘못된 적용의 송축이나 찬양은 하나님의 성품에 합당하지 않은 부정적인 의미로 이르게 한다는 것입니다.[24] 물론 욥의 아내가 말한 실제적인 의미에선 송축도 찬양도 될 수 없는 것이었습니다. 단지 충격적인 남편의 모습에 믿음마저 무너져버린 순간 그가 차라리 죽음에 이르는 것이 더 나을 것이란 생각에서 그처럼 심각한 말을 했던 것이라 짐작할 수 있다는 것입니다.[25]

그러나 분명한 사실은 욥의 아내가 던진 그 말속엔 사탄의 생각이 반영된 것이었습니다. 사탄은 이미 하나님 앞에서 두 번씩이나 욥이 하나님을 욕할 것이라고 장담하였기 때문입니다(욥 1:11, 2:5). 사탄의 이러한 예상은 욥의 아내를 통해 이루어졌던 것입니다.

그런데 욥은 아내의 이러한 말에 끝까지 입술로 죄를 범하지 않았습니다. 대신 이렇게 말합니다. "... 그대의 말이 어리석은 여자 중 하나의 말 같도다 우리가 하나님께 복(barak)을 받았은즉 재앙도 받지 아니하겠느뇨..."(욥 2:10). 이 고백은 하나님의 주권적 섭리에 대한 욥의 절대적인 믿음이었으며 하나님께서 모든 복의 근원이 되신다는 심령의 외침이었습니다.

찬송은 하나님의 구원하심을 선포하는 것입니다

'나 같은 죄인 살리신'의 찬송 작사가인 존 뉴턴(John Newton, 1725-

1807)은 그가 죽음을 앞둔 82세 때에 다음의 말을 남겼습니다.

> 내 기억력은 이제 거의 사라져 버렸다. 그러나 기억할 수 있는 두 가지가 있는데, 하나는 내가 엄청난 죄인(great sinner)이라는 것과 다른 하나는 예수님께서 엄청난(숭고한) 구세주(great Savior)시라는 것이다.[26]

찬송의 주제를 단 한마디로 요약한다면 뉴턴의 말처럼 우리의 죄를 대속하신 예수 그리스도를 통한 구원하심에 있을 것입니다. 천상 예배에서 하나님을 향한 감격의 소리조차 "... 구원하심이 보좌에 앉으신 우리 하나님과 어린양께 있도다 아멘, 찬송과 영광과 지혜와 감사와 존귀와 능력과 힘이 우리 하나님께 세세토록 있을 지어다 아멘 하더라"(계 7:10b, 12)의 말씀대로 하나님의 어린양 예수 그리스도로 말미암는 찬송의 고백들로 가득하기에 그러합니다.

욥의 찬송(barak)이란 말도 이와 동일하게 "하나님께서 구원을 베푸신다"란 뜻과 관련이 있습니다. 창세기 14장엔 살렘왕(의의 왕)이자 제사장인 멜기세덱이 나옵니다. 아브라함의 이름을 갖기 이전 아브람이 그돌라오멜과 동맹한 여러 왕을 격퇴하고 개선할 때 사웨 골짜기란 곳에서 멜기세덱 제사장이 떡과 포도주를 가지고 나와 그를 영접하며 "... 아브람에게 축복하여 가로되 천지의 주재시요 지극히 높으신 하나님이여 아브람에게 복을 주옵소서 너의 대적을 네 손에 붙이신 하나님을 찬송할지로다..."(창 14:19b-20a)라고 축복합니다. 여기서 사용된 '축복하여,' '복을,' 그리고 '찬송할지로다'는 모두가 다 욥이 고백한 찬송(barak)입니다. 멜기세덱이 이처럼 축복함이나 복을 구하며 찬송함도 하나님의 구원하심에 있었다는 사실입니다.

이것이 메시아이신 예수 그리스도의 구원하심으로 헤아려 볼 수 있는 예가 창세기 9장에 나타납니다. 곧 노아가 자신의 둘째 아들인 셈을 향해 "셈의 하나님 여호와를 찬송(barak)하리로다..."(창 9:26a)라고 한 축복입니다. 이 축복은 '구원하심이 주께 있다'를 가리킨 찬송(barak)입니다. 이는 셈의 후손을 통하여 구세주이신 예수 그리스도가 나타나실 것이라는 예언의 축복으로도 볼 수 있기 때문입니다.[27]

욥이 고백한 찬송(barak)의 이러한 의미로 사용된 말을 신약 성경에서 찾아볼 수 있습니다. 그 중 캔티클(Canticle: 성경에서 시편 이외의 찬송시)인 사가랴의 노래로 알려진 말씀인 "찬송(율로게토스, eulogetos)하리로다... 우리를 위하여 구원의 뿔을 그 종 다윗의 집에 일으키셨으니"(눅 1:68)와 베드로 전서의 "찬송(eulogetos)하리로다... 예수 그리스도의 죽은 자 가운데서 부활하심으로 말미암아 우리를 거듭나게 하사 산 소망이 있게 하시며"(벧전 1:3)의 '찬송(eulogetos)'입니다. 이 구절들의 맥락과 같이 이 찬송(eulogetos)은 '하나님이 복되시도다'를 말하는데[28] 그만큼 복의 근원이신 하나님을 드러낸 것으로 구약에서의 찬송(barak)처럼 그 복은 하나님의 구원하심에 있습니다. 이는 예수 그리스도의 속죄를 통한 구원하심으로 이루어지고 이후로는 천국에서 영원히 이어지게 될 구원과 직결된 것이란 사실입니다.

찬송 속에는 이와 같이 하나님의 구원하심을 인한 감격스러운 외침이 있습니다. 그래서 올 할레스비(Ole Hallesby)는 자신의 *기도*(*Prayer*)—고전적인 신앙 서적으로 알려진 책—에서 "찬송을 드릴 때... 그의 은혜와 구속만을 바라보고 찬송하게 된다"[29]라고 했는데, 이는 그의 개인적인 말로 그침이 아니라 믿는 자들 모두의 고백입니다. 이제 장차 "하늘에서 각 나라와 족속과 백성과 방언에서 능히 셀 수 없는 큰 무리가 흰옷을 입고... 구원하심이 보좌에 앉으신 우리 하나님과 어린양께 있도다"(계 7:9-10)의 말씀따라 천상 예배에서 기쁨 가득한 함성의 찬송으로 이어질 것입니다.

찬송은 영적 성숙으로 들어서 있음을 증거합니다

토마스 아 켐피스(Thomas à Kempis, 1379-1471)는 혹독한 시련 가운데에선 하나님을 진정으로 찬양함에 이르기까지가 얼마나 힘든 것인지를 다음과 같이 고백했습니다.

> 나는 이 시험과 환난을 피할 수 없어 당신께 의지하지 않을 수 없사오니, 부디 나에게 도움을 주시어 그것을 나의 행복으로 바꿔주소서. 주여, 지금 나는 괴로워하고 있고, 마음이 편치 않으며, 현재의 고통으로 무척 큰 곤란에 처해 있나이다. 아버지시여, 지금 나는 무슨 말을 해야 합니까? 나는 지독한 환난에 처해 있사오니, 이 시간에서 나를 구해 주소서. 내가 이 시간에 이르기까지 오게 된 것은 내가 아주 비참한 지경에 이르렀을 때 당신께서 나를 구해 주심으로써 내가 당신을 찬양하도록 함입니다... 나의 하나님, 제발 나를 도와주소서![30]

욥의 경우는 어찌 보면 여기에 언급된 호소보다 더 절박하다고 할 수 있을 것입니다. 그런데도 그는 끝까지 하나님을 향한 찬송의 고백대로 흐트러짐 없는 영적 내면을 지키려 했습니다. 이에 대해 성경은 다음과 같이 말씀합니다. 첫 번째 재난 소식을 접할 때 "이 모든 일에 욥이 범죄하지 아니하고 하나님을 향하여 어리석게 원망하지 아니하니라"(욥 1:22)였고, 두 번째의 상황에선 악창이 온몸에 덮이는 저주스러운 고통 속만 아니라 심지어 자기 아내로부터 "하나님을 욕하고 죽으라"란 말까지 들었을 때에도 "이 모든 일에 욥이 입술로 범죄치 아니하니라"(욥 2:10)였습니다.

이러한 욥의 모습으로부터 신앙의 견고함과 겸손 속에 보석 같은 찬송이 나왔습니다. 그런데 욥기서 전체를 보면 그 찬송의 온전함은 단지 시작 단계에 불과했음을 알 수 있습니다. 이는 마치 믿음이 하나님 나라에 이를 때까지 끊임없이 성숙해가는 성화의 과정에 있음과도 같음을 말해줍니다.

욥은 온몸 가득한 악창의 고통 가운데에도 지극히 부끄럽고 욕될 수 있는 쓰레기 잿더미 위에서조차 자기 아내의 말대로 하나님 앞에서 순전함을 지키고 있는 듯한 모습 속에 앉아 있었습니다. 참담한 재앙 소식을 듣고 달려온 친구들 앞에서도 아무런 말없이 그곳에서 그저 몸을 긁고만 있었습니다.

하지만 어느덧 7일 낮 7일 밤을 지나면서 욥은 변해가기 시작합니다. 그 변화의 첫 모습이 그동안 잠잠하던 욥에게서 자신의 태어난 날에 대한 저주부터 쏟아낸 것이었습니다(욥 3:1). 출생 시에 죽지 못했음을 아쉬워하고(욥 3:11-19), 죽기를 갈구했던 것입니다(욥 3:20-26). 그 같은 말들을 후회하지도 않았습니다. 자기에게 놓인 고통스러운 현실에 대해 탄식했을 뿐입니다(욥 10:18-22). 기막힌 재앙도 견디기 힘든데 이제는 모든 사람으로부터 외면당하고 가장 의지하였던 하나님조차 돌보아 주시지 않는다는 생각으로 자기연민 속에 몹시 괴로워하기만 하였습니다(욥 30:24-31). 욥의 이러한 내면의 모든 것은 이전의 찬송 모습과 전혀 다른 것이었습니다.

사실 욥은 자신을 위로하고자 문병을 온 세 친구에게서 충고와 때론 비난 섞인 말을 들어 왔던 상황이었습니다. 그럴 때마다 욥은 끝까지 변론하였는데 그들의 말에 적게는 같은 분량의 말로 많게는 꼭 그보다 배 이상으로 응수했습니다. 이는 욥 스스로가 그들의 판단을 결코 수긍할 수 없음을 보여주는 강경한 태도였습니다.

그런데 가장 뒤늦게 욥을 향해 말을 건네는 엘리후가 등장합니다. 욥을 찾은 친구들 가운데 자신이 가장 나이가 어렸기에 줄곧 묵묵히 들을 수밖에 없었다고 하면서 드디어 말을 꺼냅니다. 그것도 강한 어조의 말이었습니다. 그 이유는 "...욥이 하나님보다 자기를 더 의롭게 여기고 있기 때문이었다"(욥 32:2b, 현대인의 성경)의 말씀대로였습니다. 이에 엘리후의 말은 욥기서 32장에서 37장에까지 이를 정도로 길었습니다. 욥이 이전에는 세 친구에게 논쟁하듯이 말을 했지만 그를 향해서는 단 한마디의 대답조차 하질 못합니다. 엘리후의 말 중에 "사람들이 부르짖을 때 하나님이 듣지 않으시는 것은 그들이 교만하고 악하기 때문이다. 전능하신 하나님은 그들의 헛된 부르짖음이 귀를 기울이시지도 않고 듣지도 않으신다"(욥 35:12-13, 현대인의 성경)라고 함에도 욥은 그저 조용히 듣고만 있었습니다. 특히 엘리후가 내어 놓은 다음의 말은 욥에게 있어 매우 강렬한 울림으로 다가왔을 것입니다.

> "누가 그를 위하여 그의 길을 정하였느냐 누가 말하기를 주께서 불의를 행하셨나이다 할 수 있으랴 너는 하나님의 하신 일 찬송하기를 잊지 말지니라 인생이 그 일을 노래하였느니라"(욥 36:24).

이는 고난의 과정을 지나는 동안 욥에게서 하나님을 향한 찬송이 사라져버렸기 때문입니다. 견딜 수 없을 재난과 고통으로 하나님 앞에 내어놓은 믿음의 찬송 고백은 정작 욥기 2장을 끝으로 멈춰있었던 것입니다.

그러나 욥기서 마지막 42장에 이르러서야 다시금 욥은 찬송의 회복을 맞이하게 됩니다. 그동안 자신이 의로웠다고 생각했던 지난날의 삶이 하나님을 귀로만 듣는 수준이었음을 시인한 것입니다. 이에 욥은 이렇게 고백했습니다.

> "주님이 어떤 분이시라는 것을, 지금까지는 제가 귀로만 들었습니다. 그러나 이제는 제가 제 눈으로 주님을 뵙습니다. 그러므로 저는 제 주장을 거두어들이고, 티끌과 잿더미 위에 앉아서 회개합니다."(욥 42:5-6, 새번역).

욥은 이제서야 극한 고통의 어둠 속에서도 하나님의 주권적 섭리 안에서의 돌보심이 있음을 알게 되어 고난의 참된 의미와 가치를 헤아릴 수 있게 되었습니다.[31] 그리고 잿더미에 그저 앉아만 있었던 예전 모습과는 달리 그 위에서 깊은 참회의 기도를 올립니다. 찬송을 통한 이전의 경배는 비로소 진정한 겸손 속에 완전한 굴복의 엎드림이 되었던 것입니다.[32]

이에 욥은 모든 복의 근원이며 구원하시는 하나님이심을 증거하는 송축의 찬송을 다시금 되찾을 수 있었습니다. 오랜 고난의 깊음 속에서 찬송을 잠시 잊었지만 엘리후를 통해 "나를 지으신 하나님 곧 사람으로 밤중에 노래하게 하시며..."(욥 35:10a)의 말씀대로 밤중에 노래하게 하시는 하나님이심을 깨닫게 된 것이었습니다. 다시 말해, 깊은 고뇌와 근심으로 파고드는 밤중에도 노래를 주실 뿐만 아니라 그 노래를 할 수 있도록 힘과 능력이 되어주신 하나님이심을 경험하게 되었다는 것입니다.[33]

이로써 욥은 고난의 길고 긴 터널을 빠져나옵니다. 그것이 그 고난의 끝만이 아니었습니다. 무엇보다 하나님은 욥의 세 친구들에게 욥처럼 진실하지 못한 말을 한 것에 책망하시고 욥을 세워주십니다. 그래서 부당한 비난 속에 하나님의 뜻을 잘못 전한 세 친구들을 대신하여 욥이 중재자의 기도로 용서를 구하게 하시고 이를 들어주시기까지 합니다. 그리고 잃었던 재산에 그의 갑절로 다시금 채워주셨습니다. 이에 떠났던 모든 사람이 욥에게 돌아와 진심 어린 위로와 격려, 그리고 슬픔을 함께 나눌 수 있게 하셨습니다. 또한 10남매의 자녀들도 다시 낳게 해주시고 4대의 손자까지 보며 장수하는 복을 누리게 하셨던 것입니다(욥 42:11-16).

찬송은 삶의 여정 가운데 낮보다도 밤에 부르는 것이 하나님께로 더 가까이하게 될 영적 깊음으로 들어가게 해줍니다. 이는 욥이 밤중에 노래하게 하시는 하나님을 만나지 않았다면, 그의 고백처럼 하나님을 귀로만 듣고 살았을 것이기 때문입니다. 욥의 찬송 고백엔 분명 믿음과 겸손이 있었음에도 그러한 찬송을 지속하지 못했기에 하나님의 인도하심은 절대적이었습니다. 그래서 "감사, 찬송, 경배, 이러한 것들이 처음부터 우리의 마음속이나 입술에 떠오르는 것은 아니다. 더욱더 깊고 온전한 찬양을 하기 위해서는 가능한 모든 도움이 필요하다"[34] 라는 말처럼 욥이 그랬듯이 욥의 찬송으로 들어갈 우리도 그와 다를 바 없습니다.

특별히 평생 밤중에 노래했던 믿음의 사람이 있었습니다. 미국의 대표적인 여류 찬송작가, 화니 제인 크로스비(Fanny J. Crosby, 1820-1915)입니다. 크로스비는 생후 6주가 되던 즈음 눈에 생긴 염증 때문에 평생을 시각 장애자로 살았습니다. 그런데도 그녀는 이렇게 말을 했다고 전해집니다.

> "제가 진실로 믿는 것은 육체적으로 어둠 속에서 살아야 한다는 것이 하나님을 찬양하기 위함이요, 다른 사람들로 하여금 찬양케 하기 위함이라는 것입니다. 만약 육신의 눈을 떠서 세상의 것으로 장애를 받았다면 어찌 그토록 많은 찬송을 쓸 수 있었겠습니까?"

그녀에게 장애란 시력이 아니라 세상이었습니다. 시력의 어두움은 오히려 그리스도 안에서 밤중에 노래하게 된 영적인 동력의 통로가 되었습니다. 이는 하늘나라 소망의 빛을 보며 살 수 있게 하신 하나님의 은혜였던 것입니다. 이러한 크로스비는 약 8,000여 편의 주옥같은 찬송시를 남겨주어 *나의 영원하신 기업, 나의 갈길 다가도록, 예수를 나의 구주삼고* 등의 수많은 찬송가로 오늘날까지 이어지고 있습니다.

밤중에 노래하는 찬송은 하나님과의 관계적인 깊음 속에 들어서 있음을 드러냅니다. 이 노래를 하게 하시는 하나님이시기에 그만큼 이 찬송을 잃어버렸다면 영성이 정지된 상태를 말합니다. 영성은 말씀 안에서 하나님과 연합하여 살아가는 믿음의 삶이기 때문입니다.[35] 그래서 나그네 같은 인생 여정의 삶 구석구석마다 고난 중에 노래는 멈추지 말아야 할 믿음의 진정한 증거입니다. 욥의 찬송처럼 복의 근원이신 하나님, 구원의 하나님이심을 선포하는 노래는 이후 하늘나라에서 성삼위 일체이신 하나님의 영화로움을 드러내는 감격 가득한 송축의 소리로 이어질 것입니다.

IV. 찬송은 하나님을 자랑하는 것입니다

"이러므로 내 평생에 주를 송축하며 주의 이름으로 인하여 내손을 들리이다 ...내 입이 기쁜 입술로 주를 찬송하되...밤중에 주를 묵상할 때에 하오리니 주는 나의 도움이 되셨음이라 내가 주의 날개 그늘에서 즐거이 부르리이다"(시편 63 : 4-7)

　19세기 대표적인 복음 전도자 드와이트 무디(Dwight L. Moody, 1837-1899) 선생의 영적인 명성을 듣고 어느 청년이 그의 집을 방문하였습니다. 잠시 이야기를 나누던 중 그 청년은 무디의 성경책 안에 빽빽이 채워져 있는 T자와 P자란 글자를 보게 되었습니다. 궁금해진 그는 "이것들이 무엇을 의미합니까?"라는 질문에 빙긋이 웃으면서 무디가 이렇게 말했다고 합니다. "성경 말씀 구절들 위의 T자는 'Tested'(시험해봄)이란 말이고 P자는 'Proved'(증명됨)를 가리킵니다." 물론 그가 시험해 봄이란 불신이 아니라 하나님의 약속하신 말씀에 철저한 신뢰로 믿음의 의지를 드러내려는 반어적 표현처럼 이해될 수 있는 말입니다.
　사실 우리가 하나님을 안다는 것은 하나님이 계시하신 말씀으로 말미암습니다. 그렇다고 머리에 채워진 성경 지식의 앎이 아닙니다. 말씀은 무엇보다 우리의 삶 속에서 신실하신 하나님을 경험하게 되는 은혜의 약속이기 때문입니다. 무디가 보여준 일화처럼 그가 말씀을 통하여 하나님의 살아계심을 경험한 실제의 삶이 없었다면 19세기의 대표적인 복음 전도자가 될 수는 없었을 것입니다.

찬송은 하나님을 자랑하는 것입니다

자랑이라는 말엔 그 어떤 깊은 경험이 내포되어 있습니다. 그 경험을 통한 앎이란 주체할 수 없을 정도의 벅찬 감격 속에서 행동으로 이어지기도 합니다. 하나님의 말씀 구절들 위에 무디가 남긴 T나 P자의 흔적들은 그에게 있어서 적어도 하나님 자랑에 매우 큰 버팀목이 되어주는 증명서였을 것입니다.

성경을 보면 하나님을 평생 자랑한 인물을 만나볼 수 있습니다. 그 자랑은 그의 찬양 전체를 차지합니다. 특히 "너희는 여호와의 선하심을 맛보아 알지어다"(시 34:8)의 말씀대로 그의 전 생애에 가득 채워진 하나님 자랑이 그의 찬양 모토(motto)였습니다. 일흔세 편의 시편들과 역사서에 담긴 그의 노래들로 영적 감동을 더해주는 그는 다름 아닌 레아가 찬송 고백 속에서 아들 이름을 찬양이라고 지었던 넷째 아들 유다의 후손, 다윗입니다.

다윗은 일생 동안 올려드린 찬송의 주된 내용이 '하나님 자랑'이었습니다. 이는 하나님 자랑으로 가득할 수밖에 없을 만큼의 하나님을 경험한 삶 때문이었습니다. 이에 어떠한 처지에서도 흘러넘치는 하나님 자랑의 찬송은 끊어지지 않았습니다.

서두에 인용된 다윗의 시편 63편에는 하나님 자랑으로 가득합니다. 입술엔 기쁨이 흐르고 밤중에 묵상할 때도 계속되었으며 주님 날개 아래서 즐거이 부르리라고 합니다. 이때 "내 입이 기쁜 입술로 주를 찬송(할랄, *halal*)하되"에서 '찬송'은 '자랑하다'입니다.

그런데 정작 이 시편 63편의 배경이 다윗에겐 하나님을 자랑할 수 있음과는 거리가 먼 상황이었습니다. 자기의 셋째 아들 압살롬의 반란으로 인해 예루살렘 왕궁에서 유대 광야로 피신한 시기였기 때문입니다. 사실 이때 다윗을 몹시 견디기 힘들게 했던 괴로움은 왕권을 빼앗고자 목숨까지 해하려 하는 아들 압살롬의 반역과 패륜적인 행위 자체에만 있지 않았습니다. 지극히 사랑하는 아들로부터 이 일이 일어난 비통한 현실에 있었습니다.

이러한 그의 마음은 다윗이 압살롬의 반란 군대를 대적하기 위해 나가는 군대 장관들에게 "나를 위하여 소년 압살롬을 너그러이 대접하라"(삼하 18:5)라는 부탁에서 읽을 수 있습니다. 모반을 일으킨 죄인일지라도 다윗에게는 여전히 사랑스러운 아들이었기에 압살롬을 소년이라고 부르며 너그럽게 대해달라고 당부했던 것입니다. 그것도 압살롬의 군대를 치고 돌아오는 부하들에게 두 번씩이나 압살롬이 무사한지를 묻고 또 물으며 확인까지 합니다. 하지만 압살롬의 사망 소식에 성문 위 누각으로 올라가 이렇게 울부짖습니다. "내 아들 압살롬아 내 아들 내 아들 압살롬아 내가 너를 대신하여 죽었다면, 압살롬 내 아들아 내 아들아"(삼하 18:33).

한 나라의 왕에서 하루아침에 목숨의 위협을 받으며 쫓기는 신세로 전락해 버린 다윗. 그것이 가장 사랑하던 아들로부터 벌어진 일이었기에 당시의 고통은 살기 위해 도망하는 왕으로서의 기막힌 처지보다 사랑하는 아들로 인해서 온 심적인 괴로움이 더 컸던 것입니다. 그런데도 다윗은 유대 광야에서 하나님 자랑의 찬송을 외치고 있었습니다.

우리의 찬송도 마찬가지입니다. 도무지 찬송할 수 없는 여건과 환경에 처해있을지언정 하나님 자랑을 포기할 수 없습니다. 하나님을 향한 찬송엔 그 어떠한 어려움이 장애가 될 수 없습니다. 찬송은 하나님의 역사하심에 대한 과거만이 아니라 그 과거가 현재가 되고 또 미래에도 변함없을 고백이어야 하기 때문입니다. 믿음의 진정한 증거가 찬송임은 바로 이를 말해줍니다.

사실 다윗에게서 볼 수 있는 하나님 자랑의 찬송은 갑작스럽게 나타난 것은 아닙니다. 그 역시 하나님 찬송을 위해 무엇보다 믿음의 발걸음을 먼저 내디뎠습니다. 그는 영과 육이 갈급한 심령으로 간구를 시작합니다(시 63:1). 예루살렘 성소에서 하나님의 영광과 권능을 보았던 이전의 경험을 다시금 떠올리며 더욱더 하나님을 사모합니다.[36] 이러한 내적 걸음들은 찬송의 깊음으로 향하게 할 힘이 되어 "내 평생에 주를 송축(*barak*)하며 주의 이름으로 인하여 내 손을 들리이다"(시 63:4)로 이어집니다. 이때의 송축은 욥에게서 보았던 '모든 복의 근원이시며 구원의 하나님'이심을 시인하는 찬송이었고, 하나님 앞에 자신을 낮추며 갈망함의 모습인 두 손을 듦은 레아의 찬송(*yadah*)인 온전한 신뢰 속에 내어 맡김이었습니다.

하나님 자랑의 찬송은 하나님을 향한 절대 믿음에 기초합니다. 이 믿음은 과거의 하나님이 현재의 하나님이시고 미래에도 변함없이 살아계신 하나님에 대한 확신입니다. 어떤 환경과 상황에서도 하나님을 하나님으로 인정하는 것입니다. 그렇기에 찬송은 완전한 신뢰를 표현하는 것입니다. 이를 위한 찬송이 다윗에게는 하나님 자랑이었습니다.

마르틴 루터의 가장 대표적인 찬송이 '내 주는 강한 성이요'입니다. 그로부터 일어나게 된 종교개혁의 기치는 "오직 믿음으로"(롬 1:17)였습니다. 그래서 그의 찬송들은 믿음과 직결되어 있습니다. 이 당시는 음계의 특성에 따라 찬송 가사를 붙였는데 그것이 교회선법(Church Mode)의 사용이었습니다. 예를 들면, 묵상적인 가사는 도리안 선법(Dorian Mode)에, 참회 내용의 가사는 프리지안 선법(Phrygian Mode)에서 지어진 선율로 불렀습니다. 반면에 확신에 찬 믿음의 찬송가일 경우엔 아이오니안 선법(Ionian Mode)을 사용하였습니다. 교회선법 중에서 이 선법은 지금의 C 장조와 같은 것입니다. 마르틴 루터는 자신이 가사를 쓴 '내 주는 강한 성이요'란 찬송시를 직접 작곡할 때 아이오니안 선법을 응용하였습니다. 이는 승리를 확신한 믿음의 찬송임을 반영하고자 한 의도를 나타낸 것입니다. 아래와 같이 가사의 절마다 묘사된 영적 전쟁에서의 승리를 외치는 루터의 믿음을 읽을 수 있어서 이 찬송은 '종교개혁의 투쟁 찬송가(Battle hymn of the Reformation)'[37]로 전해졌습니다.

1. 내 주는 강한 성이요 방패와 병기되시니
　 큰 환난에서 우리를 구하여 내시리로다
　 옛 원수 마귀는 이때도 힘을 써
　 모략과 권세로 무기를 삼으니 천하에 누가 당하랴.
2. 내 힘만 의지할 때는 패할 수밖에 없도다
　 힘 있는 장수 나와서 날 대신하여 싸우네
　 이 장수 누군가 주 예수 그리스도 만군의 주로다
　 당할 자 누구랴 반드시 이기리로다.
3. 이 땅에 마귀 들끓어 우리를 삼키려 하나
　 겁내지 말고 섰거라 진리로 이기리로다

친척과 재물과 명예와 생명을 다 빼앗긴대도
진리는 살아서 그 나라 영원하리라.

그리고 이 찬송은 가사에 따라 믿음의 영적 확신이 표현되도록 음계적인 특성만 아니라 싱커페이션(syncopation: 한 마디 안에서 센박과 여린박의 규칙성이 뒤바뀌는 현상)의 리듬을 가진 음악으로 작곡되었습니다. 다만 현재 사용되고 있는 이 찬송가는 바로크(Baroque) 시대의 바흐(J. S. Bach)에 의해서 그러한 리듬 특징이 없어지고 대신 예배 의식에 안정적인 소리를 내도록 편곡된 것입니다.

마르틴 루터의 찬송처럼 가사가 강조되기 위한 리듬적인 특징이 반영되었던 사례는 훨씬 오래전인 4세기 초 중반의 힐라리 주교(Hilary, Bishop of Poitiers, ca. 310-366)에 의해서도 이루어졌습니다. 그는 성자 하나님으로서 예수 그리스도의 신성을 완전히 부인하는 이단 아리우스파(the Arians)에 강력히 대항했던 인물로 '아리우스의 망치(the hammer of Arians)'란 별명을 지닌 라틴 찬송 작가이기도 했습니다. 그런 그가 아리우스 이단 교리로부터 그리스도인들을 보호하고자 삼위일체의 교리를 담은 찬송시를 짓고 난 후 기독교 핵심이 담긴 가사를 믿음의 확신 속에서 힘차게 부르도록 로마 군인들의 군가 리듬이 있는 기존의 노래들을 사용했던 것입니다.[38] 이러한 찬송의 예는 확고한 신념을 표출하려 했던 증거였습니다.

다윗은 이와 같은 믿음의 소리로 하나님 자랑 속에 평생을 살았습니다. 그것도 출전 시 승전을 간구하며 "혹은 병거, 혹은 말을 의지하나 우리는 여호와 우리 하나님의 이름을 자랑하리로다"(시 20:7)라든지,

사울을 피하여 원수의 나라 블레셋까지 도망하다 신분 노출의 위험을 막고자 심지어 미친 사람처럼 가장해 간신히 유대 광야로 피신하게 되었을 때도 "내 영혼이 여호와로 자랑하리니 곤고한 자가 이를 듣고 기뻐하리로다"(시 34:2)의 변함없는 하나님 자랑의 찬송이었습니다.

이는 그의 파란만장한 삶이 다 지나는 만년의 시기에도 그 찬송은 한결같이 끊일 줄 몰랐습니다. 그가 나이 많아 아들 솔로몬에게 왕위를 물려주면서 레위 자손들에게 찬양의 직무를 맡게 할 때 "사천은 다윗의 찬송하기 위하여 지은 악기로 여호와를 찬송하는 자라"(대상 23:5)였습니다. 여기 나오는 두 번의 '찬송' 단어 모두가 '자랑(halal)'이란 말입니다. 그런 것을 보면 다윗이 찬송하는 자 사천 명의 입술을 통하여 올릴 찬송 내용과 또 그들과 함께하는 악기를 통한 봉헌의 목적은 문자 그대로 하나님 자랑이었습니다.

시편은 하나님을 노래로 찬양하기 위해 사용된 찬송시입니다. 그래서 시편(미즈모르, mizmor)을 가리키는 히브리어 자체 의미가 '찬양의 노래'입니다. 이러한 시편 전체를 마감하는 시편 150편엔 열 한 번의 '찬양'이란 단어가 나옵니다. 흥미롭게도 이들 모두 다 똑같이 할랄(halal)입니다. 이는 찬송·찬양의 본질적인 동기와 이유와 그 목적도 하나님 자랑임을 말씀합니다.

진정, 찬송·찬양은 하나님을 자랑하는 것입니다. 가사를 통해 모든 생각과 기억의 수고로 한량없으신 은혜의 하나님을 자랑함으로 섬기는 것입니다. 여기엔 자랑하는 우리 자신은 없어지고 자랑의 대상이신 하나님만 가득할 뿐입니다. "와서 하나님의 행하신 것을 보라 인생에게 행하심이 엄위하시도다"(시 66:5), "…노래하여 그 행사를 선포하리로다"(시 107:22) 등의 말씀과 같이 이러한 때에 불리는 노래는 모든 복의 근원이며 우리의 구원이신 하나님 자랑으로 차고 넘친 함성입니다.

찬송은 영적 즐거움이 가득한 음악이 함께 합니다

우리 그리스도인들의 생활 가운데에서 가장 빼놓을 수 없는 것이 음악으로 행하는 찬송입니다. 찬송엔 우리의 모든 신앙 정서가 담겨 있습니다. 여기에 함께하는 음악은 찬송을 더욱 풍성하게 해줍니다. 단순히 언어에 의한 고백보다는 감정을 표현한 음악으로 인해 찬송이 그만큼 더 깊고 가슴 벅참 속에서 이뤄질 수 있기 때문입니다.

음악사 초기엔 가사 없는 선율적인 찬양 노래가 있었습니다. 이것을 성 어거스틴은 유빌루스(Jubilus: 즐거워하는)라고 불렀습니다. 이 노래는 알렐루야의 '야'란 하나의 음절에 수많은 음표를 붙여 부르는 장식적인 성악 양식인 멜리스마(melisma)입니다. 어거스틴은 하나님을 찬양하는 이러한 음악의 의미와 가치를 이렇게 설명했습니다.

> 유빌루스는 뚜렷한 어떤 의미를 나타내려 하지 않고, 다만 넘치는 감동을 노래하려 하는 환희가 가득한 영혼의 소리이다. 환희로 가득한 자는 기쁜 나머지 처음은 말 더듬는 것처럼, 이윽고 가사 없이 환희 속에서 소리 지르는 것이다. 이 기쁨에는 다만 소리만이 어울린다. 말로서는 나타낼 수 없다… 이처럼 유빌루스에 의해서 찬양받을 만한 자 주님 이외에 다른 누가 있을 것인가? 주님 앞에 있어서는 우리들의 말은 너무나 보잘 것 없다. 만일 말의 도움을 빌릴 수 없고 마음의 생각을 침묵해 있을 수 없다면 우리들은 이 생각을 말 아닌

> 유빌루스로서 부르짖을 뿐이다. 한없는 그 기쁨은 어떻게 말의 표현으로써 나타낼 수 있겠는가?[39]

　유빌루스 자체적인 특징은 기쁨을 표출함에 그만큼 매우 강렬한 영향을 띠는 음악입니다. 마치 이렇듯 기쁨과 즐거움이 넘친 음악적인 표현처럼 찬양했던 대표적인 성경 속 인물을 든다면 서슴없이 다윗을 꼽을 수 있을 것입니다. 물론 이러한 음악적인 상황에서 찬양하는 다윗을 찾아볼 수 있음은 성경에 제한된 부분이기는 하겠지만, 그래도 그 모습을 대한다면 매우 강렬한 인상만은 지울 수 없을 것입니다.

　다윗은 자신을 노래 잘하는 자로 칭했듯이(삼하 23:1) 어린 시절부터 늘 악기를 가지고 하나님을 노래하는 삶을 살았습니다. 그것도 탁월한 수금 연주자로서 인정받을 정도였으며(삼상 16:15), 직접 악기를 만드는 데에까지 음악적인 역량이 깊어 솔로몬 성전 봉헌식 때엔 레위인들이 연주하며 찬양했던 악기가 다윗이 제작한 것이었습니다(대하 7:6).

　이러한 다윗에게서 찬송 속에 적극적이고 온 힘을 다하는 그의 열정을 만날 수 있습니다. 역대상 15-16장에서입니다. 예루살렘으로 옮겨가는 법궤에 관한 기사로 다윗에게 있어 인생 중 가슴 벅찬 순간을 담은 말씀입니다. 법궤가 다윗 성으로 옮겨진다는 사실은 그의 왕권이 하나님의 절대주권 속에 인정된 것임을 선포하는 의식이므로 그에겐 더할 나위 없는 기쁨을 갖게 했던 시간임엔 분명했습니다.

　이와 관련하여 역대상 15장에선 먼저 다윗이 노래와 악기로 찬양할 수 있는 사람들을 뽑아 임시로 조직했음을 볼 수 있습니다. 법궤가 옮겨지는 과정에서 그 감격스러움과 즐거움 속에 감사하고자 했습니다. 여기엔 하나님의 궤를 메고 가는 행렬 선두에 선 제사장들의 나팔(대상 15:24)과 더불어 레위인들의 놋 제금, 비파, 수금이 함께한 그 당시로선 최상의 음악이 있었습니다. 인원은 비록 20여 명에 불과한 작은 규모였지만 현재로 말하면 현악기, 관악기 및 타악기에 이르는 모든 종류의 악기가 동원되었음을 보여준 것입니다. "...뿔 나팔과 나팔을 불며 제금을 치며 비파와 수금을 힘 있게 타며 여호와의 언약궤를 메어 올렸더라"(대상 15:28b)의 말씀대로 하나님을 향한 즐거움과 기쁨 가득한 소리였습니다. 이 마음을 담은 악기들의 소리와 더불어 다윗 자신도 하나님을 찬송합니다. 특히 여호와의 궤가 다윗성으로 들어올 때 성경엔 다윗이 '춤추며 뛰 논다'라고 기록되어 있습니다(대상 15:29). 그런데 법궤가 옮겨지는 과정에서도 그와 같았습니다. 다윗은 궤를 멘 이들이 여섯 걸음을 옮겼을 때 멈추게 하여 그곳에서 소와 살진 양으로 제사를 지내게 하고 그 앞에서 모시 에봇을 입은 채로 힘껏 춤을 추었던 다윗이었습니다(삼하 6:13-14). 어떤 유형의 춤인지는 알 수 없으나 분명한 것은 기쁜 감정의 표출로 하나님 앞에서 춤을 추었다는 사실입니다. 물론 그 모습은 하나님을 향한 전적인 경배와 헌신의 의미였습니다.[40] 당시의 찬송은 이렇듯 성악, 기악, 몸의 움직임 등이 어우러지는 풍성함을 보여주었습니다.

이제 또 역대상 16장으로 가면 하나님의 언약궤가 안치된 후 다윗은 그곳에서 레위인들에게 음악으로 찬양하게 합니다. "그에게 노래하며 그를 찬양하며 그 모든 기사를 말할지어다 그 성호를 자랑(halal)하라…"(대상 16:9-10a). 이는 다윗이 아삽과 그 형제들을 불러 세우고 언약궤 앞에서 행하게 한 찬양입니다. 하나님 자랑함에 그 기쁨의 소리에 있어서 여전히 수금, 비파, 제금을 연주하며 올린 찬양 음악이었음을 성경은 말씀합니다(대상 16:4-5).

음악은 내면의 기쁨을 표출하기에 매우 자연스러운 방법입니다. 노래로 하나님의 경이로운 구원의 역사하심을 기리고 부르며 칭송할 때 다양한 악기들이 함께 했습니다. 성경의 '찬양'이란 말 자체도 음악을 뜻합니다. 위에 언급된 말씀 중 '찬양(자마르, zamar, 대상 16:9)'은 '악기를 연주하다'를 뜻합니다. 찬양의 문자적인 의미에까지 음악을 가리킵니다. 다윗은 지극히 거룩한 상징인 하나님 언약궤 앞에서 무반주보다는 악기들을 통하여 영적 기쁨에 넘친 즐거움의 소리를 내게 했던 것입니다.

이러한 찬양 노래는 어느 한때만의 소리가 아니었습니다. 다윗의 인생 전체를 덮으신 구원의 하나님을 노래한 것이었습니다. 그것이 수많은 시편 속에 녹아 있지만 사무엘하 22장에도 나타납니다. 다윗 자신의 파란만장한 생애 가운데서 쉼 없이 경험했던 하나님을 향하여 "… 다윗이 이 노래로 주님께 아뢰었다"(삼하 22:1, 새번역)라고 시작하는 찬양입니다. 곧 다윗이 왕이 되기 전 사울의 온갖 핍박 속에서 베풀어 주신 하나님의 구원하심을 기억하며 감사로 가득한 하나님 자랑의 찬양 노래였습니다. 그래서 이 노래의 시작인 "내가 찬송(halal) 받으실 여호와께 아뢰리니"(삼하 22:4)에서의 '찬송(halal)'은 늘 불렀던 하나님 자랑이었고, 이의 후반 구절인 "내가 열방 중에서 주께 감사하며 주의 이름을 찬양(zamar)하리이다"(삼하 22:50)의 '찬양(자마르, zamar)'은 악기를 통한 노래였습니다.

사실 이 찬양의 노래시기를 보면 학자들의 의견에 따라선 왕정 말기로 보거나 또는 왕정 초기로 봅니다. 비록 어느 시기라고 정확히 알 수는 없더라도 그의 생애 끝 무렵이었다면 이 찬양을 올린 시기의 다윗으로서는 영적 즐거움과 깊은 감격으로 표출할 만한 때와는 거리가 멀었습니다. 왜냐하면 아들들 간의 살인과 반란, 하나님의 은혜 속에서 갖은 역경과 고난을 딛고 난 후 이룰 수 있었던 왕국이 정작 분열된, 참으로 참담한 상황이었기 때문입니다. 그런데도 또다시 다윗은 이 찬양의 노랫말로 하나님께 아뢰며 예전의 그때를 기억합니다. 그리고 언제나 함께 하셨고 또 앞으로도 변함없이 함께하실 하나님을 굳게 믿으며 다윗은 힘차게 하나님 자랑으로 찬양했던 것입니다.

인생은 늘 노래하며 살 수 있을 만한 여정이 아닙니다. 그렇다고 그 노래가 인생 중 어느 때에도 끊어질 수는 없습니다. 단지 음악이 아닌 영성의 증거인 믿음의 노래이기에 그렇습니다. 그만큼 다윗은 자기 아들 압살롬으로부터의 죽음을 피하고자 도망했던 시절에도 "내가 주의 권능과 영광을 보려하여 이와 같이... 주를 바라보았나이다... 내 입술이 주를 찬양할 것이라... 내가 주의 날개 그늘에서 즐거이 부르리이다"(시63:2-3, 7)의 삶을 살았습니다. 이는 음악적인 즐거운 소리로 인한 것이 아니라 진정한 즐거움을 누리게 하신 구원의 하나님으로 말미암아 흘러나오게 된 믿음의 노래였기 때문입니다.

성경에 나타난 여러 선지자에게서도 이러한 영적 즐거움의 찬송이 음악과 함께했음을 볼 수 있습니다. 스바냐 선지자는 패역한 이스라엘 백성 가운데에서 하나님의 남은 자들로 구원하심이 있게 되리라는 복의 약속을 선포합니다. 그리고 "시온의 딸아 노래할지어다 이스라엘아 기쁘게 부를지어다 예루살렘의 딸아 전심으로 기뻐하며 즐거워할 지로다"(습 3:14)하며 구원의 감격을 노래합니다. 더 나아가 거룩한 즐거움으로 충만한 기쁨의 노래를 하나님께서 구원받은 백성들을 향하여 이렇게 부르신다고 성경은 말씀합니다.

> "너희 하나님 여호와가 너희 가운데 계시니 그는 구원을 베푸실 전능자시라 그가 너로 인하여 기쁨을 이기지 못하여 하시며 너를 잠잠히 사랑하시며 너로 인하여 즐거이 부르며 기뻐하시리 라"(습 3:17).

하박국 선지자도 이와 같은 찬송을 합니다. 삶의 현장이 비록 척박하고 황폐하지만 구원의 하나님으로 인하여 마음속 깊은 기쁨의 노래가 내면에서부터 울려 퍼지고 있습니다. "...이 노래는 영장을 위하여 내 수금에 맞춘 것이니라"(합 3:19b)로 끝맺음을 한 이 하박국 3장의 찬양은 특별히 첫 구절엔 '시기오놋(shigionoth)에 맞춘바'란 지시어구가 있습니다. 이는 열정적인 정서를 나타내는 음악양식, 즉 '리듬의 변화가 매우 빠른 노래'란 음악용어로 추측되는 말입니다. '다윗의 *식가욘*... 여호와께 한 노래'(시편 7편의 표제)의 *식가욘*(shiggaion: 정열적인 선율을 갖는 노래)과도 같은 의미를 갖는 것입니다. 이러한 용어에 비추어 보면 다윗이나 하박국 선지자에게서 우리는 구원의 하나님을 향한 그들의 찬송 노랫소리와 모습이 어떠했으리란 짐작을 하게 해줍니다. 다음은 하박국 선지자의 찬양 노래입니다.

"비록 무화가 나무가 무성치 못하며 포도나무에 열매가 없으며 감람나무에 소출이 없으며 밭에 식물이 없으며 우리에 양이 없으며 외양간에 소가 없을지라도 나는 여호와를 인하여 즐거워하며 나의 구원의 하나님을 인하여 기뻐하리로다"(합 3:17-18).

하나님을 찬양함엔 주체할 수 없는 기쁨이 있습니다. 찬양의 주제가 구원하시는 하나님이시기에 그렇습니다. 날마다의 삶 속에서 경험하는 하나님으로 인하여 심령에서 즐거움 가득한 찬양이 우러나옵니다. 그래서 야고보서엔 "너희 중에… 즐거워하는 자가 있느냐 저는 찬송할지니라"(약 5:13)라는 말씀이 있습니다. 여기에 기록된 '찬송'은 이미 다윗의 찬송(자마르, zamar)과 상응된 말인 프살로(psallo: 악기의 현을 잡아당겨 진동시키다, 혹은 현악기로 연주하다)입니다. 시편을 영어로 Psalms라고 하는데 헬라어 프살로(psallo)의 명사형인 프살모이(psalmoi)에서 온 말입니다.[41] 그런 까닭에 시편이 '음악 악기들로 연주하며 하나님을 찬양하는 노래'란 의미를 갖는 제목임을 알게 합니다.

이 시편으로 찬송을 발한 믿음의 조상들처럼 현재 우리들에게도 그러한 찬송은 끊이지 않을 감격스러운 영적 섬김입니다. 그래서 이 노래는 우리의 변화무쌍한 감정에 좌우될 수 없습니다. 우리를 위해 스스로 만들거나 시작한 것도 아닙니다. 이는 어제도 오늘도 그리고 내일도 찬송할 이유를 주시는 변함없는 구원의 하나님으로부터 비롯되었기 때문입니다. 그만큼 찬송의 주제가 되신 하나님으로 우리의 마음은 늘 형언할 수 없는 감동에 젖습니다. 다윗이나 하박국 선지자와 같이 마음으로부터 쏟아지는 기쁨 속에서 때로는 열정적인 찬송의 음악 소리와도 함께 말입니다.

그러므로 우리의 찬송·찬양에 영적인 감정이 메말라 있다면 이는 하나님의 구원하심에서 오는 거룩한 흥분을 언제부터인가 잃어버렸다는 신호일 수 있습니다. 그렇다고 해서 이를 위한 회복이 흥겨운 정서를 담은 찬양 음악에서 이루어질 수는 없습니다. 다만 말씀 안에서 하나님을 진정으로 만나고 삶 속에서 그 말씀의 하나님을 경험해감을 통해서만이 그러한 노래와 음악이 자연스럽게 울려 나올 수 있다는 것입니다. 이때 함께하는 음악은 그분 안에서 영적 기쁨 가득함으로 울려 퍼지는 찬양입니다.

이제 다윗이 평생 하나님 앞에 쏟아 놓았던 찬양을 되새겨 봅니다. 그것은 뿌리 깊은 영성으로 하나님을 향한 최상의 헌신이었습니다. 특히 시편 63편은 고난의 처지에서도 모든 복의 근원이심과 구원하심이 하나님께 있음을 고백하는 송축의 찬송(*barak*, 시 63:4), 두 손을 들고 절대적 신뢰 속에 엎드림의 감사 찬송(*yadah*, 시 63:4), 그리고 그 입술엔 기쁨 가득한 하나님 자랑(*halal*, 시 63:5, 11)의 노래였습니다.

V. 찬송은 하나님을 향한 최상의 섬김입니다

"이 백성은 내가 나를 위하여 지었나니 나의 찬송을 부르게 하려 함이니라"(사 43 : 21)

위의 성경 구절은 찬송에 관한 교훈을 제시할 때마다 대다수 사람이 인용하는 매우 친숙한 말씀입니다. 여기에는 하나님께서 직접적으로 '나의 찬송'이라는 표현을 사용하심이 독특합니다. 동시에 '나의 찬송을 부르게 하려 함'을 위하여 백성을 지었다고 하신 것은 창조주이자 영원한 왕이신 하나님(사 43:15)의 뜻을 드러내신 것이라 할 수 있습니다.

찬송은 우리를 향한 하나님의 선하신 목적입니다

"우리는 그의 만드신 바라 그리스도 예수 안에서 선한 일을 위하여 지으심을 받은 자니 이 일은 하나님이 전에 예비하사 우리로 그 가운데서 행하게 하려 하심이니라"(엡 2:10). 이 말씀을 대함에 지음 받음이 마치 꼭 어떤 선한 일을 위한 것으로만 생각될 수도 있습니다.

그러나 하나님의 선하신 목적에 관한 본질을 깊이 묵상해 보면 그렇지 않음을 알 수 있습니다. 성경은 우리를 부르시고 의롭다 하시고 또한 영화롭게 하시는 하나님 본래의 선한 목적이 예수님의 형상을 닮아 가는 것이라고 밝히셨기 때문입니다(롬 8:28-30). 이는 그리스도 안에서 어떤 선한 일에 머묾이 아니라 신의 성품에 참여하는 성화의 길인 것임을 나타냅니다. 곧 "창세전에 그리스도 안에서 우리를 택하사 우리로 사랑 안에서 그 앞에 거룩하고 흠이 없게 하시려고"(엡 1:4)라는 말씀에 있습니다. 다만 그리스도를 따라감이 먼저 전제되어야 비로소 선한 일들이나 사역이 진정으로 가능합니다.

에베소서 2장 10절의 말씀대로 그리스도 예수 안에서 선한 일을 행할 사람들에게서 한결같이 발견할 수 있는 것이 있습니다. 그것은 찬송입니다. 찬송은 온전한 믿음의 진보 속에서 영화로움을 드리는 감사와 구원의 하나님을 향한 섬김의 고백이기에 그만큼 하나님께 선한 속성을 지니기 때문입니다. 그래서 성경은 "우리 하나님께 찬양함(zamar: 악기를 연주하다)이 선함이여"(시 147:1)라고 말씀합니다. 이때의 '선함(토브, tob)'은 하나님이 세상 만물들을 창조하신 후 보시기에 '좋았더라(토브, tob)'라고 하신 것과 같은 단어입니다. 문자 그대로 본다면 하나님을 찬양하는 노래나 연주는 하나님께 영화롭고 선한 예배임을 밝히는 말씀입니다.

우리는 요한 계시록에 펼쳐진 하늘나라의 예배 장면으로 인하여 우리를 통한 하나님의 궁극적인 선한 목적이 무엇인지 더 잘 알게 해줍니다. 그 천상의 예배에선 예수 그리스도를 통한 구원하심과 의롭고 영원하신 하나님 심판에 따른 감격스러운 외침이 경배의 찬송으로 하나님 보좌 앞에 가득합니다.

"하늘 위에와 땅 위에와 땅 아래와 바다 위에와 또 그 가운데 모든 만물이 가로되 보좌에 앉으신 이와 어린양에게 찬송과 존귀와 영광과 능력을 세세토록 돌릴지어다 하니 네 생물이 가로되 아멘하고 장로들은 엎드려 경배하더라"(계 5:13-14).
"이 일 후에 내가 들으니 하늘에 허다한 무리의 큰 음성 같은 것이 있어 가로되 할렐루야 구 원과 영광과 능력이 우리 하나님께 있도다"(계 19:1).
"이십 사 장로와 네 생물이 엎드려 보좌에 앉으신 하나님께 경배하여 가로되 아멘 할렐루야 하니 보좌에서 음성이 나서 가로되 하나님의 종들 곧 그를 경외하는 너희들아 무론 대소하고 다 우리 하나님께 찬송하라 하더라"(계 19:4-5).

하나님을 향한 즐거움과 기쁨의 찬송은 이 땅이나 하늘까지도 변함없습니다. "내가 여호와의 인자하심을 영원히 노래하며... 여호와여 주의 기사를 하늘이 찬양할 것이요..."(시 89:1a, 5a). 찬양은 진실로 영원성을 갖습니다. 찬양받으실 하나님이 영원하시기 때문입니다. 이 세상에서의 예배가 하나님 나라에서 계속되듯이 오늘을 살아가는 우리의 찬송·찬양도 천상의 소리로 반드시 이어질 것입니다.

이는 구원받은 자들에게 주신 하나님의 선한 목적임을 증거합니다. "이 백성은 내가 나를 위하여 지었나니 나의 찬송을 부르게 하려 함이니라"(사 43:21)하신 구약의 말씀은 신약에서 "...그의 은혜의 영광을 찬미하게 하려는 것이라"(엡 1:6b)로 향하고 있습니다.

음악을 통한 찬송은 하나님의 뜻입니다

보편적으로 찬송하면 음악을 생각합니다. 이는 우리의 전통적인 관습이기 이전에 성경으로부터 비롯된 찬송에 연유합니다. 그것이 하나님이 선지자를 통하여 직접적으로 말씀하신 이사야서 43장 21절에서의 '나의 찬송'과 관련되어 있음을 볼 수 있습니다. 여기의 '찬송(테힐라, tehillah)'은 '찬송(halal)의 노래'를 뜻합니다. 문자 그대로 하나님을 자랑하고 선포함에 다름 아닌 음악인 노래를 말씀하신 것입니다.

이미 살펴본 요한 계시록의 천상 예배엔 아주 구체적이고도 확실한 음악적인 방법의 찬송이 있습니다. 먼저 여러 번 언급된 악기인, '키다라(kithara: 거문고, 수금)'라고 하는 현악기입니다(계 5:8,14; 14:2; 15:2). 요한 계시록 15장 2절엔 '하나님의 거문고'라고 기록되어 있습니다. 이는 그 악기가 하나님으로부터 온 것임을 밝히듯 "... 하나님이 주신 거문고를 타며"(계 15:2b, 현대인의 성경)라고 번역되어 있습니다.

요한 계시록은 또 다른 음악적인 방법을 보여줍니다. 노래입니다. 이에 관련한 구절이 세 번 나오는데(계 5:9; 14:3; 15:3-4), 그중 아래에 기록된 말씀은 하나님의 종 모세의 노래이자 어린양의 노래입니다.

> "하나님의 종 모세의 노래, 어린 양의 노래를 불러 가로되 주 하나님 곧 전능하신 이시여 하시는 일이 크고 기이 하시도다 만국의 왕이시여 주의 길이 의롭고 길이 참되시도다 주여 누가 주의 이름을 두려워하지 아니하며 영화롭게 하지 아니 하오리까 오직 주만 거룩하시니이다 주의 의로우신 일이 나타났으매 만국이 주께 경배하리이다"(계 15:3-4).

사도 요한은 위에 나타난 천상 예배를 기록하면서 이때의 찬송이 음악적인 노래임을 다시 한번 알게 해주는 말씀이 있습니다. "저희가 보좌와 네 생물과 장로들 앞에서 새 노래를 부르니(아도, ado)..."(계 14:3a)는 "...너희의 마음으로 주께 노래하며(ado)"(엡 5:19b) 또는 "...시와 찬미와 신령한 노래를 부르며(ado)..."(골 3:16)에서와 같이 각 말씀 구절에서 모두 같은 말인 '노래를 부르다(ado)'입니다.

이러한 사실로 보아 사도 요한은 이 세상에서 노래하던 모습을 기억하며 천상 예배에서의 노래를 기록했다고 이해할 수 있습니다. 찬송이 음악적인 언어의 노래로 표현되는 것으로 말입니다. 그 노래가 "내가 하늘에서 나는 소리를 들으니 많은 물소리도 같고 큰 뇌성도 같아서..."(계 14:2a)처럼 사도 요한에게는 마치 하늘을 울리는 어마어마한 소리였지만 분명 음악 소리로 들었습니다. "...내게 들리는 소리는 거문고 타는 자들의 그 거문고 타는 것 같더라"(계 14:2b)였기 때문입니다.

우리의 주님이신 예수 그리스도께서도 찬송의 노래를 부르셨습니다. 이에 대한 장면은 제자들과의 마지막 만찬을 끝내고 감람산으로 올라가시기 직전이었습니다. "이에 저희가 찬미하고 감람산에 오르니라"(마 26:30; 막 14:26). 여기에 '찬미(휴네오, *humneo*)'란 '찬송 노래를 부르다'를 뜻하는 말입니다.

대부분의 성경학자는 제자들과 함께 예수님께서 부르셨던 찬송이 시편인 것으로 추정합니다. 유대인들은 유월절이면 *애굽의 할렐* (*Egyptian Hallel*: 시편 113편-118편, 136편)이라 불리는 이 시편을 가지고 노래하는 전통을 갖고 있었기 때문입니다.[42] 에쉴리 페티스(Ashley Pettis)는 이 장면을 기록한 마태복음 26장 30절 말씀에 관하여 이렇게 설명했습니다.

> 비록 주어진 말씀이 짧고 단순한 기록이라 하더라도 여기엔 그 어떤 웅변적인 묘사가 요구되지 않는다. 그의 깊은 의미는 명백하다. 하나님의 아들 예수 그리스도가 인간 역사에 있어 가장 신성하고 가장 숙명적인 순간에 아버지 되신 하나님께 찬송을 드리고자 멈춰 선 것은 이에 더하거나 혹은 뺄 수 있을만한 그 어떤 것이 존재할 수 없는 참으로 심오한 의미를 갖는 것이다.[43]

그의 말처럼 예수 그리스도께서 제자들과 함께 찬송하셨던 사실이 극히 짧게 기록되어 있지만, 그때는 지극히 거룩한 순간이었습니다. 유월절에 행하셨던 그 마지막 만찬이 예수님께서 세우신 새 언약의 표인 성찬식(Holy Communion)으로 변함없이 이어져 오는 것이기에 더욱 그러합니다.

그런데 무엇보다 이것이 예수님께는 세상 죄를 짊어지기 위해(요 1:29) 곧이어 겪어야 할 십자가상의 처절한 죽음의 고난 현장으로 나아가시기 직전이었습니다. 그럼에도 예수님은 하나님께 찬송의 노래를 하셨습니다. 앞으로 직면하게 될 사망의 고통이 무엇인지를 알고 있으시면서 말입니다. 인류의 죄를 대속하기 위한 구원 사역에 들어서시는 발걸음 속에 몸소 보이셨던 예수님의 그 찬송 노래는 하나님께 영화로움을 안겨드릴 지고한 헌신의 증거였습니다.

하나님을 향한 음악은 이러한 찬송의 본질, 곧 어떠한 환경에 영향을 받지 않고 도리어 그 환경에 하나님의 영광을 드러내는 영적 섬김의 소리입니다. 그래서 찬양에 음악이란 방법은 단지 아름다움의 소리에 있기보다는 하나님을 영화롭게 할 하나님 백성들의 영적 헌신의 울림에 있음을 깨닫게 합니다.

그런데 성경 시대를 지나면서 찬양하는 방식에 있어 악기에 대해 적잖은 규제와 절제가 심지어 아예 없애버리는 데에까지 이릅니다. 무엇보다 초대교회 시절이 기독교 박해 상황이란 이유에 있었고, 또 당시의 이방 종교에서 사용된 악기들에 대한 부정적인 인식에 따른 현상이었습니다. 더구나 대부분의 초대 교부들은 그리스의 에토스

이론(the theory of ethos)에 직접적인 영향을 받아왔던 터라 구약성경에 기록된 악기들의 언급은 상징적인 것으로 해석했습니다. 더 나아가 악기를 사용함은 영적 유아 상태를 가리키는 것이라 하여 전면적인 금지를 취했던 것입니다.[44] 물론 구약시대에 울려 퍼졌던 찬양 음악의 소리가 이러한 이해처럼 영적 유아들의 상태를 말해주는 것은 아닙니다. 이는 단지 악기 소리가 있어야 비로소 이를 힘입어 겨우 입을 여는 사람들에게나 적용될 수 있는 것이었기 때문입니다.

다만 실제로 4세기 전까지는 성경에 언급된 *키다라(kithara)*와 *리라(lyre)* 유형의 악기만 허용되었다가, 그 후로는 자취를 감추고 대신 오르간(organ) 악기가 나타나기 시작합니다. 정확하지는 않지만 비탈리안(Vitalian) 교황에 의해 7세기쯤 처음 미사에 도입되었다고 하는데 교회에서의 정식 사용은 13세기부터라고 알려졌습니다.[45]

악기에 오르간만을 사용하는 것과 전문적인 합창단에 의한 교회음악 소리가 종교개혁 시대에 이르러서는 또 다른 변화를 보여줍니다. 그중에 다소 극단적인 예가 될 수 있는 것이 스위스 종교개혁자 츠빙글리(Ulrich Zwingli, 1484-1531)로부터 나왔습니다. 그는 당시의 신학 논쟁거리였던 문제들을 위해 남긴 일련의 논설문 *최종적 결론을 위한 설명과 기초(Auslegen und Grunde der Schlussreden*, 1523)에서 기도란 하나님과 인간 사이의 개인적인 것이기에 공적으로 행하는 기도와 더불어 찬송의 노래조차도 다 외식적인 것이라고 주장했습니다. 이에 덧붙여 강조하기를 골로새서 3장 16절의 "너희 마음으로 주께 노래하며"란 말씀대로 주께 노래함이 목소리가 아니라 마음으로 하는 것이라고 했습니다. 이 때문에 쮜리히(Zurich)에선 공식적으로 그 도시의 모든 교회가 16세기 말까지 악기는커녕 아예 찬송 노래조차도 하지 못했습니다.[46]

교회음악 소리에 있어 악기 사용의 규제라든지 음악적 표현에서 가장 보편적인 노래도 금지됨은 나름의 하나님을 향한 신앙의 지조로 이해할 수는 있습니다. 성경에서도 구약과 신약의 찬양 음악 양식과 내용이 다르기에 성경 시대 이후에서도 어떤 예외의 여지가 있을 수도 있기 때문입니다. 다만 획일화된 찬양의 방법이라 할 수는 없더라도 어느 시대든 음악의 표현을 통한 찬양은 변하지 않는다는 것입니다.

음악으로 찬양함은 인간이 만들어낸 전통이나 관습에서가 아니라 원래부터 창조주 하나님의 섭리 안에서 비롯되었습니다. 분명한 것은 요한 계시록을 통해 장차 이뤄질 천상 예배에서도 하나님이 주신 악기 소리와 더불어 노래가 울려 퍼짐 속에 영원하신 하나님의 영화로움을 드러내고 있다는 사실입니다.

찬송은 하나님 앞에서 행하는 것입니다

하나님의 임재 가운데 있는 사람들(People in the Presence of God)이란 책에서 베리 리이히(Barry Liesch)는 "수백 페이지가 넘게 성경은 예배자들을 하나님 앞에 혹은 하나님께 나아가는 사람들로 설명한다"[47]라고 말하고 예배에서의 찬송, 신앙고백, 성시교독, 기도, 설교, 헌금 등

그 모두가 다 하나님의 임재 앞에서 행해지는 것임을 강조했습니다.

이와 관련하여 그는 '하나님께 노래함(singing to God)'과 '하나님에 대해 노래함(singing about God)'의 예를 들면서, 실로 이 둘 사이에는 완전한 차이가 있다고 했습니다.[48] 이는 직접적으로 하나님께 노래함과 달리 하나님에 대해 노래하는 것은 하나님을 의식하지 않고도 부를 수 있는 상황이 가능함을 말합니다. 심지어 하나님을 모르는 사람이라도 얼마든지 하나님에 대한 노래를 할 수 있습니다.

이들은 아무리 성스러운 내용의 시로 마음껏 노래할 수는 있겠지만 가능할 수 없는 것이 있습니다. 그 노래가 하나님을 향한 영적이며 인격적 관계성을 드러낸 노래일 수 없다는 것입니다. 하나님과 아무런 관계도 없는 사람들이라면 이는 당연한 결과입니다. 이들은 단순히 하나님에 대해 노래만 할 뿐이지 하나님께 노래하며 그 노래를 받으시는 하나님의 임재 가운데 있는 사람들일 수 없기 때문입니다.

성경은 이 점에 관해 명확히 말씀합니다. "내가 곧 길이요 진리요 생명이니 나로 말미암지 않고는 아버지께로 올 자가 없느니라"(요 14: 6). 이뿐 아니라 어디를 찾아보아도 하나님에 대하여 노래하라는 성경 구절은 없습니다. "하나님께 노래하며 그 이름을 찬양하라…"(시 68:4), "그에게 노래하며 그를 찬양하며…"(시 105:2)라는 표현으로 한결같습니다.

예배는 하나님과의 영적인 만남입니다. 이 영적 만남인 예배에서의 찬송이 하나님에 대한 노래의 모습이라면, 이는 하나님의 임재하심 속에 이뤄지는 만남을 외면하는 것입니다. 그러나 '하나님께 노래하는 것'은 하나님과의 영적 만남을 흐트러짐 없게 합니다. 그래서 토미 테니(Tommy Tenney)는 "하나님에 관한 정보를 나누는 것에 대해 이야기하는 것보다 하나님과 직접 이야기를 나누는 사람이 진정한 예배자이다"⁴⁹⁾라고 하였습니다.

'하나님께 노래함'은 전 존재를 다해 노래하는 것입니다. 마치 다윗의 춤추며 찬송함조차 '여호와 앞에서'(삼하 6:16)였던 것처럼 찬송·찬양의 노래를 부름은 하나님과의 만남과 대화인 예배로 그분 앞에서 그분을 향해 행하는 거룩한 섬김입니다.

찬송은 오직 하나님의 소유입니다

하나님께서 이사야 선지자를 통해 ' 나의 찬송'이란 표현하심은 찬송이 하나님께 속한 것임을 드러낸 말씀입니다. '나의 찬송(*tehillah*)'은 '할랄(*halal*)의 노래'인 하나님을 자랑하는 노래가 하나님의 것임을 의미합니다. 하나님은 영광도 찬송도 모두 다 하나님의 소유임을 가리킨 '내 것'이라 말씀합니다(사 42:8).

이에 우리는 하나님의 찬송을 마치 우리 것인 양 우리 자신을 위해 있는 노래인 것처럼 찬송을 오용하였을 때는 없었는지 경건한 두려움으로 되돌아보게 합니다. 찬송의 동기나 목적이나 그 우선순위에서도 하나님이 아닌 우리를 위해서가 될 수 없기 때문입니다. 더구나 찬송이 그의 결과로 올 수 있는 어떤 감정적 체험을 위해 있는 것도 아닙니다. 설사 찬송으로 어떤 정서적인 경험이 발생한다고 해서 이를 위해 찬송하는 동기와 이유일 수도 없습니다. 다만 음악을 통한 찬송·찬양은 하나님의 성품과 역사하심 등을 선포하며 기림 속에 칭송하는 경배와 감사와 헌신 등을 표하는 것입니다. 이때 "이스라엘의 찬송 중에 거하시는 주여 주는 거룩하시니이다"(시 22:3)의 말씀 따라 하나님의 임재 앞에 서 있는 거룩한 감정을 경험하게 됩니다. 이 말씀의 '찬송'의 원어는 하나님께 속한 '찬송(tehillah)'입니다. 그래서 찬송함은 시편의 이 말씀대로 하나님의 임재 안에 들어선 거룩한 순간임을 시인하는 것입니다.

특별히 이 '찬송 (tehillah)'은 하나님의 구원하심으로 삶의 현장에서 터져 나온 감격의 함성임을 알게 하는 말씀이 있습니다. 출애굽과 홍해 사건을 경험한 이스라엘 백성들이 모세와 함께 부르는 *테힐라(tehillah)*의 찬송 노래입니다. 이때의 이스라엘 백성들은 전능하신 하나님의 그 구원하심에 마음속 기쁨이 이루 말할 수 없었음을 보여줍니다. "여호와여 신 중에 주와 같은 자 누구니이까 주와 같이 거룩함에 영광스러우며 찬송할 만한 위엄이 있으며 기이한 일을 행하는 자 누구니이까"(출 15:11)라고 하는 가슴 벅찬 환희 속에서 하나님을 향한 감격스러운 고백을 쏟아냅니다. 여기에서의 '찬송'은 *테힐라(tehillah)*입니다. 곧 하나님을 자랑하는 노래로써 그분 외에 그와 같은 찬송을 받을 만한 다른 신이 없음을 선포한 말씀이기도 합니다. "나는 여호와니 이는 내 이름이라 나는 내 영광을 다른 자에게 내 찬송(tehillah)을 우상에게 주지 아니하리라"(사 42:8)의 말씀대로 오직 하나님의 영광을 드러낼 노래입니다.

찬송은 은혜를 베푸신 하나님께 올려 드리는 은혜 받은 자의 응답으로서의 자발적인 섬김입니다. 찬송할 이유들을 날마다 부어주신 하나님께 감사로 보답하는 것입니다. 그렇기에 찬송의 목적은 하나님께만 있습니다. 하나님께서 '나의 찬송'이라고 말씀하심대로 찬송은 하나님의 소유입니다.

찬송은 생각이 하나님께 사로잡힘 속에서의 섬김입니다

하나님의 백성들은 추상적으로 하나님을 찬양하지 않습니다. 찬양은 하나님이 이루신 일을 기억하고 감사하며 기념과 선포의 의미를 띤 구체적인 예배 행위입니다. 이는 우리의 생각이 하나님은 누구시며 무엇을 행하시고 무슨 말씀을 하셨는지에 몰입된 상태 속에서 발생하는 지적인 집중이 필연적임을 말해줍니다.

이러한 사실을 명확히 깨닫게 하는 말씀이 있습니다. 하나님이 이사야 선지자를 통해 선포하신 말씀인 '찬송을 부르게'(사 43:21)입니다. 여기의 '부르다(*싸파르, saphar* 혹은 *caphar*)'는 '(노래를) 부르다'라는 의미가 아닙니다. '계산하다,' '차례차례 생각하며 이야기하다' 그리고 '선포하다'를 뜻합니다. 히브리어의 '노래하다'는 따로 있습니다. "여호와께 노래하라(*쉬르, shiyr*)..."(시 96:1a)의 '*쉬르(shiyr)*'입니다. 이에 찬송은 단지 노래 부름이 아닙니다. 가사 내용과 그 흐름을 차례차례 이야기할 수 있을 만큼 생각의 수고가 따름이 찬송임을 말씀하신 것입니다. 그래서 "... 주의 모든 행사를 전파하리이다"(시 73:28b)에서 '전파하리이다'와 '부르다'가 원어상 같은 단어입니다. 생각의 집중 속에 지적 이해의 수고만이 전파함과 같은 찬송을 행할 수 있기 때문입니다. 그것도 찬송가에 담긴 가사를 마치 계산하듯 빠짐없이 하나님께 고백하려는 애씀의 노래로 말입니다. 이러한 찬송의 본질은 이미 살펴보았던 아삽의 감사(*towdah*)인 '자복하다'와도 같은 맥락입니다.

고린도전서 14장에서는 예배가 성령의 한 몸을 이루어 행해져야 함을 말씀합니다. 그 당시 있었던 방언 기도에는 자신만이 아니라 모든 사람도 함께 이해할 수 있도록 통역할 수 있기를 기도해야 한다는 것이었습니다. 교회의 덕을 세우기 위해서이기도 했습니다(고전 14:13, 26). 또 이렇게 말씀합니다. "... 내가 영으로 찬미하고 또 마음(누스, *nous*)으로 찬미하리라"(고전 14:15). 이는 방언으로 하는 기도에 자신이 알지 못하면 마음에 열매 없는 기도가 되듯이 찬송의 노래를 부름도 공허한 울림이 되지 않도록 하기 위해 무엇이 따라야 하는지를 말씀하신 것입니다. 그래서 '마음으로 찬미하리라'의 '마음(누스, *nous*)'은 '정신(mind),' '이성(reason),' '이해(understanding)'를 뜻합니다. 곧 찬양할 때 주의를 집중하여 가사에 담긴 의미를 헤아림 속에서 노래해야 한다는 것입니다.

실제로 인간의 정서적인 움직임엔 정신적인 인식 과정을 전제로 합니다. 정서적인 마음 상태는 먼저 뇌로부터의 인식이 시작되어야 그것이 마음에 전달되어 실제적인 감정이 따르기 때문입니다. 이에 마음으로부터 우러나오는 찬송이 되기 위해서라면 가사에 대한 분명한 이해가 먼저 앞서야 합니다. 이와 관련하여 성 어거스틴은 이렇게 말했습니다.

> 인간의 노래와 새의 노래는 다르다. 피리새, 나이팅게일, 앵무새도 노래를 잘할 수 있다. 그것은 그것들이 이해 없이 그렇게 할 뿐이다. 인간에게 주어진 고유의 은사는 자기가 말하는 것을 이해하면서 노래하는 것이다. 왜냐하면 이해가 되어야 마음과 감정이 따르기 때문이다.[50]

예배를 행할 때 예배자는 생각이 하나님께만 집중하고 있었는지 민감함 속에서 참여해야 합니다. 한순간도 예배 흐름을 놓칠 수 없는 것이 물론 설교를 청취할 때나 인도하는 기도에 함께 함도 마찬가지이겠지만 찬송을 부를 때엔 더욱 그리해야 합니다. 예배자가 하나님께 직접 고백하는 것이기 때문입니다.

구약 시대의 레위인들도 하나님의 언약궤 앞에서 "...하나님을 칭송하며(자카르, zakar: 생각, 기억하다) 감사하며 찬양..."(대상 16:4) 하였습니다. 이때의 사역은 비파와 수금과 제금이라는 악기를 통한 찬양의 노래였습니다(대상 16:5). 그런데도 성경은 이 실제적인 과정의 우선순위가 감사와 찬양으로 이어지고 있는 '칭송'이 앞서 있음을 말씀합니다. 악기와 함께한 노래였지만, '칭송'의 의미대로 먼저 기억을 꺼내며 생각하는 수고가 따른 행위였습니다. 이에 찬송으로 노래할 때면 가사의 음절이 지나는 순간순간마다 하나님을 기리며 칭송함인 모든 생각을 그 안에 담긴 내용에 집중하는 노력이 있어야 합니다. 그래서 요한 크리소스톰(John Chrysostom, 347-407, 성서 주석학자이자 설교의 대가로 희랍 사람들에게서 황금의 입이라 칭함을 받은 교부)은 "단지 입으로만 하는 것이 아니라 집중함으로 하라. 후자는 하나님을 향해 노래하는 것이지만 전자는 허공에다 노래하는 것이다. 왜냐하면 음성은 단지 사라지는 소리일 뿐이기 때문이다"[51]라고 했습니다.

하나님이 선포하신 "나의 찬송을 부르게"(사 43:21)는 찬송을 부를 때마다 그 가사들을 차례차례 이야기할 수 있을 정도로 모든 생각이 하나님께 사로잡힘 속에서의 섬김임을 말씀합니다. 이러한 집중 없이는 하나님 앞에 열납될 만한 찬송은 기대될 수 없습니다. 오직 하나님께만 우리의 생각의 초점이 맞춰질 때야 비로소 하나님이 말씀하신 '나의 찬송을 부르게'의 진정한 시작은 가능할 수 있습니다.

찬송은 마음으로부터 우러나오는 애정 가득한 고백입니다

태아의 생성 과정을 보면 뇌와 중추 신경계가 만들어진 직후 심장, 눈, 귀의 순서로 생겨나기 시작한다고 합니다. 그런데 인간에게 필요한 수많은 장기가 있지만 그중에서 생명 활동에 가장 중요하고 중심이 되는 곳이 심장입니다. 이 심장은 생명체인 혈액을 공급하는 주된 기능도 있지만, 무엇보다 정신이 깃든 자리로서 모든 정서적 감정반응이 나타나는 곳으로 이해되는 기관입니다.

4세기 후반의 초대교회 교부들은 찬송의 과정에서 반드시 목소리를 통해서만이 아니라 바로 이 심장을 가리킨 마음속으로만 노래함이 가능하다고 했습니다. 창조주이신 하나님이시기에 피조물인 인간의 마음속 깊이를 얼마든지 아실 수 있는 분이시라는 이유에서였습니다.[52] 이는 당시 세속적인 음악과는 구별되고 경건한 마음가짐으로 찬송하게 할 권면의 의지였습니다. 그만큼 가사 없이 음악만을 통한 찬양에도 드리는 자의 내면 상태가 어떠해야 하는지를 주의하게 하는 지침으로 다가옵니다. 이에 존 칼빈(John Calvin)은 더 강한 어조로 이렇게 말했습니다.

> …노래는 심령의 깊은 느낌에서 솟아나는 것이 아니면 하나님 앞에 아무 가치나 유익이 없다는 것이다. 그것이 입술이나 목에서만 나오는 것이면 하나님의 진노를 격발시킨다. 이는 하나님의 지극히 거룩한 이름을 남용하는 것이며 하나님의 존엄성을 조소하는 것이기 때문이다.[53]

찬송은 하나님께 직접적으로 노래하는 것이기에 아무리 강조해도 지나치지 않을 것이 우리 속사람의 마음입니다. 구약이나 신약에도 찬송·찬양하는 자의 마음에 대한 말씀은 한결같습니다. "주님, 온 마음(*레브, leb*)을 기울여서 주님께… 찬양을 드리렵니다"(시 138:1, 새번역), "…너희의 마음(*카르디아, kardia*: 심장)으로 주께 노래하며 찬송하며"(엡 5:19). 이 말씀들의 마음(심장)이 가리키는 단어 모두가 다 인간 내부의 중심으로 양심, 감정, 충동, 애정, 혹은 욕망이 자리하는 곳을 의미합니다. 하나님을 찬양·찬송함은 이러한 심장으로부터 우러나오는 노래로서 속사람의 그 자리에 하나님만으로 가득하여야 합니다.

이에 만일 마음을 다함이 없는 찬송·찬양이라면 그저 노래로서

허공에 맴돌다 사라질 소리에 불과합니다. 하나님과의 만남과 대화인 예배로서 찬양함에 인격의 중심인 마음이 없음은 예배 자체가 이뤄질 수도 없게 되기 때문입니다.

그래서 노래하는 찬양 전후나 또 그 순간에 품고 있던 마음도 전능하신 하나님 앞에선 흐트러질 수 없습니다. 성경은 이렇게 말씀합니다. "나 여호와는 심장(*레브*, *leb*: 마음, 심중)을 살피고 폐부를 시험하느니라…"(렘 17:10). 이것은 무엇보다 거짓되고 부패한 것이 사람의 마음임을 지적하며 죄에 대한 경각심을 일깨우신 말씀입니다. 그럼에도 하나님 앞에서의 진정한 찬송을 위해서라면 어떠한 마음 상태이어야 하는지를 거룩한 떨림 속에 대할 수 있게 하신 말씀임엔 분명합니다.

사실 이 말씀이 있는 것은 이스라엘을 통해 찬송의 본질과 그 의미의 깊이를 헤아려갈 수도 있지만, 정작 진정한 찬송과는 정반대의 상황이었기 때문입니다. 비록 그들의 찬송에 갖은 수고가 담겨 있었다 해도 하나님을 향해 있어야 할 마음이 아예 멀리 떠나 있었던 것입니다. 제물로 가득한 제사와 풍성한 음악 속에 절기를 지냈던 이스라엘이었지만 그들에게는 오히려 하나님으로부터 책망만이 임했습니다. 그것이 솔로몬 왕국 이후로 나뉜 북이스라엘이나 남 유다 모두 다 예외 없는 역사 속에서 찾아볼 수 있습니다.

북이스라엘은 번영을 누리고 있을 때 하나님을 향한 감사함은커녕 우상숭배에 빠진 채 영적 타락 속에 있었습니다. 사회적으로도 있는 자가 없는 자들을 착취하는 것에 아무 죄책감조차 없을 정도로 모든 것이 어둠에 빠져 있었던 때였습니다. 비록 조상들로부터 내려온 이스라엘의 3대 절기(암 5:21)를 지킨다고 하면서 물질적인 풍요로움 속에서의 제사와 음악으로 행했지만, 이 모든 것들엔 다음과 같은 말씀만이 따랐습니다.

"내가 너희 절기를 미워하여 멸시하며 너희 성회들을 기뻐하지 아니하나니"(암 5:21).
"네 노래 소리를 내 앞에서 그칠 지어다 네 비파 소리도 내가 듣지 아니하리라"(암 5:23).
"비파에 맞추어 헛된 노래를 지절거리며…"(암 6:5).

세상의 시각에서는 그들의 물질적인 부유함이 가득한 제물의 제사와 음악이 참으로 좋을 수는 있었더라도 하나님께는 지극히 가증스러운 외식적인 종교행사였습니다. 이에 하나님의 철저한 외면하심 속에 분노하심이 임했던 것입니다. 그만큼 그 시대의 타락이 나라 전체를 덮고 있었음을 증명하듯 이 말씀을 전한 자는 북이스라엘이 아닌 남 유다의 출신자로 제사장 후손도 아닌 거친 들판에서 양을 치던 목동인 아모스였습니다. 이처럼 심판에 직면할 수밖에 없던 북이스라엘이었지만 끝까지 구원하심의 회복을 위해 아모스를 통하여 '회개하라'의 강력한 메시지와 함께 엄중한 경고의 말씀이 선포되었던 것입니다.

남 유다 역시 이와 다를 바 없던 때가 있었습니다. 이들도 하나님께 잘 갖추어진 음악과 더불어 제사에 힘을 쏟으며 행했지만 이에 대한 하나님의 반응은 다음과 같은 질책이었을 뿐입니다.

"그들이 연회에는 수금과 비파와 소고와 저와 포도주를 갖추었어도 여호와의 명하심을 관심치(*나바트*, *nabat*: 바라보다, 주목하다, 생각하다) 아니하며 그의 손으로 행하신 일을 생각(*raah*: 보다, 고려하다, 주의를 기울이다)지 아니하도다"(사 5:12).

이것은 남 유다가 나름의 노력을 다한 풍성함으로 드린 제사였다지만 실제로 그 내면이나 과정에선 모든 관심과 생각의 중심엔 정작 예배 대상이신 하나님이 없었음을 책망하신 말씀입니다. 당시의 제사에 여러 악기와 함께 한 찬양에도 이 말씀만이 주어진 이유는 근본적으로 하나님을 향한 마음의 부재였기 때문입니다. 이에 우리 주님이신 그리스도께서 이 이사야 선지서의 다른 한 부분의 인용으로 이렇게 말씀하셨습니다.[54] "이 백성이 입술로는 나를 존경하되 마음(*kardia*: 심장, 심중)은 내게서 멀도다"(막 7:6).

하나님을 사랑하는 자들은 하나님의 말씀 안에 거합니다. 그에 따른 순종과 헌신의 삶도 자연스럽게 이어집니다. 바로 이 삶의 열매가 찬송입니다. 이 찬송은 우리 주님의 말씀대로 입술만이 아니라 속사람의 마음에서 흘러나오는 애정을 다한 고백입니다. 그렇다고 인간 중심의 감정적인 것이 아닙니다. 말씀 안에서 순결하고 거룩한 애정으로 말미암는 마음의 드림입니다. 찬송의 본질을 남기고 간 믿음의 조상들도 이러한 마음으로부터 우러나오는 소리를 냈습니다. 특히 다윗은 하나님을 심중 깊은 곳에서 찬양하기를 갈망했던 인물이었습니다. 그의 수많은 시편이 이를 말해줍니다.

그의 시편 중에서 57편은 "내 혼이 사자 중에 처하며 내가 불사르는 자 중에 누웠으니 곧 인생 중에라 저희 이는 창과 살이요 저희 혀는 날카로운 칼 같도다"(시 57:4)처럼 '다윗이 사울을 피하여 굴에 숨어 있을 때 지은 시'라는 표제를 가질 정도로 깊은 번민과 고통 속에 탄식을 아뢸 수밖에 없었던 때였음을 알게 하는 말씀입니다. 그럼에도 하나님을 찬송하려는 거룩한 의지 속에서 무엇보다 자신의 마음을 두 번씩이나 확정했다고 고백했습니다. "하나님이여 내 마음(*leb*: 심장, 심중)이 확정되었고 내 마음(*leb*)이 확정되었사오니..."(시 57:7a). 그런 후에야 비로소 "...노래하고 찬송하리이다"(시 57:7b)했던 것입니다. 여기의 확정은 하나님을 향한 신뢰의 확신을 말해주지만, 다윗은 진정, 그 마음 속 믿음으로 찬송하기를 원했던 것입니다.

사실 대부분 예배 시간이나 그 외의 집회에서든 찬송을 부르기 전의 마음이 늘 준비된 상태에 있다고 자신하기는 쉽지 않을 것입니다. 세상 속에서 일상을 살아오며 쌓여있던 수많은 일들로 인해 산란한 마음을 정리하고 하나님께 집중하기 위한 시간도 필요하기 때문입니다. 그것이 하나님을 향한 마음으로부터의 출발이어야 하기에 더욱 그렇습니다.

이렇듯 거룩한 애정으로 하나님을 찬양함은 다음의 시편 기자를 통한 말씀대로 이루어질 것입니다. "내 영혼아 네가 어찌하여 낙망하며 어찌하여 내 속에서 불안하여 하는고 너는 하나님을 바라라 나는 내 얼굴을 도우시는 내 하나님을 찬송하리로다"(시 42:11) 이러한 찬송엔 이 말씀의 '기다림'을 의미하는 '바라라(*야할*, *yachal*)'라고 하심 따라 하나님께만 고정된 흐트러짐 없는 내적 시선이 존재합니다. 이로써 영혼이 낙망하며 불안한 처지와 같더라도 하나님을 향한 얼굴의 방향까지도 도우심에 대한 확고한 신뢰 속에 내면의 두 손을 들어 감사하는 찬송(*yadah*)으로 이어질 수 있습니다. 이의 결국은 진정, 마음 깊음 가운데에서부터 흘러나오는 애정을 다한 찬양으로 나아갈 수 있게 합니다.

노래를 통한 찬양·찬송은 예배 자체입니다

예배의 정의엔 여러 가지가 있겠지만 주된 개념을 가져오게 하는 말이 있습니다. "예배는 동사이다"[55] 입니다. 예배라는 어휘 그 자체가 예배의 행함이 있음을 말해주기 때문입니다. 이에 "예배는 하나님의 가치를 선언하는 능동적인 응답이다. 예배는 수동적인 것이 아니라 참여적인 것이다"[56]와 같이 구체적이고 실제적인 행위가 따릅니다. 곧 하나님을 향한 전인적이며 영적인 '섬김'입니다.

이는 이미 성경의 말씀으로 선언된 사실입니다. 그것이 하나님께서 모세에게 "…너희가 이 산 위에서 하나님을 예배(*아바드, abad*)하게 될 때에…"(출 3:12, 새번역)하신 말씀과 사도 바울을 통하여 선포된 '영적 예배(*라트레이아, latreia*)'(롬 12:1)에서 '예배'가 실제적으로 수고스런 행동이 수반된 '섬김 혹은 봉사'를 가리킵니다. "그리고 여러분의 믿음의 제사와 예배(*레이투르기아, letourgia*)…"(빌 2:17a, 새번역)에서 *레이투르기아*로부터 나온 말인 예전(liturgy)이 원어의 의미대로 '사람들의 일'을 말하며 '최상의 가치 신분'을 뜻하는 워십(worship: worth-ship)이란 용어 역시 예배 행위가 필연적임을 드러냅니다. 그것이 기도에 함께하고 설교에 집중하여 청취함만 아니라 찬송함을 통해 더욱 실제적인 행위임을 증거합니다. 이 모든 수고의 일들은 예수님이 선포하신 '영과 진리로'(요 4:24)의 말씀 안에서 이루어져야 할 예배입니다.

이렇듯 예배가 하나님을 향한 섬김임에도 불구하고 종종 찬송·찬양함이 이와는 거리가 먼 상황에 부닥치게 되는 경우들도 있습니다. 이는 베리 리이히(Barry Liesch)가 언급한 것으로써 찬양하는 시간을 예배의 '예비행위(preliminaries)'로 행하려 함에 따른 현상입니다.[57] 찬양 시간을 예배로 들어가기 위한 준비과정인 것처럼 대한다는 것입니다. 비록 하나님을 향해 마음으로 깊게 다가가려는 시간의 필요가 있다고 해도 찬양 그 자체를 예배로 들어서기 위한 준비일 수만은 없습니다. 본질적으로 찬송·찬양에 임하는 것 자체가 이미 하나님과의 만남과 대화가 시작된 예배이기 때문입니다.

찬송·찬양에 있어 그것이 감사든 하나님을 기억하며 칭송하는 자랑이든 또 사모함으로 갈망하는 기도나 참회이든지 또 어떤 내용이 되었든 이 모두가 다 하나님을 향한 예배의 실제입니다. 그런 가운데 선포되고 기억되는 이름은 예배 대상이신 하나님뿐입니다. 이에 "온 땅이여 여호와께 노래하며 그 구원을... 선포할지어다"(대상16:23)의 말씀처럼 찬양의 노래는 성삼위 일체이신 하나님 이름과 그의 역사하심을 기념하며 하나님 최고의 가치를 돌려드리는 예배로 행하는 것입니다. 예배자의 전 존재를 통해 인격적이며 영적으로 전능하신 하나님만을 향한 최상의 섬김으로 말입니다. 이제 하나님이 말씀하신 '나의 찬송'은 인간이 창조된 이후부터 지금까지, 그리고 장차 하늘의 보좌 앞에서도 퍼져 나아갈 하나님의 영화로운 향기가 될 것입니다. 할렐루야!

04

음악은 하나님께 올려드릴 봉헌의 기회입니다

이는 만물이 주에게서 나오고 주로 말미암고
주에게로 돌아감이라…(롬 11:36a)

진정한 교회음악 사역 리더십은 음악에 의해서나 음악을 위해서도 아닌,
오직 하나님에 의해 그 분만을 위하는 것입니다

제 4 장

음악은 하나님께 올려드릴 봉헌의 기회입니다

I. 성경 속의 음악

이스라엘은 여러 가지 재료를 이용하여 어떤 형태를 만드는 조형예술 분야가 퇴화한 민족이라는 말을 하기도 합니다. 이는 십계명 중 "...위로 하늘에 있는 것이나, 아래로 땅에 있는 것이나, 땅아래 물속에 있는 것의 아무 형상이든지 만들지 말며(출 20:5b)"라는 제2계명의 율법을 철저히 지키고 있었던 그들이기에 오해될 수 있을 부분이기도 합니다. 성경을 세밀하게 살펴보면 실제 그렇지 않음을 알 수 있음에도 말입니다. 하지만 이러한 배경을 말해 주듯 성경의 음악과 관련된 어떤 형상이나 그림을 당시의 이스라엘 문화 속에서 찾기는 어렵습니다.

다만 구약 성경시대로부터 현재까지 유일하게 전해져 온 유대인의 민족 악기인 쇼파르*(shophar)*라는 숫양의 뿔로 만든 양각 나팔이 있습니다. 음악적인 소리가 아닌 주로 신호의 기능을 한 것이더라도 절기 때나 안식일에 회당에서 여전히 불리고 있습니다. 이와 달리 성경의 악기는 아니지만 지금도 에티오피아 정교회의 전례에선 *시스트럼* (*sistrum*: 구리로 된 일종의 타악기)이란 악기가 함께합니다. 이것은 기원전 9세기에 이집트에서 만들어진 악기입니다.[1)]

이러한 상황은 성경에 기록된 악기들과 노래들이 *쇼파르*나 *시스트럼*을 제외하고는 어떠한 소리를 내었는지를 알 수 없게 합니다. 물론 최초의 교회음악 사본이 1918년 이집트 옥시린쿠스(Oxyrhynchus) 지역에서 발견되었지만, 일부분에 지나지 않습니다. 이는 약 3세기 후반의 것으로서 가사와 당시의 기보법으로 파피루스(Papyrus)에 기록한 가장 오래된 찬송 음악입니다. 오늘날의 기보법에 따라 옮겨 적을 수 있어 그때의 음악 소리를 추정해볼 수 있게 하는 자료입니다.[2)] 이를 근거로 이전의 음악을 추정해볼 수는 있겠으나 성경 시대의 음악을 실제로는 알 수 없습니다. 더구나 현시대의 음악 언어에 익숙함 속에선 초기 기독교의 찬송 음악이 친숙하게 다가오기는 어려울 것입니다. 음악의 역사를 채워갔던 창작된 음악의 소리는 실로 엄청난 변화를 이룬 까닭이기도 합니다.

사실 음정의 시작은 지난 9세기에서부터였습니다. 이는 800년대 말 북프랑스에서 작자 미상의 음악 이론서인 *무지카 엔키리아디스* (*Musica enchiriadis*; 음악 안내서)에 8·5·4도 음정을 갖는 두 개의 음인 오르가눔(Organum)이라고 소개된 음악이었습니다. 여기에서의 음정은 그레고리오 찬트(Gregorian chant)인 교회의 전례음악 선율

하나하나의 음에 다른 음이 붙여져 위에 언급된 음정을 이루어가며 병행함으로 울리는 소리를 말합니다. 교회 예전으로 사용된 것인 만큼 당시 교회 음악의 소리를 이해할 수 있게 해주는 것입니다. 그래서 이보다 앞선 때는 한 성부의 음으로 울리는 단성음악(monophony)의 시대였습니다. 비록 두 개의 음으로 된 음정이 그 이전에도 존재했으리라 역사가들은 추측합니다. 다만, 그때와 현재의 음악이 전혀 비교될 수는 없습니다. 그것도 시대를 지나면서 새로운 음악의 거듭된 시작을 알린 음악의 역사 흐름이 이를 증명하기 때문입니다. 이와 관련하여 지난 20세기 음악에 대해 다음의 기록은 주목할 만합니다.

> 1910년과 30년 사이에 쓰인 많은 작품들이 갖는 급진적인 실험 정신 때문에 이들은 '신음악'이라 지칭된다. 이러한 표현은 우리가 앞서 14세기의 새로운 기법(*ars nova*)이나 1602년의 신음악(*nuove musiche*)을 통해 접해본 적이 있는 것이다. '새로운'이란 말이 1900년과 1930년 사이에 쓰인 음악에 사용되기 때문에, 이 단어는 그때까지 받아들여져 왔던 조성, 리듬, 형식 등을 조절하는 원리들이 거의 총체적인 폐기를 반영한다.[3]

오랜 역사 속에서 자리하고 있던 음악적 질서의 토대인 조성조차 없애버린 '신음악'도 이제는 과거의 이야기가 되어 또 다른 새로운 음악을 향해가고 있습니다. 이것이 서양의 전통예술 음악을 일컫는 것이라지만, 그 변화의 정도가 어떠한지를 실감하게 해주는 실제적인 단면입니다.

이렇듯 음악이 더 이상 발전할 여지조차 없는 듯한 시대에 살면서 마치 상상 속의 소리와도 같은 성경 속 음악을 살피려는 목적은 당시의 소리 유형이나 악기 혹은 음악의 형식이나 방법 등의 음악적인 특징을 탐구하려 함이 아닙니다. 성경에 기록된 객관적인 음악 기사들을 통하여 음악의 본질과 의미를 찾아 이 시대의 교회음악 사역을 위한 비전과 리더십에 온전한 토양이 되어줄 말씀 안에서의 교회음악 철학을 세우기 위해서입니다.

음악은 하나님을 예배하는 섬김의 소리로 사용되었습니다

이스라엘이 하나님을 공적으로 예배함은 출애굽 이후 시내 광야에서 머문 기간에 하나님의 명령을 따라 모세가 지은 성막에서부터였습니다. 이 성막은 하나님이 함께하심을 드러내고자 이스라엘의 진중 가운데 있었습니다.

그런데 그때의 예배엔 하나님이 정하신 제사를 올려드렸을 뿐 음악은 처음부터 존재하지도 않았습니다. 다만 하나님을 향한 찬양은 하나님이 역사하셨던 삶 속에서 자연발생적으로 표출된 것이었습니다. 그것은 홍해를 건넌 후 모세와 이스라엘 자손들의 찬양이었습니다.

> "이때에 모세와 이스라엘 자손이 이 노래로 여호와께 노래하니 일렀으되 내가 여호와를 찬송하리니 그는 높고 영화로우심이요 말과 그 탄자를 바다에 던지셨음이로다 여호와는 나의 힘이요 노래시며 나의 구원이시로다 그는 나의 하나님이시니 내가 그를 찬송할 것이요 내 아버지의 하나님이시니 내가 그를 높이리로다... 여호와께서 영원무궁 하도록 다스리시도다 하였더라. 아론의 누이

> 선지자 미리암이 손에 소고를 잡으매 모든 여인도 그를 따라 나오며 소고를 잡고 춤추니 미리암이 그들에게 화답하여 이르되 너희는 여호와를 찬송하라 그는 높고 영화로우심이요 말과 그 탄자를 바다에 던지셨음이로다 하였더라 (출 15:1-18, 20-21).

하나님이 구원하신 역사하심으로 인해 경이와 환희 속에서 이루 말할 수 없을 만큼 벅찬 감격의 노래가 하나님 자랑으로 가득합니다. 이때는 출애굽 직후의 상황이라 예배 의식이 아닌 하나님을 경험한 삶 가운데 감사함의 찬양으로써 노래와 악기와 몸의 움직임까지 보여줍니다.

이후 이스라엘이 시내 광야에 체류한 지 약 1년이 지나 그곳을 떠나기 전 즈음 하나님은 성막 제사를 위해 두 개의 은나팔(*하쪼제라*, 혹은 *하초츠라, chatsotsrah*)을 모세에게 만들게 하셨습니다(민 10:2).[4] 이 악기에 담긴 두 가지의 기능을 통해 하나님의 의도를 알게 해줍니다. 하나는 사람들을 향한 여러 가지의 의미를 둔 신호용이고, 다른 하나는 하나님을 향한 소리의 기능을 갖는 것이었습니다. 곧 두 번째의 용도가 예배인 제사만을 위함이라는 사실을 다음의 말씀으로 주목할 수 있습니다.

> "또 너희 희락의 날과 너희 정한 절기와 월삭에는 번제물의 위에와 화목제물의 위에 나팔을 불라 그로 말미암아 너희 하나님이 너희를 기억하리라 나는 너희 하나님 여호와니라"(민10:10).

이 나팔은 찬미의 제사로 드려질 음악으로서의 아름다운 소리를 낼 수 있는 악기와는 거리가 먼 것으로 이해할 수 있습니다. 왜냐하면 정착하지 못한 여정 속에서 만드는 과정도 '은 나팔 둘을 만들되 두들겨 (*미크쇠*, *Miqshah*; 망치질)[5] 만들어서'(민 10:2)의 말씀대로 은을 망치와 같은 도구로 쳐서 만든 정도였기에 정교한 소리를 낼 나팔과는 분명 거리가 먼 것이었습니다. 그도 그럴 것이 이 나팔을 불어야 했던 이는 음악에 익숙한 자가 아니라 제사장이었습니다. 이는 하나님이 세우신 명령 때문이었습니다.[6] 이에 악기로서의 나팔이라기보다는 이스라엘 공동체의 삶을 위한 기능과 더불어 언제나 함께하시는 하나님을 기억하며 그의 돌보심과 인도하심을 기릴 수 있게 하는 제의적 기능의 나팔이었습니다. 하나님은 이러한 은나팔 소리로 이스라엘이 드리는 헌신의 제사 속에서 이스라엘을 기억하겠다고 하셨습니다.

그래서 이 은나팔은 그 자체가 음악을 연상할 수 있을 나팔이었음에도 음악적인 아름다움이 아니라 하나님과 그의 백성 간의 관계를 확증해주는 상징의 소리로서 존재한 것이었습니다. 그만큼 성막 제사에 사용되었던 이 나팔의 진정한 목적은 하나님의 언약으로 맺어진 관계를 증거하는 섬김의 소리에 있었습니다.

이제 시대가 흘러 다윗의 때에 이르러서는 보다 구체적이고 풍성한 발전을 이룬 음악으로 이어집니다. 그것이 하나님의 언약궤가 다윗의 성인 예루살렘으로 옮겨지는 과정에서부터 볼 수 있습니다. 다윗은 이때를 감사하기 위하여 음악을 연주하는 자들을 선별하여 하나님께 찬양을 드리게 하고자 임시로나마 체계를 갖춥니다. 비록 예배 의식에서의 음악은 아니지만, 훗날 성전에서의 예배 음악 사역에 기초가 되는 중요한 기틀을 마련한 것이었습니다.

하나님의 언약궤가 옮겨지고 안치되자 다윗은 번제와 화목제를 드리고 레위 사람을 세워 여호와의 궤 앞에서 섬기며 찬양하게 하였습니다(대상 16:4). 이를 위한 악기들로는 비파, 수금, 제금이었습니다. 그리고 제사장이 정해진 시간마다 나팔을 불었는데, 하나님이 모세에게 명하셨던 은으로 된 나팔(*chatsotsrah*)이었습니다(대상 16:6). 그것이 많은 세월이 흐르는 동안 악기로서의 변화된 발전도 있었을 것으로 추정됩니다.[7] 다만 하나님의 명하심대로 오직 제사장에 의해 불리는 것은 변함이 없었습니다.

다윗을 통해 레위인들이 세움을 받아 여호와의 언약궤가 있는 장막에서 찬송하는 사역은 솔로몬이 예루살렘에 성전을 세울 때까지 계속되었습니다(대상 6:31-32). 주목할 만한 점은 제사가 정규적으로 매일 아침과 저녁때마다 드리는 제사인 상번제와 같이(출 29:38-39, 42, 민 28:3-4) 음악과 함께한 사역도 그와 같이 행해지게 되었다는 것입니다. 이러한 사실은 다음의 말씀에서 볼 수 있습니다.

"다윗이 아삽과 그의 형제를 여호와의 언약궤 앞에 있게 하며 항상 그 궤 앞에서 섬기게 하되 날마다 그 일대로 하게 하였고"(대상 16:37).
"항상 아침 저녁으로 번제단 위에 여호와께 번제를 드리되... 또 그들과 함께 헤만과 여두둔을 세워 나팔과 제금들과 하나님을 찬송하는 악기로 소리를 크게 내게 하였고..."(대상 16:40a, 42a).
"아침과 저녁마다 서서 여호와께 감사하고 찬송하며"(대상 23:30).

음악 사역의 중요성이 이처럼 대두되는 가운데 앞으로 있게 될 성전 봉사에 따른 레위 자손의 구분과 임무가 주어졌을 때는 악기로 찬송할 자의 숫자가 무려 사천 명에 이릅니다(대상 23:5). 이에 "여호와 찬송(쉬르, shiyr: 노래)하기를 배워 익숙한 자의 수효가 이백팔십팔 인이라"(대상 25:7)의 말씀 따라 음악을 가르칠 전문 지도자들의 배출도 병행되었었음을 알게 해줍니다. 시대가 지나면서 노래로 이 사역을 담당했던 레위 지도자들 삶의 모습이 어떠했는지 다음의 말씀으로 헤아릴 수 있게 합니다. "찬송하는(쉬르, Shiyr: 노래하다) 자가 있으니 곧 레위 족장이라 저희가 골방에 거하여 주야로 자기 직분에 골몰하므로 다른 일은 하지 아니하였더라"(대상 9:33).

이러한 발전으로 이어가게 했던 솔로몬 성전 시대는 음악 사역이 체계화되고 규모 있게 활성화되었음을 보여줍니다. 그 시작은 다윗성에 있었던 하나님의 언약궤를 성전으로 옮기어 놓은 후 성전 봉헌식에서의 모습부터였습니다. 곧 지도자인 아삽, 헤만, 여두둔과 이들의 아들들과 친족들이 고운 모시옷을 입고 제금과 비파와 수금을 연주함에 120명의 나팔 부는 제사장들이 함께 하면서 노래가 한데 어우러져 일제히 소리를 높인 찬양의 섬김이었습니다. 그리고 이때 구름이 여호와의 성전을 가득 채워 그 영광의 광채로 인하여 제사장들은 서지도 못한 채 섬김을 계속하지 못할 정도였습니다(대하 5:12-14).

특히 성전에서 찬양 사역의 책임자인 아삽, 헤만, 그리고 여두둔에게는 아들들이 총 24명이 있었는데 각각의 아들은 하나의 반열을 구성하여 24반열이란 체계를 세웁니다. 이는 소규모 그룹으로 나눈 순번을 의미합니다. 마치 당시에 제사장이 24반열로 편성된 것과도 마찬가지였습니다(대상 24:4). 이 차례엔 차등이나 서열이 없고 공평히 직무에 임하도록 제비뽑기로 정해진 것이었습니다(대상 24:5). 그래서 찬양 사역의 인도자로 담당함도 나이의 많고 적음이나 스승과 제자 등의 신분을 떠나 집안별로 제비를 뽑아 정해진 순서에 따랐습니다. 이에 12명을 한 그룹으로 하여 총 24반열이 되었던 것입니다(대상 25:9-31). 이러한 구성은 이미 언급한 음악 전문가인 288명(대상 25:7)이 있었기에 가능했으며 총 4천 명(대상 23:5)의 찬양 사역자들에 포함되면서도 이들을 인도했던 것입니다.[8]

이러한 사역이 이루어졌던 솔로몬 성전은 예배 음악의 맥을 이어가게 하였던 중심지였습니다. 비록 솔로몬 시대 이후엔 타락한 왕들로 인해 성전 제사 의식과 예배음악의 사역도 중단된 적이 있었지만, 하나님을 경외하던 왕들로 인하여 성전 업무의 복귀와 함께 그에 관련한 음악 사역이 계속 유지되어 갔습니다.

하지만 이러한 흐름은 바벨론에 의해 남유다 왕국이 여러 차례 침략을 받다가 결국 B.C. 586년에 멸망되어 멈추게 됩니다. 솔로몬 성전마저 완전히 파괴됨으로 성전에서의 사역은 중단될 수밖에 없었기 때문입니다. 바벨론으로 끌려가 오랜 포로 생활을 하던 중 드디어 이를 벗어나는 때를 맞아 고국을 향하여 스룹바벨의 인도하에 1차로 돌아오게 됩니다.[9] 이때 모두가 다 폐허가 된 고국에서의 새로운 개척을 시작하며 성전의 재건을 위한 준비 속에 힘을 쏟은 지 B.C. 516년에 가시야 스룹바벨 성전 건축의 완성을 이루게 되었습니다(스 6:15). 솔로몬 성전이 파괴된 지 70년 만의 일이었습니다. 이로써 다시금 성전에서의 제사와 음악 사역이 부활하게 되었던 것입니다.

그런데 두 번째 성전 시대로 들어가는 스룹바벨 성전 봉헌식이 있었으나 성경엔 "제사장들과 레위 사람들과 기타 사로잡혔던 자의 자손이 즐거이 하나님의 전 봉헌식을 행하니"(스 6:16)처럼 구체적인 음악 사역에 관한 기록은 찾아볼 수 없습니다. 아마도 이전의 솔로몬 성전 봉헌식과는 비교될 수 없는 아주 작은 규모의 음악이 이루어졌을 것입니다. 솔로몬 성전 시대엔 찬양대원 4,000명이 있었음에 반해 바벨론 포로에서 1차로 귀환했던 노래하는 자들은 기껏해야 아삽 자손 128명(스 2:41)에 불과한 상황이었기 때문입니다.

스룹바벨 성전 완공 이후 B.C. 444년(느 1:1)에 3차포로 귀환이 이뤄졌는데 이때의 인솔자가 느헤미야였습니다. 그는 제사장이나 선지자도 아닌 왕의 술 관원이었지만(느 1:11), 그를 통하여 예루살렘 성벽 재건이란 작업이 착수되고 완성될 정도로 영적 지도력을 발휘했던 하나님의 사람이었습니다. 이 과정 중에 성벽 재건을 반대하는 무리의 침입이 있어 이를 막고자 한 손엔 장비와 다른 한 손엔 병기를 잡은 채 불굴의 신앙으로 결국 52일 만에 성벽의 감격스러운 완성을 보게 됩니다(느 4:7-23, 6:15).

이에 성벽 봉헌식을 위해서 악기 연주자와 노래하는 자들의 소집이 있고 나서 제사장들과 레위인들 자신들부터 정결하게 한 다음 모든 백성 및 성문과 성벽도 정결하게 하는 예식도 행합니다(느 12:27, 30). 그런 후에 봉헌식이 거행될 때 레위 사람들의 손엔 다윗의 악기가 쥐어졌고 제사장들의 나팔과 더불어 노래로 찬송하는 자들의 큰 무리가 두 그룹으로 나뉘어 각자 반대 방향으로 열을 지어 걸어가면서 감사의 찬송 노래를 부릅니다. 이들이 성전으로 들어와 각자의 위치에

섰을 때 찬송하는 모든 이들의 소리가 어우러지도록 예스라히야 감독의 지휘에 따라서 온 힘을 다한 찬송을 올립니다(느 12:31-42). 이러한 노래와 악기 연주로 이루어진 예배는 "...다윗과 그 아들 솔로몬의 명령을 따라 행하였으니"(느 12:45b)란 말씀과 같이 변하지 않고 전해 내려온 전통이었음을 알 수 있습니다.

그런데 이스라엘의 예배가 성전 중심으로 이루어졌던 까닭에 이와 함께했던 예배 음악도 사실상 성전의 역사에 좌우될 수밖에 없었습니다. 그래서 다시금 스룹바벨 성전이 세워지고 성벽 완성에 의한 봉헌식이 있음으로 인한 음악 사역이 이루어지기 전까지는 바벨론 포로시기엔 전혀 가능할 수가 없었습니다. 이 때문에 성전을 대체할 수 있는 회당(시나고그, *synagogue*)이 만들어졌습니다. 이는 오랫동안의 바벨론 포로시기에서 히브리 문화를 유지하고 말씀교육과 유대인의 사회 및 종교 생활 중심지로서의 모임이 절실함에 따라 발생한 것이었습니다. 이러한 목적이었기에 이전의 의식과는 완전히 다른 형태로 성전에서와 같은 제사 의식이나 전문성을 갖춘 음악 사역도 없었습니다. 이곳에선 제사장이나 레위인들이 아닌 이들을 통해 토라(*Torah*: 모세오경) 읽기와 연구 및 설교 그리고 쉐마(*shema*: 신명기 6:4-9)의 낭독, 기도와 회중 찬송 등이 행해졌습니다.[10] 이 찬송은 성전 시대의 음악인들로 인한 사역이 없었기에 선창자로 세워진 이의 인도함 따라 함께 노래했습니다. 이 역할을 했던 이는 신약 때의 회당에서 일하던 '종'(후페레테스, *huperetes*; 눅 4:20)[11]으로 이어지게 했던 그 기원을 지칭한 것입니다. 시대가 지나면서 이 선창자는 칸토르(cantor)라는

말로 바뀌었습니다.[12]

회당은 성전의 재건축이 있기 전까지만 아니라 이후에 스룹바벨 성전의 증축 목적으로 지어져 가던 헤롯 성전 시대에도 그 안에서의 주된 기능이었던 말씀 교육과 기도와 회중 찬송은 계속되었습니다. 성전에선 단지 절기 때만 이스라엘 백성들이 모여 제사를 지냈습니다. 물론 레위인들의 음악 사역도 솔로몬 성전 이후에서와 같이 지속되었습니다.

그러나 세 번째의 헤롯 성전도 A.D. 70년에 완전히 파괴되어 더 이상 성전에 따른 모든 의식과 음악 사역은 이루어질 수 없었습니다. 대신 성전에서의 예배가 아닌 '영과 진리로 예배'(요 4:24)하는 시대가 되었습니다. 예수 그리스도로 말미암아 하나님의 새로운 예배 공동체가 탄생하게 되었기 때문입니다. 그 공동체는 교회였습니다. 이제는 그리스도 안에서 교회의 예배를 통한 사역의 시대가 열린 것입니다.

이 예배 내용은 사도바울 서신서에 나타납니다. 거기엔 성찬, 기도, 찬송시, 감사의 고백, 아멘으로의 화답, 가르치는 말씀, 계시, 방언, 그리고 통역함이 있었습니다(고전 11:17-34; 14:13-17, 26). 노래로의 찬송은 예배에 계속되었지만, 구약의 성전에서 행해진 것처럼 악기들을 가지고 행하지는 않았습니다. 이는 당시 교회가 시대적으로 박해를 받는 매우 제한적 환경 여건에 있었고, 악기 없는 회중 찬송의 전통을 남겨준 회당 예배의 영향도 있었음을 말해줍니다.[13]

초대교회 이후 역사적으로 예배 형태의 변천은 계속됩니다. 다만 시간이 지나도 말씀과 성찬이란 두 가지 예배의 축은 음악을 통한 찬송에 기도와 설교 등이 함께하는 예배 역사의 흐름 속에서 여전히 변하지 않을 핵심적인 틀이 됩니다.

그런데 후로는 이 세상에서의 예배가 아닌, 천상에서의 예배 광경을 성경은 구체적으로 말씀합니다. 그것이 하나님의 구원하심과 영원한 의로우신 심판에 대한 선포에 따라 하늘 보좌를 섬기는 천사들, 네 생물들과 이십사 장로들, 그리고 구원받은 허다한 무리의 감격스러운 찬송 음악 소리로의 가득함입니다(계 5:9-14; 14:3; 19:1-8).

예배에 대해 실질적인 모든 것을 다루기에는 너무나 많은 지면이 허용되어야 할 것입니다. 그러나 분명한 사실은 구약성경 시대에서의 예배와 초대교회 이후로 드려져 왔고 앞으로도 계속 이 땅에서의 예배, 그리고 장차 하늘나라 예배에서도 끝없이 하나님을 향해 음악으로의 찬송은 계속된다는 것입니다. 이는 하나님의 뜻이자 계획이며 지극히 영화로운 선한 섬김입니다.

음악은 하나님 말씀 교육을 위한 통로였습니다

스위스의 프로테스탄트 신학자인 칼 바르트(Karl Barth, 1886-1968)는 철부지 어린 시절 가장 처음으로 신학교육을 해주었던 교과서는 다름 아닌 찬송가였다고 합니다.[14] 찬송가는 매우 효과적인 교육적 가치를 담고 있습니다. 이는 칼 바르트의 경험에서만이 아니라 음악으로 말미암는 교육적 기능이 보편적으로 인정되는 사실입니다. 단순히 말로 어떠한 내용을 전하기보다는 음악을 통하게 되면 훨씬 그의 전달력도 강하고 기억하기 쉽습니다.

찬송가 학자 헤리 에스큐(Harry Eskew)와 휴그 멕엘레스(Hugh T. McElrath)는 교회 사역에 있어 성경의 가르침이 강조됐지만, 찬송가에 대한 가르침은 거의 고려되지 않는다고 했습니다. 그래서 보다 찬송가에 관심을 가져야 할 이유를 이렇게 설명했습니다.

> 이에 대한 근본적인 이유는 찬송가가 교회의 메시지를 전달하는 통로이기 때문이다. 일부 찬송가는 성경을 의역한 것이고, 또 어떤 찬송가는 특정 성경 구절을 기반으로 하고 있어 교회의 신학을 효과적으로 전달할 수 있다. 설교를 청취하는 것은 보편적으로 수동적인 경험임에 반하여 찬송가는 회중을 적극적으로 참여하게 한다. 이러한 찬송가가 해마다 반복적으로 부르게 되는 것인 만큼 효과적인 가르침이 이루어질 수 있다. 더욱이 찬송가의 선율은 이와 함께 했던 가사의 아이디어가 생각과 마음으로 옮겨가면서 기억에 오래 남게 해준다.[15]

이러한 찬송가의 성격을 이미 잘 알고 있었던 마르틴 루터는 *신령한 찬양곡집*(*Geistliches Gesangbuchlein*, 1524)이란 찬송가의 서문에서 다음과 같은 글을 남겼습니다.

> 사도 바울은 음악사용을 권면하며(고전 14장), 골로새 교인들에게 마음으로부터 시와 찬미와 신령한 노래 부를 것을 강조하였던 이유에는 기독교 교리와 하나님의 말씀이 음악으로 교육되고 전달될 수 있기 때문입니다... 나는 이 찬송 음악 안에서 특히 젊은이들이 육감적이고 외설적인 노래들로부터 완전히 떠나... 무엇이 선하고 건전한 것인지에 그들이 흥미를 느끼며 교육 받게 되기를 간절히 바라고 있습니다.[16]

사실 노래를 통한 교육은 처음부터 하나님께서 직접적으로 본을 보이신 방법이었습니다. 말씀을 쉽고 오래도록 기억하게 할 수 있는 교육적인 방법으로 음악을 사용하게 하셨던 것입니다. 그것이 신명기 31장에서였습니다.

　여기엔 먼저 모세가 가나안 땅을 눈앞에 두고 있는 이스라엘을 향한 마지막 당부와 자신을 이을 후계자인 여호수아 및 제사장들과 장로들에게 전한 권면의 말씀이 있습니다. 그리고 모세에게 명하시는 하나님의 말씀으로 이어집니다. 곧 "이 노래를 써서 이스라엘 자손에게 가르쳐서 그 입으로 부르게 하여 이 노래로 나를 위하여 이스라엘 자손에게 증거가 되게 하라"(신 31:19) 하심이었습니다. 이는 이스라엘이 출애굽하여 사십 년의 광야 생활을 지내오는 동안 하나님의 가르치심이 무엇이었는지에 대한 증언이 되게 할 노래였습니다. 이에 모세는 같은 날 이 노래를 기록하여 이스라엘 자손들에게 가르쳤습니다(신 31:22). 이는 매우 긴 시로 된 '모세의 노래'로 전해진 것이었습니다(신 32:1-43). 어떠한 양식의 노래였는지는 알 수 없지만, 이의 특징으로 분명한 것은 아름다움운 표현의 노래가 아니라 하나님의 말씀이 증거가 되기 위한 교훈적인 기능의 찬송이라는 사실입니다.

　이 '모세의 노래'는 이스라엘의 가계 대대에 걸쳐 삶 속 뿌리 깊이 내린 영적 유산으로 이어져갔습니다. 이는 "... 주의 율례가 나의 노래가 되었나이다"(시 119:54b)라고 했던 시편 기자의 고백에서도 그 흐름을 헤아려 볼 수 있게 합니다. 이는 물론 이 땅에서 나그네로 살아감에 진정한 복과 위로와 힘이 되어 주신 하나님의 말씀이 마치 영원한 노래와 같음을 고백한 것입니다.[17]

　음악에서 노래의 형식은 하나님의 말씀을 친근하게 접하게 하고 교육적인 기능으로서 오랫동안 남을 수 있게 하는 매개체 역할을 합니다. 이것이 신약의 시대에 들어서도 마찬가지였습니다. 이와 관련된 말씀이 있습니다. "시와 찬미와 신령한 노래로 서로 화답하며..."(엡 5:19a)입니다. 이 노래는 두 가지의 방향성을 갖습니다. 하나는 하나님을 찬양함이고, 다른 하나는 교육적 측면의 찬양입니다. 여기에서의 '시'는 구약의 시편이고, '찬미'는 시편 이외의 찬송시들—한나의 노래(삼상 2:1-10), 요나의 노래(욘 2:2-9) 또는 마리아의 노래(눅 1:46-55) 등의 *칸티클(Canticle)*—을 가리키며, '신령한 노래'는 이 시기에 하나님의 은혜를 개별적인 고백 시의 노래로 새롭게 창작한 성경엔 기록되지 않은 노래를 말합니다.

  시와 찬미와 신령한 노래 안에 담긴 가사 내용은 수직적이면서도 수평적인 방향성 모두를 포함합니다. 그런데 이 모든 시의 노래로 '서로 화답하며'라고 성경은 말씀합니다. 이 '화답하며'(랄레오, *laleo*)는 본래 '말하다,' '가르치다,' '전하다' 등을 뜻합니다.[18] 다만 여기에선 당시 말씀의 교훈을 배울 수 있게 기록된 문서라는 것이 없었음을 인하여 마치 이를 전하듯 하는 노래로 가르침의 기능을 가리킨 것입니다.[19] 그리고 이 말씀의 후반은 주님을 진정으로 찬양함에 이어지도록 다음과 같이 말씀합니다. "...너희의 마음으로 주께 노래하며 찬송하며"(엡 5:19b).

  그런데 이 말씀은 "...모든 지혜로 피차 가르치며 권면하고 시와 찬미와 신령한 노래를 부르며..."(골 3:16a)와도 같은 맥락의 내용입니다. 다만 이 원문 내용은 현재 번역된 성경 내용엔 차이가 있습니다. 신학자 마르틴 헹겔(Martin Hengel)과 피터 오브라이언(Peter O'Brien)은 "시와 찬미와 신령한 노래를 피차 가르치며 권면하고"라는 해석이 되어야 한다고 하면서 수직적인 가사의 찬송을 통해 교훈적이며 훈계적인 기능도 이루어질 수 있음을 설명했습니다.[20]

결국 에베소서나 골로새서에 나타난 세 종류의 찬송 노래들은 "너희의 마음으로 주께 노래하며 찬송하며"와 "서로 화답하며"처럼 예배 찬송으로서 뿐만이 아니라 서로를 향한 권면과 교육의 방편이 된다는 사실을 말해줍니다. 비록 어느 찬양 노래 가사에선 객관적이고 수직적인 찬송시라 하더라도 서로에겐 하나님이 기념되며 그분의 교훈까지 기억될 수 있는 교육적인 노래가 될 수 있다는 것입니다.

이러한 이유로 성경 시대의 랍비들은 음악표현 가운데 하나인 낭송(chanting: 읊듯이 노래하는 것)을 예배 중에 성경 해석학적인 차원에서 높은 가치를 띤 중요한 방식으로 인식하며 사용했습니다. 이는 음악적인 아름다움이 아니라 가사의 적절한 악센트 등을 주며 성경을 읽고 들려주기에 그만큼 효율적이었기 때문이었습니다. 또한 음악이란 언어가 교육적인 효과 속에 그 자체의 친근감을 인해서 초대교회 때엔 심지어 이단들조차 자기들의 포교 활동을 위한 도구로까지 활용했습니다.

이것은 기독교 초기에 거짓 교사로 유명했던 바르데사네스(Bardesanes, 154-222)가 행했던 사례에서 찾을 수 있습니다. 그는 시편을 모방한 150곡의 찬송가를 지어 집회 때마다 거짓 교리를 붙여 부르게 함으로 그 내용을 습득하게 했습니다. 특히 자기 아들 하모니우스(Harmonius)와 함께 지은 *그노시즘 시편가*(*Gnostic Psalter*)는 대중적으로 급속하게 퍼져 어른이나 아이들에게 할 것 없이 도처에 그노시즘(영지주의, Gnosticism: 예수님의 인성을 부정하는 극단적 이원론)의 사상이 팽배하게 하였던 주요 방편이 되기도 했습니다.[21] 이 시기의 마르시온(Marcion)도 거짓 교리들을 전수하기 위해 적극적으로 음악을 사용한 인물이었습니다.[22]

그래서 이단들의 이와 같은 악영향으로부터 교회를 보호하고자 포이티어의 주교 힐라리(Hilary, Bishop of Poitiers, ca. 310-366), 시리아의 에프라임(Ephraim, d.373), 밀라노의 대주교였던 암브로시우스(Ambrosius, ca. 340-397) 등의 교부들은 올바른 기독교의 가르침과 삼위일체 교리를 담은 찬송을 만들어 부르게 하였습니다. 이때 에프라임은 바르데사네스의 이단 곡조들까지 사용했었는데, 이는 이미 접했던 선율에 의한 부정적인 영향으로부터 회복하여 새롭게 하려는 의도에서 시도했던 것으로 추정됩니다.[23]

많은 성경 신학자들은 기독교 초기에 불렀던 세례(침례)식과 관련된 찬송의 노래 가사가 다음의 말씀에 있는 내용이라고 했습니다.

"… 잠자는 자여 깨어서 죽은 자들 가운데서 일어나라 그리스도께서 네게 비취시리라"(엡5:14b).
"… 우리가 주와 함께 죽었으면 또한 함께 살 것이요, 참으면 또한 함께 왕 노릇할 것이요, 우리가 주를 부인하면 주도 우리를 부인하실 것이라, 우리는 미쁨이 없을지라도 주는 일향 미쁘시니 자기를 부인하실 수 없으시리라"(딤후 2:11b-13).

이 말씀으로 된 노래를 부를 때 모든 회중은 그 의식의 참된 의미를 되새겼을 것이고, 특히 디모데 후서의 '주를 부인하면 주도 우리를 부인할 것이요'의 가사에선 "누구든지 사람 앞에서 나를 부인하면 나도 하늘에 계신 내 아버지 앞에서 저를 부인하리라"(마 10:33)라는 예수님의 말씀을 떠올릴 수 있었을 것입니다.[24] 디모데전서 3장 16절도 초대교회의 예배에서 회중이 신앙고백의 한 부분처럼 불렸던 것으로 예수님에 관한 찬송 노래라고 전해지는 말씀입니다.[25] 이 내용 역시 복음 선포의 성격을 띤 노래로써 예수 그리스도에 대한 믿음을 견고케 해주는 교육적인 찬송으로 이해할 수 있는 것입니다.

> "… 그는 육신으로 나타난 바 되시고 영으로 의롭다 하심을 입으시고 천사들에게 보이시고 만국에서 전파되시고 세상에서 믿은바 되시고 영광 가운데서 올리우셨음이니라"(딤전 3:16b).

이 말씀의 노래 가사는 하나님을 향한 수직적인 찬양의 내용이 아닙니다. 사람을 향한 교훈 및 권면의 말씀과 더불어 기독교의 핵심인 예수 그리스도에 관한 복음을 담고 있는 것입니다. 이처럼 성경은 이미 언급했던 구약의 신명기에서부터 신약에 이르기까지 음악 역할의 그 범위가 말씀의 훈계나 교육적인 방편으로서도 상당한 역할을 하고 있었음을 말씀합니다.

음악은 전도 및 선교와 영적 부흥에 늘 함께하였습니다

성경엔 전도나 선교 차원에서 음악이 함께한 내용은 몇 구절 정도입니다. 그중의 하나가 성령강림 후 시작된 예루살렘 초대 교회에 관한 기록입니다. 그 시대 사람들은 사도들이 가르침을 받고 자신들의 소유를 팔아 공유할 만큼 깊은 공동체적 삶을 나누었습니다. 이에 매일 성전에 모여 예배로 기도와 찬미와 사도들로부터 말씀 청취에 집중하고 모든 사람에게서 칭송받으므로 구원받는 사람들이 나날이 더하게 되었다고 성경은 말씀합니다(행 2:46-47). 이렇게 구원받은 이들이 늘어나게 됨은 날마다 기도와 말씀과 찬양으로 마음을 같이 한 예배의 삶들로 인해 퍼져나간 소문들이 전도의 결실로 이어진 것이라 볼 수 있는 사례일 것입니다.

이처럼 유대 민족 가운데 발생한 예루살렘 초대교회와 달리 타민족 혹은 타문화에 전해지는 복음 전파 사역인 선교와 관련하여 음악을 연상하게 하는 말씀이 있습니다. 사도 바울의 로마서에서 시편(시 18:49)이 인용된 다음의 말씀 구절입니다.

> "이방인으로 그 긍휼하심을 인하여 하나님께 영광을 돌리게 하려 하심이라 기록된바 이러므로 내가 열방 중에서 주께 감사하고 주의 이름을 찬송(프살로, *psallo*)하리로다 함과 같으니라"(롬 15:9).

여기에서 '열방(에드노스, *ethnos*)'은 이방인과 이교도들까지 포함한 모든 비그리스도인을 가리킵니다. 이때의 '찬송(프살로, *psallo*)'은 '현을 울리다,' '현악기에 맞춰 노래하다,' 혹은 '찬송의 노래를 부르다'입니다.

전도 및 선교의 개념과는 다른 부흥(revival, renew: 회복, 갱신)이란 차원에서 음악이 함께했던 사례도 성경에서 찾아볼 수 있습니다. 실제로 기독교 역사를 보면 신앙부흥 운동이 일어났던 때엔 늘 음악이 있었습니다. 이에 요셉 그린(Joseph F. Green)은 기독교야말로 노래하는 종교로서 "노래하는 것이 부흥의 자연적인 산물일 뿐만 아니라 부흥의 원인일 수 있다"[26]라고 한 이유이기도 합니다. 이렇듯 음악과 더불어 일어난 부흥 역사의 내용이 역대하 29-30장에 나타납니다.

여기에 등장하는 히스기야는 25세의 나이로 남 유다의 13대 왕이 된 인물입니다. 그가 왕이 되기 전 당시는 타락한 북조 이스라엘이 앗수르에 이미 멸망한 상황이었습니다. 남 유다도 하나님을 완전히 떠나 있어 우상 숭배의 타락으로 도덕적인 부패 속에 사회적인 혼란과 무질서로 특징지어진 암흑의 시대였습니다. 그러한 때에 히스기야는 나라의 위기로부터 구할 수 있는 길이 무엇보다 하나님 앞에 참회하는 것임을 믿었습니다. 그래서 그는 먼저 굳게 닫힌 성전의 문을 다시 열어 수리하게 한 뒤, 지도자인 제사장들과 레위인들을 성결하게 하고 성전에 부정한 것들을 제거하게 했으며(대하 29:3, 5, 15), 성읍의 지도급 인사들을 모아 함께 성전으로 가서 제사장들에게 나라와 백성과 성소를 위해 죄를 씻는 속죄 제물로 제사를 드리게 했습니다(대하 29:20-24).

그런데 제사를 드리기 직전 히스기야 왕은 제금과 비파와 수금을 연주할 레위 사람들을 성전에 배치하고 제사장들도 나팔을 들고 서게 하였습니다. 그리고 번제를 드리게 할 때 다음의 말씀대로 이어집니다.

> "레위 사람은 다윗의 악기를 잡고 제사장은 나팔을 잡고 서매 히스기야가 명하여 번제를 단에 드릴 쌔 번제 드리기를 시작하는 동시에 여호와의 시로 노래하고 나팔을 불며 이스라엘 왕 다윗의 악기를 울리고 온 회중이 경배(샤하아, shachah)하며 노래하는 자들은 노래하고 나팔 부는 자들은 나팔을 불어 번제를 마치기까지 이르니라"(대하 29:26-28).

이렇게 악기들과 더불어 노래함은 하나님이 다윗 왕의 선견자 갓과 선지자 나단 예언자를 시켜 다윗 왕에게 명하셨음을 따라서 한 전례대로 행한 것이었습니다(대하 29:25)[27]. 그런데 주목할 만한 점은 번제를 시작함과 동시에 악기와 더불어 여호와의 시로 노래하는 소리가 울려 퍼졌고 그 제사가 끝나기까지 계속되었다는 것입니다. 다시 말하면, 이때의 음악은 제사 의식의 준비 절차이거나 잠시 행하는 부분적인 순서도 아닌 하나님을 향한 예배의 섬김이었습니다. 번제를 다 태워 드려야 했음으로 이 모든 섬김엔 상당한 시간이 소요되었을 것으로 추정됩니다.

이처럼 레위인들의 악기들 연주와 제사장들의 나팔 소리 속에 여호와의 시로 노래함을 인하여 함께 참여하던 이들은 더욱 고무된 모습인 경배(샤하아, shachah)를 행합니다. 여기의 '경배'는 엎드림입니다. 하나님께 절대적인 굴복을 의미하는 엎드림의 예배였습니다. 이 상황에서 악기 연주와 노래로 행하던 레위인들 역시 영적 기쁨 가득함 속에 찬송하고 온 회중들과 똑같은 엎드림의 경배로 이어졌던 것입니다(대하 29:30). 이들의 영적 회복과 부흥은 이 정결의식이 마친 직후 히스기야 왕이 제물과 감사 예물들을 여호와의 전에 가져오라고 했을 때 구체적으로 나타났습니다. 그것은 이에 동참한 모든 이들이 봉헌하고자 드림에 예물만 아니라 자원하여 번제 제물도 가져옴이 너무 많음을 인하여 이를 잡아서 준비할 제사장들의 수가 따르지 못함으로 그 일이 끝날 때까지 그리고 성결 예식을 마친 제사장들이 보강될 때까지 그의 친족인 레위 사람들마저 도울 정도였다는 사실이었습니다(대하 29:31, 34).

이후에 히스기야 왕은 남 유다만이 아니라 이미 멸망한 북이스라엘 영토에 남아서 살고 있던 이들까지—분단된 뒤로 거의 200년간 유월절을 지키지 않았던 터라—유월절에 초청하여 여호와의 전에서 올릴 속죄제에 동참하게 합니다(대하 30:1, 11-17). 이 기간에 레위인들과 제사장들은 날마다 큰 소리 나는 악기로 연주하면서 하나님을 찬양했습니다(대하 30:21). 이때의 영적 즐거움과 감격이 그칠 줄 모름으로 인해 7일을 더 연장하기로 하여 더없는 기쁨 속에서 모두가 함께 지킵니다(대하 30:23). 진정, 참회의 제사와 하나로 어우러진 음악은 영적 각성 속에 잃어버렸던 감사함을 되찾게 하고 여호와 성전의 완전한 회복까지 이루는데 지극히 값진 부흥의 소리가 되었던 것입니다.

사도시대 이후 초기의 헬라 신학자이자 찬송 작가였던 알렉산드리아의 클레멘트(Clement of Alexandria, c. 150-c. 220)는 노래로 찬송함에 대하여 다음과 같은 말을 남겼습니다.

> 신령한 지혜와 언어를 가진 인간은 전적으로 조화롭고 가락 같은 거룩한 하나님의 악기이다. 하나님의 말씀과 새로운 노래를 가진 이 악기는 무엇을 원하

는가? 눈먼 자에게는 보게 함을, 귀머거리에는 듣게 함을, 절름발이에게는 바로 서게 함을 가져다주고 어리석은 일을 멈추게 하고 타락의 길을 막으며 죽음까지도 극복하고, 거역하는 자식을 아비에게로 돌아오게 하는 것이다.[28]

구약과 신약, 그리고 초대교회 시대를 넘어가는 때에도 노래로 찬양함은 변함없이 메시지의 전달 효과가 강하고 고무적인 것으로 평가되었습니다. 마치 설교의 본질 속에 있는 '선포(케리그마, *kerygma*)'의 기능처럼 도울 수 있는 탁월함에서 더 분명해집니다. 이는 마르틴 루터에게 영향을 끼쳤던 체코 보헤미아 종교 개혁자인 존 후쓰(John Huss, 1369-1415)의 "우리는 설교단에서만이 아니라 찬송가로도 복음을 설교한다"[29]와 드와이트 무디(Dwight L. Moody)의 "찬양은 최소한 설교만큼 사람들의 심령에 하나님 말씀을 감명 깊게 새겨준다"[30]라는 말에서도 확인할 수 있습니다. 음악을 다소 제한하였던 존 칼빈조차 "음악은 하나님 찬양을 선포하고 전하기 위해 특별히 창조되었다"[31]라고 언급할 정도였습니다.

그런데 성경은 찬양을 통한 메시지 전달의 선포적인 기능이 있음만 아니라 그러한 전함이 모든 그리스도인에게 주어진 소명임을 다음과 같이 말씀합니다.

"오직 너희는 택하신 족속이요 왕 같은 제사장들이요 거룩한 나라요 그의 소유된 백성이니 이는 너희를 어두운데서 불러내어 그의 기이한 빛에 들어가게 하신 자의 아름다운 덕을 선전(엑상겔로, *exaggello*)하게 하려 하심이라"(벧전 2:9).[32]

이 말씀에서 '선전(엑상겔로, *exaggello*)'은 본래 선포의 의미이지만 찬양으로 널리 알려지게 함을 나타내는 말이기도 합니다.[33] 물론 구원받은 하나님의 자녀 됨의 목적이 그러한 즐거움 속에 음악의 방편인 찬양의 노래로 선포하기 위해서만이라는 말씀은 아닙니다. 세상에서 그리스도인의 실천적인 삶과 또 타인과의 개별적인 관계 속에서 그 구원을 이야기하고 전함이 있어야 함을 말씀하신 것입니다.[34] 다만 하나님의 빛에 거하게 하신 구원의 주님을 만천하에 전할 때의 그 통로가 무엇이 되었든 음악이 있는 노래로 할 때만큼은 그 전달력에 강력한 방편이었음을 부인할 수 없다는 사실입니다.

　이는 구약이나 신약이나 그 이후로 지금까지의 역사 속에서 한결같습니다. 그것이 "내가 주의 이름을 내 형제들에게 선포하고 내가 주를 회중에서 찬송하리라"(시 22:22)라는 다윗의 고백이나, 히스기야 왕 때의 제사 의식과 함께한 음악으로 영적 각성과 회복되는 과정에서나, 초대 교회의 "시와 찬미와 신령한 노래로 서로 화답하며"(엡 5:19)의 상호 간에 찬송 노래로 화답하는 모습에서, 또한 초기 교부 시대 때 알렉산드리아의 클레멘트가 언급했던 찬송가의 *케리그마* (kerygma) 역할과 종교 개혁의 기치를 들고 선 개혁자들의 일관된 찬송 음악을 통한 메시지 전달의 특징 강조 등… 이 모두가 음악과 함께하여 전도와 선교와 영적 회복인 부흥의 결실로 이어지게 되었던 역사적인 산 증거들입니다.

음악은 이스라엘 백성 삶의 애환을 담아내는 소리였습니다

대부분 민족이 그렇듯 이스라엘도 음악과 밀접한 삶을 영위하였습니다. 그들은 희로애락을 음악으로 승화시키며 삶의 애환을 담아내는 소리로 음악을 사용했고, 노동의 삶 속에 민요의 흔적들 역시 성경 여러 곳에서 찾아볼 수 있습니다.

이러한 내용의 시작은 창세기부터 접할 수 있습니다. 먼저 외삼촌 라반을 성실히 도우면서 많은 재산을 소유하게 되었던 야곱과 관련된 이야기에서입니다. 그가 얻은 풍족한 재산 때문에 라반의 시기심과 의심을 받게 되어 야곱은 가족들과 가축들을 이끌고 고향으로 몰래 도망을 가다가 결국 라반에게 잡힙니다. 물론 라반은 쫓아가는 도중 하나님께서 야곱을 해하지 말라는 말씀을 들었기에 그를 놓아줍니다. 이때 라반은 "내가 즐거움과 노래와 북과 수금으로 너를 보내겠거늘…"(창 31:27)라고 했습니다. 이는 그 시대 이스라엘 사람들이 가족들과의 이별을 악기 연주와 노래로 위로했던 삶의 한 부분을 말해준 것이었습니다.

이스라엘이 하나님의 은혜를 입어 고통스러운 애굽 종살이에서 벗어나는 출애굽 할 때의 일입니다. 그런데 이스라엘 백성들로서는 사막인 광야 길로 들어섬에 가장 큰 어려움이 식수 문제였습니다. 그래서인지 홍해 사건 직후 감격스러운 감사의 찬송 노래가 광야길 사흘 만에 원망의 소리로 변했습니다(출 16:22-24). 더욱이 모세가 약속의 땅인 가나안에 들어가지 못하게 된 하나님의 징계하심을 받게 된 것

도 물과 관련된 사건에서였습니다(민 20:2-12).[35]

어느덧 이스라엘 백성들이 광야의 삶에 익숙해질 정도로 세월이 흘러 그들을 대표하는 첫 대제사장인 아론이 죽었습니다. 그리고 목적지인 가나안 땅도 조금씩 눈앞에 보이는 지점에까지 이르렀습니다. 그 장소는 하나님이 주시겠다고 하신 우물이 있는 브엘이라고 하는 곳이었습니다. 이때 이스라엘 백성들은 노래를 부릅니다. 이는 '우물의 노래'로 알려진 것입니다. 그만큼 지나온 세월 가운데 물과 관련된 이들의 애환을 엿볼 수 있게 합니다.

> "...우물물아 솟아나라 너희는 그것을 노래하라 이 우물은 족장들이 팠고 백성의 귀인들이 홀과 지팡이로 판 것이로다..."(민 21:17b-18a).

이스라엘은 가나안 땅에 정착한 후부터 외부 이방 민족들과의 전쟁을 계속 치러야 했습니다. 그래서 이와 관련한 음악도 성경에 기록되어 있습니다. 왕이 없었던 사사 시대의 일입니다. 아홉 번째 사사였던 입다가 암몬 족속과의 전쟁에서 이기고 돌아올 때 그의 무남독녀 딸이 "...소고를 잡고 춤추며 나와서..."(삿 11:34) 그를 영접합니다. 역사적으로 이스라엘 여성들은 승전하고 돌아오는 무리를 향하여 기쁨과 즐거움의 표출 방법으로 음악을 사용하는 관습을 갖고 있었습니다.

이것은 입다의 딸 사례만이 아니라 사울 왕 시절에도 변함없었습니다. 다윗이 용맹을 떨치며 전쟁에서 승리를 하고 군사들과 함께 돌아올 때 여인들이 이스라엘의 모든 성읍에서 소고와 경쇠를 가지고 나와 노래하며 춤추며 뛰놀며 환호성을 지르는 가운데 "사울의 죽인

자는 천천이요 다윗은 만만이로다"(삼상 18:7)라고 했습니다. 이는 이미 오래전 출애굽 홍해사건 직후에 있었던 여인들의 노래함과도 다를 바 없는 관습적인 모습이었습니다(출 15:20-21).

특별히 어느 민족이든 노동의 삶 속에 민요가 있는 것처럼 이스라엘에서도 그러한 노래를 성경에서 찾을 수 있습니다. 그것은 그들 농경 생활 가운데 있었던 포도원의 노래였습니다. 다음의 몇몇 시편들 표제가 포도원에서 불렀던 민요였음을 알게 합니다. 시편 57, 59, 75편의 세 곳엔 '알-다스헷(Al-tashheth)에 맞춘 노래'란 지시 어구가 있습니다. 이 말은 '멸하지 마소서' 혹은 '터뜨리지 말아라'를 뜻합니다. 다만 이 민요가 포도 재배 때에 풍성한 수확을 갈망하는 간구의 노래인지, 아니면 탐스럽게 열린 포도 열매를 거두어들이면서 조심스럽게 다루기를 권하며 흥겹게 부르는 노래인지는 알 수 없으나, 포도 경작 혹은 추수 때 불린 노래였음엔 분명해 보입니다.

다음 사례 역시 포도와 관련된 것입니다. 비록 실제적인 포도 농사의 민요가 아닌 비유의 말씀이더라도 이를 통해 당시 포도를 키우며 불렀던 민요가 있었음을 알려줍니다. 이사야 5장의 '포도원 노래'입니다. 하나님이 포도원 주인인 농부이심에 반하여 포도밭인 이스라엘과 포도나무인 유다 사람으로 비유된 이 말씀은[36] 하나님을 저버린 이들의 죄악을 지적하며 그에 따른 징계로 경고하신 예언서입니다. 그런데 이 말씀이 시문학 형태로 된 가사가 되어 "나는 내가 사랑하는 자를 위하여 노래하되..."(사 5:1a)라는 말씀대로 노래였다는 사실입니다. 죄에 대한 심판을 다룬 것이기에 마치 재앙에 닥친 포도원처럼 슬픔의 고통스러운 노래였습니다.

다음의 예도 포도원 노래라고 할 수 있는 이사야 27장입니다. 직전의 말씀과 달리 이는 심판 후에 다시금 회복하게 하실 소망의 예언서이기에 기쁨 가득한 노래입니다. 이전 5장에서는 타락한 백성으로 인한 슬픔의 포도원 노래였으나 이제는 새롭고 풍성한 포도원으로 다시금 가꾸어지게 된다는 희망찬 소망의 노래로 바뀐 것입니다. 그것이 전반부엔 아름다운 포도원을 인한 노래에서 마지막 절에 가서는 큰 나팔 소리가 울려 퍼짐 속에 예루살렘으로 돌아와 거룩한 산에서 여호와께 경배하게 될 것이란 예언으로 마치고 있습니다.

"그날에 너희는 아름다운 포도원을 두고 노래를 부를지어다"(사 27:2).
"그날에 큰 나팔을 불리니 앗수르 땅에서 멸망하는 자들과 애굽 땅으로 쫓겨난 자들이 돌아와서 예루살렘 성산에서 여호와께 예배하리라"(사 27:13).

이 말씀대로 하나님의 심판에서부터 회복에 이르기까지 예언의 선포적인 메시지 내용은 삶의 애환이 담긴 민요의 포도원을 연상케 해줌으로써 그만큼 자연스레 다가오게 하여 실제적인 깨달음에 도움이 되었을 것입니다.

이렇듯 일상적인 삶과 직결된 음악이 메시지 전달을 위해 사용되기도 했지만, 인간의 죽음 앞에서 슬픔의 감정 표현을 위한 노래 역시 성경에 기록되어 있습니다. 그것이 사울과 그의 아들 요나단의 죽음을 애도하는 다윗의 애가(삼하 1:18-27)입니다. 성경은 이 노래가 '야살의 책'에 기록되었다고 말씀하는데 이 책은 이스라엘 영웅들의 공적을 찬양한 시가 문서입니다. '활의 노래'라고도 하는 이 애가는 다윗의 인간적인 애절한 추모의 정을 그려주는 고대 히브리 송가의 걸작으로 전해진 것입니다. 그리고 사자와 포도나무의 비유로 유다와 다윗 왕가에 대한 멸망의 예고를 슬퍼하며 부른 노래(겔 19장)와 예레미야 선지자가 요시야 왕의 죽음을 애도하며 지은 조가(대하 35:25)도[37] 있습니다.

그 외에 결혼식(렘 7:34), 장례식(마 9:23), 왕의 즉위 때의 대관식 음악(왕상 1:39-40, 왕하 9:13) 등… 성경에 언급된 이러한 음악들은 종교만이 아니라 정치, 경제, 사회, 문화 등의 모든 분야에서 희로애락을 함께했던 이스라엘 삶 속에 매우 친숙한 소리였습니다.

음악은 영적 예언의 매개체였습니다

선지자들은 하나님의 말씀을 전하거나 기도할 때 음악과 함께 행하는 전통을 가지고 있었습니다. 성경은 이에 관한 예를 사무엘 선지자 시대에서 보여주고 있습니다.

사울이 이스라엘의 초대 왕으로 기름 부음을 받은 후 사무엘이 지시한 곳으로 가던 중에 있었던 일입니다. 사무엘은 미리 사울에게 "…선지자의 무리가 산당에서부터 비파(네벨, *nebel*: harp)와 소고(토프, *tof*: 작은북)와 저(하릴, *chaliyl*: flute의 일종)와 수금(킨노르, *kinnor*: lyre 혹은 harp)을 앞세우고 예언하며 내려오는 것을 만날 것이요"(삼상 10:5)라고 하면서 사울도 그들과 함께 예언할 때 전혀 다른 사람으로 변할 것이라고 말했습니다.

이스라엘 초기엔 격식이 없는 민중 의식의 한 모습으로써 예언과 종교적인 전통의 민속 노래가 함께 행해졌다고 합니다. 그래서 여기에 언급된 선지자들은 예언과 더불어 악기를 다룰 줄 아는 일종의 민중 예술가들로 추정됩니다. 이들로 말미암아 예언할 땐 음악이 늘 수반된 관행으로 이루어졌음을 알 수 있습니다.

이와 비슷한 사례를 엘리사 선지자에게서도 찾을 수 있습니다. 이스라엘 여호람 왕이 모압을 대항하기 위해서 유다 및 에돔과 동맹을 맺습니다. 이들 동맹군이 진행하는 중에 물이 없으므로 곤란을 겪게 되자 유다 왕 여호사밧이 여호와께 여쭐 만한 선지자가 있는지를 물었습니다. 이때 이스라엘 왕의 신복 중 하나가 엘리사 선지자 이야기를 전하자 그들 모두 엘리사 선지자에게로 갔습니다. 엘리사 선지자는 자신을 찾아온 이들 중 이스라엘 왕을 향하여 "...내가 만일 유다 왕 여호사밧의 낯을 봄이 아니면 당신을 향하지도 아니하고 보지도 아니하였으리이다"(왕하 3:14)라는 말을 합니다. 사실 이러한 책망은 당시 이스라엘 왕이 유다 왕 여호사밧과는 반대로 여호와 보시기에 악을 행했기 때문입니다(왕하 3:2). 하나님과 늘 동행하는 엘리사로서는 그러한 이스라엘 왕을 위해 예언을 해야 한다는 것이 심적으로 크게 불편을 느꼈던 것입니다. 그러나 엘리사 선지자는 곧바로 거문고 타는 자를 불러오게 합니다. 이에 "...거문고 타는 자가 거문고를 탈(*나간*, *nagan*: 연주하다) 때에 여호와께서 감동하시니"(왕하 3:15)라고 성경은 말씀합니다. 여기엔 어떠한 음악인지에 대한 언급은 없습니다. 그 음악을 알만한 노래의 가사도 없는 그저 거문고를 연주만 했던 음악일 뿐이었습니다.

그런데 분명한 것은 거문고의 연주가 단지 음악으로만 머물지 않고 예언을 위한 매개체의 기능을 했다는 사실입니다. 산당에서 내려오는 중에 예언과 함께 음악을 연주했던 선지자들이나, 거문고 타는 악기의 소리 속에서 예언했던 엘리사의 경우 모두다 영적 행위와 연관된 것으로 이해할 수 있기 때문입니다.

이처럼 성경은 예언과 함께 있었던 음악과 연주를 미적 차원의 예술로서가 아니라 영적 행위와 결합한 소리임을 말씀합니다. 그렇다고 하여 음악 자체에 어떤 신비스러운 영적 능력이 있는 것임을 의미하지 않습니다. 다만 그 예언을 수행함에 고무적인 역할을 할 수 있는 소리라는 것입니다.

이 세상의 모든 음악은 저마다의 개별적인 목적이 있습니다. 누구를 아니면 무엇을 위한 것인가에 따라서 온갖 종류의 음악이 만들어집니다. 영적 차원에서 사용할 땐 그것이 하나님을 향한 것인지 아니면 악한 영을 위한 것인지에 관련한 구별이 가능합니다. 그 동기와 목적으로 분별할 수 있겠지만, 무엇보다 연주하는 사람에 따라서 그의 소리가 다를 수 있습니다. 하나님과 동행하는 사람이라면 하나님과 연합된 소리를 낼 것이며, 하나님을 대적하는 사람이라면 음악으로 그러한 소리를 내어놓을 것이기 때문입니다. 위의 인용된 말씀들에 기록된 그들의 연주는 하나님의 영에 인도하심 속에 마음과 헌신이 담긴 영적 행위였습니다.

  음악으로 함께하는 기도나 예언의 말씀을 전한 선지자들의 사례들은 더 있습니다. 하박국 3장 2절에서 19절 앞부분까지의 내용 모두가 비록 말씀의 시작에선 "...선지자 하박국의 기도라"(합 3:1b)라고 되어 있음에도 "이 노래는 영장을 위하여 내 수금에 맞춘 것이니라"(합 3:19b)로 기록됨과 같이 음악과 함께한 예언적 기도로서의 노래라고 한 것입니다. 또 바벨론 식민지하에서 에스겔 선지자를 통한 소망의 예언을 전함이 마치 "그들이 너를 음악을 잘하며 고운 음성으로 사랑의 노래를 하는 자 같이 여겼나니 네 말을 듣고도 준행치 아니하거니와"(겔 33:32)도 들 수 있습니다. 특히 에스겔 선지자의 경우는 예언의 모습이 곡조에 맞추어 노래를 읊듯이 전했던 것임을 알 수 있습니다. 그래서 엘리사 선지자도 예언하기 전에 거문고 연주를 청했던 것으로 이해할 수 있습니다.

  음악은 선지자들의 예언과 기도에서만이 아닙니다. 구약 시대 예배에 직결된 대표적인 시편을 보더라도 음악이 수많은 영적 고백들을 담아낼 예배행위로서의 가치가 높았습니다. 그만큼 시편(*미즈모르, mizmor*: 찬양의 노래)의 말 자체에서와 같이 깊고 심오한 진리의 말씀들로 이뤄진 시편들 모두가 음악적인 행위를 동반한 신령한 노래임을 가리키고 있기 때문입니다. 물론 신령한 소리의 근원적인 원인과 그 근거는 음악이 아닌 진리의 말씀에 있습니다. 다만 음악이란 영적 예언의 말씀들을 전하고 선포하는 데에 매우 고무적인 매개의 가치를 지닌 것임엔 부인할 수 없다는 사실입니다. "...수금으로 나의 오묘한 말을 풀리로다"(시 49:4)라는 말씀도 그에 대한 증거라고 할 수 있을 것입니다.

음악은 악한 영의 도구로도 사용되었습니다

음악이 영적 예언에 늘 함께하였던 속성은 우리에게 시사하는 바가 큽니다. 이는 음악이 하나님의 영만이 아니라 악한 영과도 어울린 소리의 기능을 갖기 때문입니다.

성경에는 이사야 선지자를 통해서 그릇된 예배에 대한 경고로 '우상을 찬송함'(사 66:3)이란 의미에서 우상과 함께한 음악의 기록들이 있습니다. 그 처음 장면은 출애굽한 이스라엘 백성들이 시내산에 다다랐을 때 일어납니다. 그들이 그곳에 머무르는 동안 하나님께서는 모세를 시내산 꼭대기로 부르십니다. 이스라엘 백성들은 시내산에 올라간 모세가 산에서 내려옴이 더딤을 보고 자신들을 인도해줄 신을 만들어 달라는 재촉을 아론에게 합니다. 그 때문에 결국 금송아지를 만들어 경배하며 번제와 화목제 후에 앉아서 먹고 마시다가 일어나서 흥청거리며 뛰놀기까지 합니다(출 32:1-6). 신약 성경은 우상 숭배자들의 타락한 모습을 지적할 때 바로 이러한 광경의 인용으로 이렇게 말씀합니다.[38] "그들 가운데 어떤 사람들처럼 여러분은 우상을 숭배하지 마십시오. 성경에도 '백성이 앉아서 먹고 마시고 일어나 난잡하게 뛰놀았다'라고 기록되어 있습니다."(고전10:7, 현대인의 성경).

이와 같은 우상 숭배 속에서 발생한 소리와 관련해 흥미로운 사실이 존재합니다. 모세와 함께 시내산으로 향했던 여호수아는 이것을 싸우는 소리로 듣고 인식했지만 모세는 승전가도 패전의 탄식도 아닌 노래하는 소리라고 했던 것입니다(출 32:17-18). 여호수아에겐 그들로부터 나오는 소리가 극도의 혼란스러운 소음이었음에도 모세에겐 노랫소리였습니다. 이는 하나님의 영광 속에 있었던 모세였기에 여호수아보다 영적 민감함이 더 깊었던 결과임을 말해줍니다. 실제로 모세는 그것이 외형적 소리에서 온 느낌처럼 지독한 소음으로만 들림이 아니었습니다. 하나님을 대적하는 우상 숭배의 음악 소리로 뚜렷이 분별했던 것입니다.

우상 숭배와 관련하여 주목할 만한 또 다른 음악의 실례가 다니엘서에 있습니다. 그것은 바벨론 느부갓네살 왕이 만든 금 신상의 낙성식에 사용되었던 악기들입니다. "너희는 나팔과 피리와 수금과 삼현금과 양금과 생황과 모든 악기 소리를 들을 때에 엎드리어 느부갓네살 왕의 세운 금 신상에 절하라"(단 3:5). 여기의 나팔, 피리, 수금이란 악기들은 이스라엘의 조상들이 하나님을 예배하기 위해 연주했던 악기들과는 전혀 다른 것입니다. 한 예로 이 말씀에 기록된 '나팔'(*케렌*, *keren*)은 하나님의 성막에서 예식을 위해 사용된 '나팔'(*keren*, 대상 25:5)이 아닙니다. 원어로는 발음이 같지만 다른 것으로 확실하게 구분이 된 것입니다. 그리고 이 외의 악기들(삼현금, 양금, 생황) 모두 다 그 당시 우상 숭배를 위해 만들어진 것들이었습니다.

성경에서 악기의 이름조차 원어로도 이렇듯 구별됨은 음악 사역에 있어서 이스라엘 사람들의 영적 순결함과 지조를 지키려고 했던 마음을 살필 수 있게 합니다. 이의 실제적인 증거도 이스라엘이 바벨론 포로 생활로부터 돌아온 후 예배할 때 사용한 악기들에서 나타납니다. 곧 하나님이 희락의 날과 절기에 불라 하셨던 나팔(*하쪼제라*, 혹은 *하초츠라 chatsotsrah*, 민 10:2, 10, 느 12:35)과 다윗에 의하여 만들어졌던 것들로 구성되었지 바벨론의 고유한 악기들이 그 안엔 없었습니다 (느 12:36).

사실 바벨론 악기들은 부와 풍요함 속에서 제작될 수 있었을 만큼 음악적으로 화려함과 좋은 소리를 가지고 있었을 것입니다. 이와 달리 이스라엘의 악기들은 오랜 포로 세월 동안 사용이나 개량되지도 못한 채 보존만 되어왔었습니다. 그런데도 그것들을 통해 하나님을 향한 예배 음악에서 성별과 구별의 의미를 둔 내적 헌신과 순결함을 상징한 소리만은 흐트러짐이 없었던 것입니다. 비록 바벨론 악기 그 자체로는 음악적 풍성함의 소리를 이스라엘의 악기들보다 더 낼 수 있었을지언정 정작 하나님 앞에서의 소리로는 옛적 이스라엘이 시내산 아래에서 행하였던 우상 숭배의 음악 소리, 곧 여호수아에게 인식된 소음과도 다를 바 없었을 뿐입니다.

이러한 사실은 이사야 14장에서 찾을 수 있습니다. 본래 이 말씀은 바벨론과 앗수르 및 블레셋에 대한 심판의 선포입니다. 이 중에 음부로 떨어진 바벨론에 대한 내용이 나옵니다. 이와 관련하여 묘사된 악기의 소리가 있습니다. "네 영화가 음부에 떨어졌음이여 너의 비파 소리까지로다..."(사 14:11a). 이 말씀에서의 '소리'는 '*하몬*(hamon: '소동,'

'혼란' 그리고 '떠듦')'에서 유래된 '소리(헴야, hemyah)'입니다.[39] 악기인 비파 소리라고 했지만, 타락한 자들로부터 나오는 소리의 고유한 성질 자체가 소음임을 밝힌 것입니다.

그런데 영적 타락에서 발생한 음악 소리는 이방 민족만 아니라 하나님 백성인 이스라엘에도 예외가 아니었습니다. 이는 시내산 아래서 이스라엘의 우상 숭배 소리나 바벨론의 금 신상을 향한 소리나, 또는 솔로몬 시대 이후로 분열된 북이스라엘이 풍요로움 가운데서 하나님을 저버린 채 형식적으로 행한 예배 소리든 관계없이 그 모두가 한결같은 소음이었음을 성경은 말씀하기 때문입니다. 특히 아모스는 북이스라엘이 하나님을 예배한다고 하는 노래의 음악 소리가 훗날 이사야 선지자가 지적했던 상황과도 똑같은 '소동,' '혼란'을 가리킨 '소리'(hamon)였음을 미리 알려주었습니다. 이것에 대한 성경 말씀입니다. "네 노랫소리(하몬, hamon)를 내 앞에서 그칠지어다 네 비파 소리도 내가 듣지 아니하리라"(암 5:23).

이처럼 우상 숭배 등의 영적 타락에서도 음악은 여전히 함께 어우러져 울리고 있었습니다. 다만 그 음악이 미학적인 포장 안에서 세련되고 좋은 울림이든, 극적이며 열정 가득한 소리가 되었든 하나님 앞에선 지극한 공허함과 극심한 혼란 속에서의 소음이었을 뿐입니다.

이 세상에서 음악은 가인의 후손으로부터 시작되었습니다

성경에 이 세상의 첫 음악가라고 하는 인물이 기록되어 있습니다. 그는 가인의 6대손인 라멕의 아들 유발입니다. 성경은 그를 수금과 퉁소 잡는 모든 자의 조상이 되었다고 말씀합니다(창 4:21). 그런데 이 유발의 부친인 라멕은 노래라고 할 수 있는 다음의 시를 남겼습니다. "...라멕의 아내들이여 내 말을 들으라 나의 창상을 인하여 내가 사람을 죽였고 나의 상함을 인하여 소년을 죽였도다 가인을 위하여는 벌이 칠 배일진대 라멕을 위하여는 벌이 칠십 칠 배이로다"(창 4:23-24). 이 시는 *검가*(칼의 노래)라고도 전해지는 것입니다.

사람을 죽이는 것에 호기를 부리며 자랑하는 내용을 노래라고 하기엔 그저 잔인함을 드러내는 협박의 소리처럼 다가올 수 있게 합니다. 이러한 라멕의 가정 속에 살았던 유발에서 그의 영향을 벗어난 음악의 소리를 기대하기는 어려울 수 있을 것입니다.[40] 세상 음악의 시초는 바로 이러한 가계를 통해 발생하였습니다. 이에 세상 사람들의 음악을 성경은 다음과 같이 말씀합니다.

> "어찌하여 악인이 살고 수를 누리고... 그들이 소고와 수금으로 노래하고 피리 불어 즐기며"(욥 21:7a, 12).
> "우리가 모압의 교만을 들었나니 심히 교만하도다... 포도원에는 노래와 즐거운 소리가..."(사 16:6a, 10).
> "잊어버린 바 되었던 기생 너여 수금을 가지고 성읍에 두루 행하며 기묘한 곡조로 많은 노래를 불러서 너를 다시 기억케 하라 하였느니라"(사 23:16).

본질적으로 세상 사람들의 음악은 이를 직접 만들고 연주하는 이들이 하나님과의 관계적 삶이 없으므로 비롯된 소리의 특징을 갖습니다. 그 울림이 세련되고 높은 예술성을 지닌 것일 수 있다고 해도 단지 하나님과 단절된 인간에 의해서 인간을 위한 음악으로 설명되기 때문입니다.

음악 소리에서 특히 영적 타락으로 생성된 그 본질적인 울림은 혼란스러운 소음임을 이미 살펴본 바 있습니다. 성경은 그러한 상태에선 아름다운 음악이라 해도 그와 함께 즐거워하는 소리조차 영적 소음일 뿐임을 말씀합니다. 더 나아가 "소고를 치고 수금을 타던 음악 소리가..."(사 24:8절, 현대인의 성경)의 '소리(쇠온, shaown)'는 타락한 삶 속에 흥청거리는 소리를 가리킨 '떠들썩함'이나 '소동'을 의미하기도 합니다. 이에 대한 말씀입니다.

> "그들이 연회에는 수금과 비파와 소고와 저와 포도주를 갖추었어도 여호와의 행하심을 관심치 아니하며 그의 손으로 하신 일을 생각지 아니하는도다... 음부가 그 욕망을 크게 내어 한량없이 그 입을 벌린즉 그들의 호화로움과 그들의 많은 무리와 그들이 떠드는(쇠온, shaown) 것과 그 중에서 연락하는 자가 거기 빠질 것이라"(사 5:12, 14).

불신앙으로 깊이 빠진 이스라엘 백성들의 음악 소리는 세상 사람들처럼 그 속에서 취해있는 소란스러움과 같음을 말씀한 것입니다. 음악의 소리임에는 분명하지만, 하나님께는 그것이 소음(shaown)에 불과하다는 것입니다. 하나님과 단절됨 속에선 아무리 제사와 함께 공교히 연주한 음악 소리라 할지라도 "비파에 맞추어 헛된 노래를 지절거리며..."(암 6:5a)라는 엄중한 책망만이 따랐습니다.

그런데 하나님을 거부한 세상 사람들의 음악이 그 모두가 속되거나 타락의 소리만을 가리키지 않습니다. 예술로서의 음악을 말할 수 있으면서도 인간 삶의 희로애락을 승화시키거나 자연의 아름다움을 묘사하는 소리 등… 참으로 다양한 장르를 통한 음악의 소리가 존재합니다. 이 모든 음악은 하나님이 허락하신 일반 은총 속에서 누릴 수 있는 소리로 설명됩니다. 그래서 세상 음악 중에도 사람들에게 정서적인 안정과 즐거움을 가져다주는 유익함이 있고 또는 고상하며 예술적 감각이 뛰어난 이들로부터 나오는 아름답고 탁월한 소리의 음악들이 있습니다.

그러나 세상 음악이 하나님과 단절된 영적 타락의 속성을 지니고 있음은 거부할 수 없는 사실입니다. 이것이 우상 숭배로 행해진 음악 울림의 극렬한 소음이나 아니면 초월 명상을 지향해서 무의식에 들어갈 수 있도록 돕는 역할을 위해 만들어진 뉴 에이지(New Age)의 독특한 소리 등만을 말하지 않습니다. 다만 어떤 장르에 속한 음악이든 본질상 거듭나지 못한 영혼의 상태에서 이루어진 것으로 설명되는 소리라는 것입니다.

성경 속의 음악들을 관찰한 바와 같이, 이 세상에서 음악이란 하나님을 영화롭게 하는 예배 섬김과 말씀 교육 및 영적 부흥에도 함께했던 위치에서부터 삶의 애환을 담아낸 친숙한 언어이자 유흥의 놀이로서, 심지어는 하나님을 대적한 우상 숭배에 이르기까지 변화무쌍한 소리였음을 알게 합니다. 그래서 존 윌슨(John F. Wilson)은 음악이 온전한 영적 음악으로 될 수 있기 위해선 그 안에 담긴 메시지와 메신저, 그리고 받는 사람 모두가 하나님의 영적인 흐름 안에 다 하나가 되어야 함을 강조하였습니다.[41]

성경 속의 음악들에 관한 사례들은 교회음악 철학을 세워감에 도움을 줍니다. 그것이 어떠한 악기나 소리, 양식 등과 관련한 이야기가 아니라 음악을 대하고 이를 드리는 자의 영적 상태를 더욱 살피게 하는 말씀이기에 그렇습니다. 그렇다고 바벨론 포로 이후 성전 재건으로 계속된 예배 음악에서 신앙의 지조와 순결을 위해 구별된 악기 사용만을 가리키지는 않습니다. 오히려 그것을 연주하고 대하는 이의 내적 구별이 우선되어야 함을 말합니다. 하나님과 관계적인 삶을 통한 그의 온전함을 이루지 않는다면 그 어떤 악기로의 연주이든 혼돈과 공허감 속에서의 소음으로 전락하게 될 뿐인 까닭입니다.

　이 세상에 존재하는 모든 음악은 각기 나름의 가치와 목적이 있습니다. 결국 성경에 기록된 음악의 다양한 기능과 속성들이 있음에 따라 음악이 지닌 진정성의 결정은 음악 자체에 의해서가 아니라 음악을 만들고 음악 소리를 내는 사람들의 내면으로 말미암음에 있음을 직시하고 이에 흐트러짐이 없어야 합니다. 그만큼 음악이 본질적으로 그에 따라 천차만별이 될 수 있는 의미심장한 소리가 되는 사실 때문입니다.

II. 교회 음악인의 음악 비전(vision)

"이는 만물이 주에게서 나오고 주로 말미암고 주에게로 돌아감이라 영광이 그에게 세세에 있으리로다 아멘"(롬 11 : 36)
"하나님의 지으신 모든 것이 선하매 감사함으로 받으면 버릴 것이 없나니, 하나님의 말씀과 기도로 거룩하여지니라"(딤전 4 : 4-5)

교회음악은 초대교회 이후로 현재에 이르기까지 각 시대에 따라 민족, 지역, 언어, 관습, 교육, 문화 속에서 그들 각각의 다양한 소리로 발전을 이루어왔습니다. 물론 음악이란 언어 그 자체가 교회음악이라는 전제하에서만 설명될 수는 없더라도 현시대에 이르는 음악의 그 근원을 좇아 올라가더라도 기독교의 교회음악을 떠나서는 이야기할 수 없습니다. 이는 음악의 역사를 다룬 책에서조차 그와 같이 이렇게 말하고 있기 때문입니다. "서양 예술 음악의 역사는 그리스도교의 교회 음악과 함께 정식으로 시작된다."[42] 비록 음악이 고대 그리스와 로마의 유산이라 할 수 있는 것에서 영향을 받았다고는 하지만 기독교 교회를 중심으로 음악의 역사 흐름은 부인할 수 없는 사실입니다.

이러한 음악의 역사는 기독교 중심이었던 중세 시대를 벗어나 인간 중심의 문예 부흥을 가리킨 르네상스(1400-1600) 시대에 들어서도 음악은 주로 교회 밖보다는 교회 안에서 행해졌음을 들 수 있습니다. 물론 음악에 세속적인 가사와 형식이 확산하고 오르간이나 류트 등의 기악에 관한 관심이 커졌지만, 여전히 많은 음악이 교회 예전이란 기능적 위치에서 악기의 반주 없는 합창을 통해 이루어졌기 때문입니다. 그런데 바로크(1600-1750) 시대로 들어서면서 음악적인 울림에 의한 아름다움을 추구함이 강해짐에 따라 악기의 개발 속에서 이를 위한 작곡과 연주가 활발히 일어났습니다. 그러다 보니 점차 궁정이나 귀족사회를 위한 교회 밖 음악으로 움직여갔습니다. 그래도 교회 중심 속에서 이루어짐은 강했습니다.

하지만 고전 시대로 이어질 때부터 이 흐름의 방향은 완전히 바뀌게 됩니다. 이는 영국 작곡가이자 음악 역사가였던 찰스 버니(Charles Burney, 1726-1814)의 말에서 엿볼 수 있기 때문입니다. "음악은 무제한 사치품으로 우리가 살아가는 데 있어서 실제론 불필요한 것이긴 하지만, 청각을 크게 발달시키고 만족시켜 준다."[43] 이 말은 당시의 시대정신인 계몽주의를 대변해 준 것으로써 그 기본 이념이 예술을 포함한 모든 분야가 인간 개인에게 행복을 얼마나 가져다줄 수 있느냐에 따라 평가된다는 이즘(ism)에 근거한 것이었습니다.[44] 그래서 이때부터의 음악은 인간에게 상당한 친근함을 가져다주며 즐거움을 가져다주는 것으로 다가온 시대의 특징을 갖습니다. 이와 같은 흐름은 음악의 장소가 교회 밖으로 이동하게 된 결과를 낳았습니다. 그것도 초창기의 적은 인원의 앙상블 음악에서 커다란 연주회장으로 옮기게 되어 그의 규모도 확대되어 교회 예배를 위한 미사도 대규모의 오케스트라 음악과 함께하는 종교음악 감상용의 장르로 바뀌었던 것입니다. 음악의 중심은 더 이상 교회가 아니라 세상이었습니다.

이러한 와중에 과연 진정한 교회음악은 어떠한 양식과 소리가 되어야 하는지, 아니면 교회 음악적인 음악 성격과 소리가 따로 있는지에 대한 이견과 논란들은 과거에도 있었고 지금도 계속 진행 중일 수 있습니다. 이것은 어찌 보면 끝없는 논쟁거리의 문제일 수도 있습니다. 더구나 저마다의 신학적인 이해와 관점이 다르고 문화적인 관습과 경험들이 다른 만큼 이에 대한 접근과 적용에 상당한 간격과 진통마저 가질 수도 있습니다. 음악이란 원래 신앙의 표현인 정서적인 매개체의 기능을 갖는 것임으로 그 무엇이라고 단정 지을 수 없다는 것 또한 문제 해결에 큰 어려움으로 다가오게 하기 때문입니다.

그러나 이러한 배경에서도 하나님 말씀 속에서 음악에 대한 올바른 신학적인 접근과 지나온 시대의 흐름 가운데 교회를 섬겼던 교회 음악인들의 음악관 및 교회음악 이론가들의 사고를 깊이 살펴봄으로써 진정한 교회 음악인의 음악 비전과 그에 따른 리더십을 세우고자 합니다.

음악은 하나님이 주신 선물이지만 다시금 하나님께 봉헌할 선물입니다

마르틴 루터는 음악에 대한 찬사를 다음과 같이 표현했습니다.

> 음악은 인간으로부터 온 것이 아니라 하나님으로부터 온 선물이다.[45]
> 하나님 말씀 다음으로 가는 음악은 고상한 예술로 이 세상에서 가장 최고의 보물이다.[46]

음악은 진정, 하나님이 베푸신 마치 루터가 언급한 '세상에서 가장 최고의 보물' 같은 선물입니다. 그런데 음악의 조상이라고 할 수 있는 인물이 하나님을 저버리고 죄를 범한 가인의 후손이었음을 이미 살펴본 바 있습니다. 그런데 이들에게서 철로 만든 각종 기구까지도 유래되었던 것입니다. 이에 관한 말씀입니다.

> "그 아우의 이름은 유발이니 그는 수금과 퉁소를 잡는 모든 자의 조상이 되었으며 씰라는 두 발가인을 낳았으니 그는 동철로 각양 날카로운 기계를 만드는 자요…"(창 4:21-22a).

특히 자기에게 상해를 입히는 사람을 죽이는 것에 자랑하며 노래했던 라멕의 아들인 유발에게서 음악이 비롯되었다는 사실은 음악의 본질과 진정한 그의 정체성을 헤아리기가 쉽지 않게 할 수도 있습니다. 그러나 워렌 위어스비(Warren W. Wiersbe)는 이들에 의해 음악이 시작되기 전부터 이미 인간에게 먼저 귀로 들을 수 있는 소리라는 아름다움을 하나님이 허락하셨음에 주목해야 한다고 했습니다.[47] 이에 예술과 과학이 그들로부터 왔다는 이유로 하나님의 영광을 위하여 사용할 수 있는 그 특권마저 포기하려 하듯 할 수 없음을 강조한 존 칼빈의 생각을 전하면서 위의 말씀 구절과 관련된 그의 주석 내용을 아래와 같이 인용했습니다.

> 비록 수금을 비롯해 그와 비슷한 악기의 발명이 어떤 필요성보다 인간의 즐거움을 위해 있는 것이라 할지라도 여전히 전혀 불필요한 것으로 생각하지 말아야 한다. 더욱이 그 자체를 비난해서도 아니 된다… 그러나 음악은 종교적인 의식(the offices)에 적합하고 인간에게 유익함을 가져다 줄 수 있다. 만약에 그것이 인간을 헛되고 악의 있는 유혹과 어리석은 즐거움으로 부추기지만 않는다면 말이다.[48]

분명한 것은 음악이 피조물인 인간에 의해서 창조되지는 않았다는 사실입니다. 다만 하나님이 선물로 허락하신 음악을 인간이 발견해내고 개발하게 된 것뿐입니다. 이는 하나님의 전적인 은총에 의한 결과임을 말해줍니다. 이에 그 은혜 안에서 음악의 본질과 진정한 의미를 헤아려감 속에서 음악에 대한 비전의 온전하고도 구체적인 그림을 그려갈 수 있는 것입니다.[49]

하나님 은혜라고 할 땐 '일반 은총(common grace)'과 '특별 은총(special grace)'으로 나눠집니다. '특별 은총'은 오직 예수 그리스도를 통해 하나님의 백성에게만 베풀어진 것임에 비해, '일반 은총'은 모든 사람에게 주어지는 보편적인 은혜입니다. 자연의 혜택이라든가 비기독교인이라도 윤리적인 삶과 선행, 사회의 질서 유지와 정의가 증진되게 하실 성령의 역사를 일컫는 일반적 은혜 등이 그것입니다.[50] 곧 가정, 사회, 국가를 이루는 질서 속에서 인간적인 삶을 영위하며 살아갈 수 있게되는 차원에서 하나님의 일반 은총입니다.

이는 음악 영역에서도 그와 같습니다. 인간에게 주신 선물인 만큼 모든 이들이 누릴 수 있게 하신 하나님의 '일반 은총' 속에 있기 때문입니다. 비록 음악 그 자체 안에 하나님을 연상하게 하는 것이 없더라도 인간에게 유익함을 주는 아름다운 소리가 있습니다. 기독교적인 의미로 설명되는 아름다움은 아니지만, 하나님이 허락하신 보편성을 갖는 아름다움입니다.

피조물인 인간이 창조주 하나님으로부터 선물로 받은 아름다움을 즐거워하는 것은 너무도 자연스럽고 아무 문제를 낳게 하지도 않습니다. 더구나 하나님이 주신 것을 마음껏 누림은 선물을 주신 하나님

보시기에 기뻐하실 이유이기도 합니다. 다만 음악이 그리스도인들에게 즐거움의 대상일 수만 없는 것이 기독교적인 가치관입니다. 성경은 "만물이 주에게서 나오고 주로 말미암고 주에게로 돌아감이라"(롬 11:36)에 따라 "...무엇을 하든지 다 하나님의 영광을 위하여..."(고전 10:31)라고 말씀합니다. 이에 그리스도인으로 살아가는 모든 삶의 가치와 목적과 방향에 뿌리가 되는 이 말씀 안에서 선물인 음악을 대함도 예외일 수 없기 때문입니다. 무엇보다 이는 교회음악 사역의 성경적인 비전(vision)의 핵심이 되는 말씀입니다. 이에서 비롯된 비전은 교회 음악의 부르심을 따라가는 온전한 사역의 여정으로 이루어가게 할 영속적인 동력이 됩니다.

이러한 맥락에서 헤럴드 바이론 헨넘(Harold Byron Hannum)의 "음악이란 아름다움을 갖는 소리의 조직체로서 인간에게 주어진 하나님의 가장 큰 은사(선물)중의 하나이며 이것은 인간을 회복시켜 다시금 하늘로 되돌아 갈 수 있도록 하는 은사(선물)이다"[51]라는 말을 주목할 수 있습니다. 물론 음악 자체가 인간의 내면을 온전하게 회복하게 할 근원적인 원인은 될 수 없습니다. 다만 '주에게로 돌아감이라'(롬 11:36)의 말씀대로 여기에 인용된 고백처럼 하나님께로 다시금 봉헌으로 돌려드릴 선물(은사)로써 하나님의 목석을 위한 "위임된 하나님의 선물"[52]임을 직시할 수 있어야 합니다.

이는 그리스도인의 모든 삶에 대한 그리스도의 주권(Lordship)으로 인도해줍니다. 그리스도의 주권은 그리스도의 구속함이 인간의 영혼에만 있는 것이 아니라 전인적인 모든 것을 덮듯이, 인간 활동의 전체 영역에 이르는 것을 의미하기 때문입니다.53) 이 사실은 그리스도인이라면 새로운 창작이나 모방이나 또는 재창작까지의 모든 예술적인 행위들도 그리스도의 주권 안에서 행해져야 함을 말해줍니다.

이에 따라 음악이 그리스도의 주권 안에서 이루어지고 회복되는 과정이 되지 않거나 그 중심이 하나님이 아닌 음악이라면 이미 교회음악의 정체성은 물론 그의 리더십마저 잃은 상태입니다. 그래서 존 칼빈은 노래로 불리는 전례(liturgy)에 미학적 흥미만을 더하려는 음악인의 의도를 저지하였는지도 모릅니다.54) "감미로운 느낌과 귀의 즐거움만을 목적으로 작곡한 노래는 교회의 존엄성에 합당치 못한 것이며, 반드시 하나님을 지극히 불쾌하게 만들 것이다"55)라고 강조하면서 말입니다.

특별히 그리스도의 주권 속에 이루어져 가야 할 음악이란 사고는 16세기 종교개혁의 시기에 왕성했던 인본주의의 르네상스만 아니라 바로크의 시대에도 여전히 지속되었음을 볼 수 있습니다. 비록 당시의 음악 사조가 궁정 및 귀족 사회를 위한 음악 문화 속에 인간을 위한 음악의 발전이 점점 확대되어 갔던 때였음에도 그러한 생각은 변함없었습니다. 그것이 바로크 초기인 1600년대부터는 그리스 신화를 바탕으로 한 몬테베르디(Claudio Monteverdi, 1567-1643)의 음악극인 오르페오(*L'Orfeo*, 1608)를 인한 세속 오페라의 본격적인 시작과 함께 기악의 발달로 다양한 악곡의 양식들이 만들어져 간 시대였음에도 말입니다. 그만큼 이 시기를 대변해줄 만한 음악관은 그리스도 안에서 주어진 소명으로 근본적인 음악의 목적이 하나님을 향한 섬김의 소리에 있다는 것이었습니다. 이는 바로크 후기의 끝 무렵인 1750년에 이르기까지 음악인들의 정신적 사고의 틀에 영향을 주었던 음악 이론가이자 작곡가 겸 오르가니스트인 베르크마이스터(Andreas Werckmeister, 1645-1706)가 남긴 문헌에서 볼 수 있습니다. 곧 *고상한 음악 예술의 가치 사용과 남용(Der edlen Musik-Kunst Wurde, Gebrauch und Missbrauch, 1691)*의 서문에 "음악이 하나님의 영광을 위해서만 사용될 수 있는 하나님의 선물"[56]임을 선언함으로써 음악의 궁극적인 목적을 천명했던 것입니다.

이러한 신념은 바로크 이후로 모든 음악가의 음악가라고 할 수 있는 요한 제바스티안 바흐(Johann Sebastian Bach, 1685-1750)에게서도 있었습니다. 그는 "음악의 유일한 목적이 하나님의 영광과 인간 영혼의 소생을 위한 것이 되어야 한다"[57]라고 했던 것입니다. 물론 여기서 음악 자체가 영혼 소생에 그 원인임을 의미한 것은 아닙니다. 음악과 함께한 가사로 인한 것임을 마음속에 둔 말로 이해해야 하기 때문입니다. 이는 그의 합창 음악에서 하나님 말씀에 근거한 가사를 음악적으로 묘사하여 메시지를 전하려 했던 그의 작곡 방식과도 관련되어 있습니다. 그래서 그의 음악은 '지성과 감성의 완벽한 균형'[58]이란 평가를 낳음 속에 폴 웨스트마이어(Paul Westermeyer)가 "그의 음악은 기독교적 상징주의(교묘하게 감춰진)로 가득 차 있고, 워드 페인팅(word painting)으로 모든 종류의 가사를 주석한다"[59]라고 한 이유이기도 했습니다. 그만큼 가사에 담긴 메시지를 전하기 위해, 마치 가사를 그림같이 그려주는 '워드 페인팅'이란 음악적인 그의 작곡 기법이 이의 실제적인 증거라고 할 수 있습니다.

　이러한 바흐의 필사본 악보에는 신앙에 기초한 그의 음악관을 반영해 주는 문구들이 있습니다. 기악만을 위한 작곡의 필사본 악보 시작엔 *J. J.*(*Jesu, Juva*: 예수님, 도와주소서), 끝부분엔 *S. D. G.*(*soli Deo gloria*: 오직 하나님께 영광을)라고 표기되어 있습니다. 또 *I. N. J.*(*in nomine Jesu*: 예수의 이름으로)의 기록도 있습니다. 그만큼 절대음악인 순음악을 작곡하고 연주하는 것에서도 하나님께 영광이 되기를 원했던 바흐였음을 알게 합니다. 그래서 통주저음―연주자에게 화성을 채우도록 지시하는 숫자 붙은 베이스의 선율―의 목적조차도 "하나님께 영광을 돌리고 허락된 영혼의 기쁨을 위하여 잘 어울리는 화성을 만들어 내는 것"[60]이라고 했을 정도였습니다.

　특별히 19세기 낭만주의로 들어서면서 절대음악인 기악은 가사가 없어도 감정 전달에 더할 나위 없는 매우 강력한 영향의 소리로 인식되었습니다. 이에 서양음악사란 책에선 기악이 '이상적인 낭만주의 예술'로써 "19세기의 모든 예술 가운데 가장 대표적이고 지배적인 예술"[61]이라고 했습니다. 바로 이 기악을 통해 인간 정서를 왕성하게 표현하며 들려주었던 그 시대의 주된 인물인 프란츠 리스트(Franz Liszt)도 "음악의 목적은 사람을 고상하게, 편안하게 하고 정화해 주는 것이며 하나님을 찬양하는 것"[62]이라고 했습니다. 그런데 이제는 더 나아가 사람을 위한 정서적인 감동의 아름다운 음악 작곡을 벗어나 새로운 음악 양식과 형태의 매우 다양한 실험 속의 20세기에도 이러한 음악관은 계속 이어졌습니다. 그것이 20세기 음악 창시자로 인정받는 이고르 스트라빈스키(Igor Stravinsky 1882-1971) 역시 마찬가지였는데, "음악은 하나님을 찬양하는 것으로서 교회 건축과 그 모든 장식보다도 하나님을 더 찬양할 수 있다"[63]라는 그의 말에서 알 수 있습니다.

이처럼 한 시대의 음악 사조를 이끌어 갔던 대표적인 이 음악가들의 내면 중심의 바탕엔 음악의 목적이 하나님께 영광이란 모토(motto)가 있었습니다. 비록 이들의 말은 기독교 신앙으로 인한 고백이라 할 수 있겠지만, 분명한 것은 하늘로부터 받은 선물인 음악의 궁극적인 목적을 인간에게만 두려고 하지 않았다는 사실입니다. 하나님께 다시금 돌려드릴 봉헌으로 음악을 대하려는 신앙의 태도를 엿볼 수 있는 것이었습니다. 선물(gift: 은사)은 소명(calling)과 함께 오기 때문입니다.

진정한 교회음악 사역 리더십은 음악에 의해서나 음악을 위해서도 아닌, 오직 하나님에 의해 그 분만을 위하는 것입니다

성경에 기록된 음악들을 이미 살펴보았듯이 음악은 진정, 누구를 위한 것인가에 따른 구별이 명확했습니다. 창조주이신 하나님을 위해서인가 아니면 피조물을 위해선인가 말입니다. 피조물을 위해서란 영역엔 사탄을 위한 우상 숭배의 음악도 포함됩니다. 이는 어떠한 내면을 가짐으로 그 목적을 갖는 소리를 내어 주기 때문입니다.

그런데 이에 대한 구별의 기준은 어떤 외부로 드러난 소리의 특징을 근거로 삼을 수는 없습니다. 만일 그럴 수 있다면, 마치 어느 특정한 소리, 어떤 양식에 의해 만들어진 음악만이 기독교적인 소리라고 강조할 수 있을 것입니다. 하지만 성경에는 이와 관련하여 하나님을 향한 찬양의 음악이 그 어떤 소리나 일정한 어느 양식적인 특징으로 만들어야 한다는 지시의 말씀이 없습니다. 그래서 20세기 찬송학자인 루이스 벤슨(Louis F. Benson)은 자신의 저서인 *교회의 찬송가*(*The Hymnody of the Christian Church*)에서 다음과 같이 설명했습니다.

> 최후의 만찬에서 그 무리들(예수님과 그 제자들)은 *할렐*(*Hallel*, 시편 136-138편)과 관련이 있는 음악을 사용하곤 하였다. 우리 주님은 그의 교회에 자신의 나라에 속한 음악이나 의식을 강요하려는 의도가 없었다. 그들이 사용했던 그 어떤 특정한 노래가 구전의 전통이 되지도 않았으며, 기록된 복음의 내용에 포함될 수도 없었던 것은 악보 기보법이 아직 발명되지 않았었기 때문이었다. 나는 종종 그러한 상황이 얼마나 다행스러운 것이었는가 하고 생각한다. 만약 그 음악이 현 시대의 녹음된 음반에서처럼, 그 대화(최후의 만찬중의 대화) 속에 포함되었더라면 틀림없이 그것은 신성불가침의 성격을 초래하게 되었을 것이다.... 우리 주님은 그의 교회에 그 어떤 유형의 음악도 강요하지 않으셨다.[64]

물론 성경엔 다이내믹한 성격의 독특한 음악적 분위기를 연상케 하는 어휘를 볼 수 있기는 합니다. 예를 들면, 시편 7편의 소제목인 *식가욘*(*shiggaion*)과 이의 복수형인 하박국 3장의 '*시기오놋*(*shigionoth*)에 맞추어'입니다. 이 말의 의미는 명확히 알 수 없는 것이지만, 대부분 학자들이 내면의 열정적인 정서를 나타낸 것으로 추정하는 용어입니다.[65] 그리고 이와 상반된 분위기를 말해주듯 시편 9편 16절에서의 *힉가욘*(*higgayon*: 묵상)이란 말도 있습니다. 이의 뜻 역시 불확실한 것이나 시편을 노래하는 동안 잠시 멈춘 채 악기의 간주 속에서 묵상을 가리킨 것이라고 이해합니다.[66]

그런데 성경의 이러한 용어들은 특정한 어느 양식을 가리키며 지정한 것이 아닙니다. 오히려 하나님을 찬양함엔 그와 같이 정서적으로 다양한 표현과 소리를 내는 방식이 있음을 말씀한 것입니다. 성경은 다만 그 음악이 누구를 그리고 무엇을 위해 행해진 것인지에 대한 말씀이 있을 뿐입니다. 그럼에도 불구하고 하나님을 섬기는 음악을 어떤 특징적인 소리로 고정하려 한다면, 결국 섬김의 주체가 사람이 아닌 음악 자체가 되게 하는 비성경적인 오류로 빠지게 합니다. 여기서 '섬김의 주체가 사람'이라는 말은 음악에 이끌려가는 사람이 아니라 음악을 가지고 섬기는 사람을 의미합니다. 바로 이러한 섬김의 주체를 사람이 아닌 음악이 되게 한다는 것이 '음악에 의해서'의 핵심입니다.

그러므로 음악이 교회를 이끌어 가는 것이 아니라 음악이 교회에 이끌리어 만들어지는 것이 교회음악 소리란 본질에서 이 말은 더 분명해집니다. 이러한 사고로 교회음악이 될 수 있는 근거를 세움에는 다음 요인들에 기초합니다. 음악의 동기·의도·목적이 무엇이며, 가사와 음악적 상황이 교회에서 받아들여질 수 있고, 교회에 덕이 되어 선한 결실로 이어지는지에 관한 것 등입니다. 이는 교회음악 사역(ministry) 철학에 실제적인 토대입니다.

이 위에 세워진 교회음악이 아니면 '음악에 의해서'를 지향하는 음악이 그 사역에 중심이 됩니다. 그만큼 진정한 교회음악을 이루어갈 수 있음은 이 '음악에 의해서'로부터 벗어나야 비로소 가능할 수 있습니다. 이는 본질적으로 이 말의 의미와 속성엔 대체로 두 가지 문제를 담고 있기 때문입니다.

그것이 먼저 '음악에 의해서'는 성(sacred)과 속(secular)이란 음악적 구분을 내재하고 있습니다. 어떤 행함을 이루어감에 그 주체가 음악을 가리킨 이 말은 이 두 영역의 이분법(dichotomy)적인 틀의 여지를 줍니다. 다시 말하면 어떤 '음악에 의해서'가 정해진 순간부터는 이와 다른 모든 음악과의 차별적 분리를 드러낼 수 있음을 말합니다. 그것이 특정한 양식이나 그로 인한 음악만이 교회적이며 마치 신성한 소리와 같이 심지어는 이를 교회적이란 절대적 원칙처럼 삼으려 할 수 있다는 것입니다.

그러나 성(sacred)과 속(secular)이란 이분법적인 나눔은 성경적 관점과 아무 상관이 없습니다. 단지 헬라적 사고, 시대에 따른 문화이해, 인간 개인중심의 종교적인 성향과 경험에 따른 것일 뿐입니다. 그런데도 음악을 대함에 이러한 모습은 과거에 있었고 현재까지 그의 잔재가 지속되어 있다고 해도 과언이 아닙니다.

음악사를 살펴보면 초대 교부의 시대는 음악이 성(sacred)과 속(secular)으로 나누어짐 같은 매우 엄격한 시절이었습니다. 세속적인 모든 영향으로부터 단절시키려는 경건의 노력이 이러한 극단적 상황처럼 나타난 현상이었습니다. 다음은 이와 관련한 그 시대 상황에 대한 설명입니다.

초기 교회의 예배 의식에서 일정한 종류의 음악을 배제한 데에는 실제적인 동기도 있었다. 정교한 창법, 대규모의 합창단, 기악 그리고 무용 등은 오랜 관습으로 인하여, 처음으로 개종한 사람들의 마음에 이교도적인 광경을 연상시켰다. 이러한 종류의 음악에서 연유하는 즐거운 감정이 극장이나 시장가를 떠나서 교회로 옮겨 오기까지, 사람들은 대체로 이런 음악에 회의적이었다. 즉 '악마적인 합창'과 '음탕하고 해로운 노래'에 몰두하기보다는 '악기의 소리에 대해서 귀머거리'가 되는 것이 더 좋다는 것이다... 교회나 사회 또는 시대에 따라 비록 그 선이 항상 명확하지는 않지만 그 경계가 다르게 설정되어져 왔다. 초기에 때때로 이 선을 금욕적인 극단에까지 끌어올리게 되었던 것은 역사적 상황 때문이었다. 초기의 교회는 유럽의 전 인구를 그리스도교 신앙에 귀의시키는 책임을 맡은 소수의 단체였다. 이 사업을 성취시키기 위하여 교회는 그리스도교의 사회를 주위의 이교도적 사회로부터 고립시켰고, 가능한 수단을 다 동원해서 세상의 모든 것을 영혼의 영원한 복락에 예속시키는 일의 급박함을 선포할 수 있도록 조직하였다. 따라서 다수 의견에 의해 교회는, 전투에 나가는 군대와 같이, 그 임무에 꼭 필요하지 않은 음악이라는 불필요한 짐을 운반할 여유가 없었다.[67]

이러한 기독교 초기 때와는 대조적으로 종교개혁의 시대엔 각기 종교 개혁자들마다 음악을 대함에 서로 현격한 차이를 드러냈습니다. 곧 음악에 강한 거부함에서부터 적극적인 사용에 이르기까지 다양했습니다. 다만 이는 음악에 의해서가 아니라 하나님 말씀으로 각자의 신념에 따른 교회음악의 유산과 전통을 남겨준 것이었습니다.

시대가 지나 1750년인 고전 시대에 이르러서부터는 음악의 성(sacred)과 속(secular)이란 구분의 혼란 속에서 교회음악 정체성에 관한 문제들이 심화되었습니다. 현시대에선 교회적인 소리라고 여기는 음악들이 정작 작곡된 그 당시엔 세속적인 음악이란 평가를 받았다는 것입니다. 예를 들면, 하이든(Franz J. Haydn, 1732-1809)이나 모차르트(W. A. Mozart, 1756-1791)의 미사곡들입니다. 이 음악들은 이전 시대와 달리 대규모의 오케스트라가 동반되고 특징상 훨씬 더 자유롭고 폭넓은 예술성을 가진 연주회용 음악이 되어 교회 안에서 수용하기 어려운 비예전적인 종교음악 작품들로 인식되었다는 것입니다. 이는 작곡자들이 하나님을 향한 개개인의 신앙과 음악적인 역량 속에 더욱 창의적으로 화려한 표현을 함에 따라 그때의 정서로는 교회 밖 소리의 세속적인 느낌으로 다가왔을 수도 있었기 때문입니다.

특히 하이든은 자신의 교회음악들이 너무 감정적이지 않느냐란 지적에 "하나님 생각으로 기쁨 가득한 감정을 갖는 찬양에 하나님은 꾸짖지 않을 것"[68]이라 대응하기도 했습니다. 모차르트의 경우엔 자신의 재능이 '하나님으로부터 온 선물'[69]이라 고백할 정도로 음악을 대하는 태도만은 분명히 신앙에 기초해 있었습니다. 그런데도 마음껏 예술적인 재능이 발휘됨으로 인해서 교회음악에서 벗어난 세속적인 성향의 소리로 구분되기 시작했던 것입니다. 이에 조세프 A. 융만(Josef A. Jungmann, 1889-1975)은 다음의 글을 남기기도 했습니다.

> 음악이 미사의 모든 구성 요소에 그 화려함의 폭을 넓혀, 음악적 요소가 아닌 다른 세세한 부분들은 결코 중요한 부분이 될 수 없었으며... 예배 의식은 계속해서 성장하는 '예술' 그 자체에 잠식당했을 뿐만 아니라 결국은 사실상 진압되었다... 새로운 시대가 찾는 것은 거룩함이 아니었으며 예술과 우주가 갖고 있는 심미성이었다.[70]

음악 자체가 예술적인 아름다움과 직결된 언어이다 보니 더 나은 소리의 창작에 따른 심미감으로 이어질 수밖에는 없었을 것입니다. 그래서 교회 안의 음악이 그 과정으로 인한 중심이 교회라기보다는 아름다움 자체를 추구하는 음악이 되어가는 현상이 나타날 수도 있었음을 알게 합니다. 그것이 교회 밖의 소리라는 세속화된 음악처럼 말입니다.

그런데 실제로 음악의 심미성을 드러낸 당시의 변화와 발전은 그 이전에서부터 유럽의 궁정들만 아니라 로마 가톨릭교회와 관련된 시대 상황의 아이러니(irony)가 있었습니다. 왜냐하면 개신교와는 달리 로마 가톨릭교회당 건축의 화려함과 함께 해야 했던 음악의 흐름이 그만큼 점차 예술적인 풍성함으로 이루어가게 한 요인 중 하나가 되었기 때문이었습니다.[71] 이에 교회음악, 그것도 그 시대의 탁월한 음악인들에 의한 주된 예배 음악인 미사 음악조차 그 시대엔 교회 밖의 세상 음악 소리로 인식되었던 것입니다.

이러한 상황은 예전 음악인 미사 이외에 다른 교회음악에서도 있었습니다. 오라토리오(oratorio)입니다. 본래 오라토리오는 필립 네리(Philip Neri 1515-1595) 사제에 의해 시작된 비공식적인 모임으로 그 안에서 기도 및 영적인 것의 토론과 찬양을 하였는데, 이때 모임 장소인 교회의 부속 예배당 또는 기도실을 뜻한 오라토리(oratory)라는 말에서 유래된 것이었습니다.[72] 그래서 오라토리오는 본래 예전을 위한 것은 아니더라도 교회음악의 한 장르가 되었습니다. 물론, 이후엔 세속적인 내용의 오라토리오가 나타났으나 주로 성경의 이야기를 담아낸 일종의 무대 없는 종교적 음악극으로 독창자들과 함께한 합창 음악이었습니다. 이 교회음악 오라토리오 중에서 대표적이라 할 수 있는 것을 든다면 헨델(George F. Handel, 1685-1759)의 *메시아*(*Messiah, 1741*)를 들 수 있습니다. 매년 성탄절 시즌이면 연례적으로 교회 밖이나 교회 내에서 연주될 정도로 깊은 영적 감동을 자아내게 하는 교회음악 소리로 대다수 사람들이 공감하기 때문입니다.

하지만 이 음악은 헨델 시대에선 많은 비난을 받았습니다. 교회 음악가들 사이에서도 교회음악의 소리라고 생각하지 못할 만한 다음의 이유를 지적하기도 했습니다. 가사를 **빼면** 음악적인 내용은 순수교회적이라 할 수 없는 것으로 그의 세속 오페라에 나타난 아리아(aria)들로부터 볼 수 있는 형식이나 음악적인 아이디어 그리고 감정표현의 기교 등에서 세속음악과 전혀 다를 바 없었다는 것입니다.[73] '메시아'의 해석 권위자로 알려진 피터 라슨(Jan Peter Larsen) 역시 마찬가지로 "이 음악은 교회음악이 아니라 그 당시의 세속 오페라와 같은 유흥적이었다"[74]라고 평하였고, 메이슨 마이어즈(Mason Myers)는 심지어 "그 오라토리오는 결코 예전적이거나 교회적이라 할 수 없는 음악적 소리를 갖고 있다... 메시아는 그의 매혹적이며 효과적인 영향을 다름 아닌 세속극장의 미사여구(garnish)에 의존하고 있는 것이다. 그 작품은 '청중을 위한 유흥적인 즐거움'에 있었다"[75]라고 말하기까지 했습니다.[76]

그럼에도 불구하고 여전히 이 오라토리오가 교회음악 소리의 깊음이 있다고 말해도 이에 전혀 거부감을 갖지 않습니다. 사실 영적 감동마저 계속 이어져 올 수 있었던 근본적인 까닭이라고 한다면 이 음악의 모든 가사가 총 3부로 예언과 탄생, 수난과 속죄 그리고 부활과 영생이라는 주제에 따른 내용이 성경에 바탕을 둔 것에 있을 것입니다. 이에 작곡자인 헨델은 "성경이 없었으면 '메시아'란 작품이 나올 수가 없는 신성한 음악이다" 그리고 "성경 가사가 스스로 노래하는 것 같았으며 나는 그들의 소리로부터 선율과 화성들을 듣고 받아 적어 나갔다"라고 고백했던 것입니다. 하지만 그 시대 상황에선 이 오라토리오는 성스러움을 벗어난 속(secular)된 것으로 치부된 소리였을 뿐이었습니다.

이러한 반응은 일반인들만 아니라 영국 교회에서조차 예외가 아니었습니다. 그것도 강한 비난이 있었음은 다름 아닌 거룩하신 하나님의 독생자 예수 그리스도에 대한 오라토리오 음악이 교회가 아닌 세속 극장에서의 연주 때문이었습니다. 영국 런던에선 이러한 부정적인 시각이 컸기에 할 수 없이 헨델은 이 오라토리오의 원래 제목인 '메시아'를 '성스러운 새오라토리오(A New Sacred Oratorio)'라는 이름으로 바꾸어 알리기까지 했습니다.[77] 이런 상황에서 '나 같은 죄인 살리신'의 찬송 작시자이자 목회자인 존 뉴톤(John Newton, 1725-1807)은 이 오라토리오를 '우리 그리스도인들의 작곡된 모든 음악들 중 대중의 유흥을 위해선 가장 부적합한 것'이라 칭하고, 오직 교회에서만 연주되기를 강조하고자 거의 일 년 가까이 '메시아'의 가사였던 성경 구절들을 인용하며 설교했다고 합니다.[78]

하지만 이 문제를 낳게 했던 연주 장소엔 나름의 이유가 있었습니다. '메시아'의 초연은 1742년 아일랜드 더블린(Dublin)에 있는 뉴 뮤직홀(The New Musick Hall - Mr Neale's Great Room)에서 있었습니다. 이 공연엔 여러 감옥에 수감된 수감자들의 구호와 병원에서 돌봄받던 고아들을 위한 자선기금 마련이 있었던 것입니다.[79] 정작 다음 해에 두 번째로 이어졌던 코벤트 가든 극장(the Covent Garden theater)인 교회 밖에서의 공연도 사실은 *메시아(Messiah)*의 대본 작가 찰스 제넨스(Charles Jennens, 1700-1773)에 의해서였습니다. 독실한 기독교인이었던 그는 당시의 이신론과 계몽주의자들의 증가로 인한 우려 속에서 친구였던 헨델에게 그처럼 제안을 했던 까닭에 있었습니다. 이에 헨델도 같은 마음에서 많은 사람에게 복음의 메시지가 더 전해지기를 바랐습니다. 이는 신자들에게만이 아니라 이신론자들이나 회의론자들에게 세속 극장에서 복음이 담긴 오라토리오를 통한 감동에 호소하려는 의지를 엿볼 수 있는 것이었습니다.[80] 더구나 비전례 음악이자 극적인 특징은 강하지 않더라도 성격상 오페라와 같은 오라토리오인 만큼 이에 적합한 장소를 고려함도 있었을 것이란 사실입니다.

그러나 헨델은 그 이후로 버려진 아이들을 돌보고 있던 런던 파운들링 병원(Foundling Hospital)의 새 예배당 건축 기금 마련에 동참하여 '메시아'를 더 이상 세속 연주회장이 아닌 이 병원에서 연주하였습니다. 이를 계기로 이곳 아이들을 위한 자선 목적으로 같은 장소인 예배당에서 매년 연주가 이루어졌습니다. 이것이 해마다 정기적인 '메시아' 공연의 전통이 되어 현시대까지 세계적으로 이어지게 되었던 것입니다.[81] 특히 그 시기에 자선기금 마련을 위한 연주로 인해서 "헨델의 메시아 음악은 굶주린 자들을 먹였으며, 헐벗은 자들을 입혔고, 고아들을 양육하였는데, 이것은 이 나라와 다른 모든 나라들을 통틀어서 한 개인이 이룬 음악적 성과로는 가장 큰 것이었다"[82]라는 어느 전기 작가의 글이 남겨지는 결과를 낳기도 했습니다.

비록 과거에 논쟁의 여지가 많았던 비예전음악인 헨델의 오라토리오 '메시아'가 오늘날엔 예배 음악이 되는 것을 문제로 삼지 않습니다.

또 이 '메시아'와 같이 하이든의 *천지창조*(The Creation, 1798), 베토벤의 *감람산 위의 그리스도*(The Mount of Olives, 1803), 멘델스존의 *바울*(St. Paul, 1836)이나 *엘리야*(Elijah, 1846) 등의 오라토리오 모두 다 예배를 위해 작곡된 것도 아닌 교회 밖에서의 음악 연주를 위한 것이었음에도 현시대엔 교회 여건에 따라 이 중 발췌된 합창곡들을 통해 예배음악으로 봉헌하고 있습니다.

이처럼 역사적인 흐름 속에 이해와 수용의 변화는 결국 음악이란 문화의 속성과 같이 시대와 상황에 따라서 이를 대하는 생각이 달라지는 것임을 알게 합니다. 세상 음악과 다를 바 없이 속(secular)되다고 여겼던 그때의 음악이 세월이 흐른 지금엔 하나님을 예배하는 성(sacred)스럽다고 하는 소리로 변할 수 있다는 것입니다. 음악은 그대로였음에도 이를 대함에서만은 전혀 상반될 정도의 극명한 차이를 드러냅니다. 그것도 정서적 반응조차 지극히 교회적인 소리라고 하면서 말입니다.

결국 이러한 현상은 시대적인 흐름에 따른 결과였지만 분명 음악 소리의 변화엔 아무것도 없었습니다. 이에 교회적인 음악 소리라고 한다면 그 근본적인 요인은 누가, 왜, 어떻게 연주하느냐에 있음을 말합니다. 이는 이미 인용한 "네 영화가 음부에 떨어졌음이여 너의 비파 소리까지로다..."(사 14:11a)의 말씀대로 음부로 떨어진 근원적인 실체가 비파라는 악기 소리 자체에 있지 않기 때문입니다. 그 비파를 울리는 타락한 자의 소리였을 뿐입니다. 음악의 본질적인 소리는 음악을 내는 사람과 그의 내면 상태로 우러나오는 실제적인 울림입니다.

그러므로 교회음악 사역의 리더십 토대는 '음악에 의해서'일 수 없습니다. 음악 소리에 좌우되지도 않습니다. 오직 말씀 안에서 섬김의 리더십이 우러나오게 해야 할 그 자신에게 있습니다. 음악으로 영적 감동이나 거룩함을 이루어갈 수도 없기에 음악을 가지고 다만 거룩함의 주체이신 하나님을 의뢰하며 섬김에 올인(all-in)하는 것입니다. 그래야 비로소 음악 소리나 양식에 대한 성(sacred)과 속(secular)의 구분과 같은 혼란스러운 생각에서 벗어날 수 있습니다. 진정, 하나님 앞에 "엄격한 의미에선 세속(secular) 음악은 없고 타락한(degenerate: 퇴폐적인) 음악만"[83] 있다는 것입니다.

둘째로 '음악에 의해서'란 말에 함축되어있는 또 다른 문제는 음악의 정서적인 면에 집중과 몰입입니다. 대부분 집회나 혹은 예배에서 음악적인 효과를 의식한 분위기나 감동 등을 창출하고자 하는 의도 속에 음악의 과용과 오용을 말합니다. 이때 하나님을 찬양하는 음악도 단지 어떤 기대치를 이루어가려는 수단이 되어버릴 수 있습니다.

헤럴드 베스트(Harold M. Best)는 "음악이 예배의 보조나 도구도 아니다. 그것은 수단과 동시에 목적이 되시는 하나님을 향하여 유일하게 바쳐지는 봉헌이다"[84]라고 했습니다. 여기서 '수단이 되시는 하나님'은 '성령으로 봉사하며(*라트류오, latreuo*: 예배하다)'(빌 3:3)의 말씀대로 예배의 모든 과정에 그 주체가 하나님이심을 의미합니다. 이에 따라 예배의 진정성은 음악에 의해서가 아니라 하나님에 의해서인 그 인도하심에 있습니다. 그만큼 음악에 의해서 무슨 동기 유발이나 목적을 이루려 함과 이에 의존하는 것 자체가 예배의 주체를 하나님에게서 음악으로 옮기는 것임을 말해줍니다.

그리고 음악의 도구화를 가리킨 '음악에 의해서'는 음악을 통한 섬김의 예배가 아니라 음악을 통한 누림의 인간중심적인 종교의식으로 향하게 합니다. 그러면 회중은 찬송에 능동적일 수 없습니다. 찬양하는 이들의 찬양을 대할 때도 그들과 더불어 하나님을 향한 봉헌 속에 함께 하고 있음을 의식하지 못합니다. 이때의 찬양은 하나님을 위해서 라기보다 사람을 위한 종교적인 감동의 시간으로 치우쳐지게 됩니다. 심지어 목회자의 설교를 듣기 전의 준비 과정이란 생각마저 자연스럽게 합니다.

이에 예배에서의 어떠한 찬송이든 그것이 어떤 준비로 있는 것일 수 없습니다. 설사 음악에서나 가사에서 어떤 도움이 가능하다 해도 찬송을 그 역할 위한 수단처럼 대할 수 없기 때문입니다. 만일 예배 시작 직전에 찬송하는 경우가 있다면 공적 예배의 시작되었음과 다를 바 없는 마음가짐으로 찬송하게 하기 위한 인도가 필요합니다. 그래서 예배 인도자, 기도 인도자, 찬양하는 그룹 및 메시지를 전할 목회자가 함께한 상황에서 그 찬송이 이루어져야 합니다. 그리되어야 비로소 회중은 예배 시작을 위한 준비나 부수적인 시간이라고 생각하지 않을 수 있습니다. 찬송은 하나님을 섬기는 예배일 뿐입니다.

그러므로 '음악에 의해서'는 결국 음악이 우리에게 무엇을 하느냐에 대한 기대감만 두게 합니다. 음악과 더불어 무엇을 하려는 마음가짐을 오히려 멀어지게 합니다. 예배의 열망이 아니라 정서적인 경험의 깊이로 들어가려는 음악적인 갈망으로 향하게 하면서 말입니다. 이에 음악으로 더욱더 깊고 풍성한 예배 표현을 통한 섬김의 예배로 들어가기보다는 단지 그러한 음악 특징으로 인한 분위기와 감동의 기대치를 이루고자 함에 기울인다는 것입니다.

더구나 이때의 분위기나 감동을 예배자의 내적 변화로까지 이어질 것이라는 왜곡된 시각마저 갖기도 합니다. 내면의 변화에 근원은 오직 말씀임에도 불구하고 음악적인 효과로 인하여 예배자의 그러한 변화를 기대하려는 생각과 의도가 가능할 수 있다는 것입니다. 로버트 레이번(Robert Rayburn)은 이에 대해 다음과 같이 말했습니다.

> 우리의 얕은 감정에 호소하는 큰 위험에 민감해야 한다. 불행히도 오늘날 믿는다고 고백하는 사람들이 예배를 거의 전적으로 감정적인 것으로만 알고 있다. 그들의 척도는 감정이다. 의식적, 무의식적이든 그들이 받은 감정적 인상에 의하여 예배를 평가 한다"[85]

사실 예배의 분위기 흐름이나 예배자의 감정에 움직임들은 음악 소리로 영향을 받을 수 있습니다. 하지만 이것이 성령 안에서 영적 체험과 같은 것으로 이해될 수 없고 성경적이지도 않습니다. 단지 감정적인 영향으로 마음의 열림이 있다고 하는 것은 세상에서 경험하는 감동의 순간과의 차이에 어떤 면에선 다를 바 없습니다. 진정한 영적 변화는 그 열린 마음에 살아계신 하나님의 말씀만이 가능할 뿐입니다.

이러한 변화의 실제적인 증거는 인간중심주의(anthropocentrism)에서 하나님중심주의(Theocentrism)로 살아가는 삶의 열매들에 있습니다. 그래서 예배 중에 경험하게 될 모든 내적 변화들과 그 결과는 하나님의 주권적 은혜의 역사하심 속에 있는 것이지, 어떤 효과적인 음악에 의해서일 수 없습니다. 성경은 이에 대하여 "역사는 여러 가지나 모든 것을 모든 사람 가운데서 역사하시는 하나님은 같으니"(고전 12:6)라고 말씀합니다. 하나님만이 모든 역사하심의 주관자가 되신다는 의미입니다.[86]

참으로 예배에서의 음악은 단지 무엇을 하거나 이루기 위한 수단이나 목적지향적으로 행하는 것이 아닙니다. 예배에선 음악이 적절한 기능들이 있어도 도구화되는 언어일 수 없다는 것입니다. 헌신된 그리스도인이라면 음악에 의해서가 아니라 음악을 가지고 오직 하나님에 의해서 음악을 통한 섬김으로 나아갑니다. 이것이 하나님의 임재하심과 그분의 역사하심에 따른 진정한 내적 변화와 열매들로 이어지게 할 진정한 원인입니다.

세상 속에 사는 교회 음악인의 음악은 예수 그리스도의 복음 안에서 새롭게 변화된 소리입니다

그리스도인은 하나님으로부터 세상에서 부름을 받은, 세상과 구별되어 새롭게 된 존재입니다. 교회(*에클레시아*, ekklesia)라는 용어로 그리스도인의 신분을 설명하기도 합니다. 그런데 이러한 정체성을 가지고 사는 우리와 이 세상이 전혀 관계가 없다거나 서로 분리되어야 할 것이라고 말할 수는 없습니다. 이는 하나님의 독생자이신 그리스도께서 성육신(incarnation)하시고 십자가에서 대속하심으로 구속 사역을 이루셨으며, 부활과 승천하신 후 이제 다시 오실 주님의 날까지

구속하시는 섭리의 대상이 바로 세상이기 때문입니다.[87]

 그리고 신약의 말씀에 기록된 언어는 그 시대의 두 가지 헬라어 가운데에서 고대 그리스 철학자들과 귀족들이 사용했던 애틱 헬라어(Attic Greek)가 아닌 서민들의 언어였던 코이네 헬라어(Koine Greek)입니다. 물론 그 시대의 상황에서 보편적인 코이네 헬라어 사용에 기인한 것으로 이해될 수는 있습니다. 그럼에도 이 언어의 사용은 하늘의 보좌를 떠나 지극히 낮고 천한 자리에 육신의 몸을 입고 오신 예수 그리스도의 복음 정신을 엿볼 수 있게 하는 흔적임엔 분명합니다.

 이러한 사실은 세상이라 해서 차별이나 극단적인 분리를 상상할 수 없게 합니다. 오히려 세상에서 세상 문화를 마주하며 살아가야 하는 그리스도인들에게 주어진 하나님의 뜻으로 다가옵니다. 곧 예수 그리스도의 복음이 우리를 통해서 이 세상 문화에 투영되어야 할 거룩한 부르심이자 사명임을 말해줍니다.

 구 프린스턴 신학의 마지막 주자였던 존 그레샴 메이첸(John Gresham Machen, 1881-1937)은 자신의 *기독교와 문화*(Christianity and Culture)라는 논문에서 기독교와 문화의 관계에 대한 3가지 유형을 제시하였습니다. 그 첫째가 기독교를 문화에 종속시키는 것, 둘째는 기독교가 문화를 파괴하는 것, 그리고 셋째는 기독교가 문화를 장려하며 하나님의 봉사에 헌신시키는 것입니다. 이 중에서 그는 세 번째 유형이 개혁신학[88]에 따른 올바른 관점이라고 보고, 하나님 나라와 세상의 구별을 모호하게 하거나, 세상과 격리되어 일종의 현대화된 수도원주의로 물러나는 것이 아니라 하나님의 전적인 다스림 안으로 세상이 들어설 수 있게 할 노력을 강조했습니다.[89] 다음은 철저히 성경 중심적이고 하나님의 주권과 신앙의 실천적 삶을 강조하는 개혁주의 신념 속에서 쏟아낸 그의 고백입니다.

> 그리스도인은 이 세상에 살고 있지만 이 세상에 속한 무리가 아니다. 우리는 그리스도 안에서 변화된 사람들로서 우리 주위의 문화를 변혁시킬 책임이 있으며, 기독교 문화 건설의 책임을 동시에 지고 있는 것이다. 기독교 문화의 건설은... 인간 활동의 전 영역에 걸쳐 그리스도의 통치주권을 인정하고 하나님의 영광을 위해 드려지게 하는 것이 우리들의 문화적 사명이다.[90]

복음으로 사는 그리스도인은 세상 문화와의 단절이 아니라 그 안으로 들어간 삶 속에서 문화의 변혁자(transformer)이자 개혁자(reformer)로 살아가는 존재입니다. 이에 헤럴드 베스트(Harold M. Best)는 "그리스도에 의한 변화를 향해서 문화를 움직이려 한다면 누구든 반드시 그 문화에 동참하여 내부에서부터의 변혁에 참여해야 한다"[91]라고 말했습니다. 이때 세상에서 살고 있지만 세상의 방식대로 살아가지 않는 그리스도인과 같이 세상 문화 속에서도 새롭게 될 문화의 속성 안에선 그리스도의 복음이 그 중심입니다.[92]

하나님은 세상을 창조하신 후 인간에게 "생육하고 번성하여 땅에 충만하라 땅을 정복하라"(창 1: 28)의 말씀으로 문화 명령(cultural mandate)을 주셨습니다. 여기에서 '땅(에레츠, erets)'은 '세상'(창 9:13) 또는 '열방'(겔 11:16)을 가리킨 말이기도 합니다.[93] 이 말씀은 하나님께서 창조하신 이 세상 속에 문화라고 하는 거룩한 부르심이 있음을 알게 합니다. 이와 관련하여 다음의 글을 주목하게 합니다.

> 하나님은 태초에 만물의 창조와 함께 문화 발전을 계획하셨다. 하나님은 자연이 처음 창조된 그대로 보존되기를 바라신 것이 아니다. 창조 세계에 내재된 기능성들이 개발되어 하나님의 영광을 위하여 완성으로 나아갈 것을 염두에 두고 계셨다. 이렇게 볼 때 창조는 문화를 통해 완성으로 나아가는 시작이었다.[94]

하나님의 이러한 계획하심으로 말씀하신 '문화 명령'에서 번성함과 정복은 다스림을 뜻하기도 하지만 '경작하며 지키게 하시고'(창 2:15)에 직결되어 있습니다. 곧 하나님 뜻 안에서의 온전한 지킴과 돌봄입니다.[95] 물론 첫 인류의 조상을 통해 죄가 들어와 타락한 세상 속에서의 문화인만큼 이를 대함과 그 안에서부터의 변화를 이루어가야 할 지킴과 돌봄에 그 토대와 중심은 그리스도의 복음이어야 합니다. 이에 이 세상의 음악을 마주할 때면 복음으로 새롭게 다시 거듭나듯 변화된 소리로 이루어가야 할 비전을 품게 해줍니다. 다시 말하면 하나님의 뜻에 따라 그의 피조세계 내에서 개발과 헌신을 드러낸 음악으로 재창조하는 사명(mission)으로 말입니다.[96] 이는 기독교적 가치를 반영하여 발전시켜야 할 교회 음악인의 소명(calling)에 의한 비전(vision)입니다.

기독교 역사 속에서 교부들 가운데 찬송 음악은 이런 점에서 실제적인 증거일 수 있습니다. 그것이 4세기 중반 이후 밀라노의 대주교이자 '라틴 찬송의 아버지'로 불렸던 암브로시우스(Ambrosius, c. 340-397)의 경우였습니다. 그는 아리우스(Arius: 그리스도의 신성을 부인한 신학자; 256-336) 이단을 대항하여 삼위일체의 바른 교리와 기본적인 기독교의 가르침을 담은 찬송을 보급했습니다. 이때 그 찬송 음악들은 한창 유행하던 민요조의 리듬과 선율, 한음 한음에 한 음절의 가사가 붙어있는 음절식(syllabic)의 세속 노래와 다를 바 없는 형태를 취하고 있었습니다. 이 특징으로 여기에서 나온 수많은 찬송 노래들이 '종교적 민요'라고 까지 지칭되기도 하였습니다.[97] 그런데 이는 오히려 훗날 개신교 교회의 코랄(choral) 모델이 된 범 교회적인 찬송 양식으로 거듭났습니다.[98] 그만큼 당시엔 세속노래의 특징을 가졌지만, 암브로시우스를 통해 새로운 소리로의 변화와 더불어 그 이후 시대에 들어선 매우 중요한 찬송 양식의 기원마저 되었던 것입니다.

이와 같은 변화는 음악에서만이 아닌 그 안에 담긴 가사의 언어에서도 있었습니다. 그것이 중세 시대엔 모든 문헌과 찬송시가 라틴어로만 되어 있었음에도 성 프란시스(St. Francis of Assisi, 1182-1226)는 자신이 남긴 문헌과 시에서 그 시대 서민의 언어(vulgar tongue: 훗날 이탈리아어가 됨)로 라틴어를 대신했던 것입니다. 이에 예전(Liturgy)에선 사용될 수 없던 그 언어(vulgar tongue)를 사용하여 그의 대표적인 찬송시인 *태양의 송가*(*Canticle of the Sun*: '온 천하 만물 우러러'의 찬송가)가 나왔습니다.[99]

이처럼 하나님께 드려지는 음악과 언어에서도 세속 문화와의 단절이 아니라 그 안에서 복음적인 문화의 결실로 이어지게 해주었습니다. 비록 그 움직임이 오래전엔 단순한 방식에서 이루어졌더라도 이는 그 내부로부터의 변혁이라는 노력의 흔적들이었습니다. 특히 기존의 세속음악을 차용하여 찬송시에 붙여 불렀던 사례는 종교개혁 이후로도 여전히 계속되었는데, 이것을 말씀에 근거한 가사로 신성하게 된 세속

음악이라고까지 칭하기도 했습니다.[100] 이러한 변화 등은 음악의 역사 속에서 또 다른 방법을 통해 계속 진행되었습니다. 왜냐하면 이것은 문화명령을 따름만이 아니라, 변혁되어야 할 그 문화의 속성 자체도 끊임없는 변화의 발전과 더불어 가야 했기 때문입니다.

그런데 문화명령은 궁극적으로 예수 그리스도 안에서의 구속사적인 관점으로 다가가야 합니다. 이는 그리스도의 지상 명령(The Great Commission)에 직결된 문화명령에 따른 것입니다. 곧 "내가 너희에게 분부한 모든 것을 가르쳐 지키게 하라..."(마 28:20a)하신 이 지상명령은 그리스도의 주권에 모든 이들이 순종하며 온전한 섬김으로 들어갈 수 있게 할 실천적 가르침을 부여하신 말씀입니다.[101] 선교적인 차원에서 이 말씀을 이해도 하겠지만 정작 선교는 하나님 나라의 확장인 만큼 타락한 창조 세계가 다시금 본래대로 되돌아가게 하는 것이기에 이 세상 문화 내부에서부터의 회복을 이루어가야 할 문화 명령을 좇는 섬김이 필연적이라는 것입니다.[102]

그래서 사역의 부르심을 받은 자라면 극단적 경건주의자들의 문화적인 금욕주의를 벗어나 그리스도의 주권에 대한 바른 믿음으로 모든 이들에게 이 세상의 문화를 대하게 하도록 해야 할 비전을 품고 살아가야 합니다. 이와 관련하여 프란시스 쉐퍼는 그리스도의 주권을 온전히 인지하지 못함으로 인하여 우리 삶과 문화에 성경이 말씀하신 그 부요함에 이르지 못함을 지적하면서 이렇게 강조했습니다.

> 전 삶의 영역에 그리스도의 주권은 플라톤적(platonic)인 영역이 없고, 몸과

영혼 사이에 이분법(dichotomy)이나 위계질서(hierarchy)가 없음을 의미한다. 하나님은 영혼뿐만 아니라 육체를 창조하셨고 그의 구원하심은 전인(the whole man)을 위한 것이었다.[103]

이처럼 그리스도의 주권은 이 세상에서 살아가는 우리의 온 삶을 덮는 것이기에 플라톤식의 이분법적인 성(sacred)과 속(secular)이란 비성경적인 틀이 존재할 수 없습니다. 다만 그리스도의 주권에 완전히 내어 맡기는 전인적 존재로서 삶을 살아가는 것입니다. 이에 마이클 프로스트(Michael Frost)는 마치 세상 속에서 세상 밖을 볼 수 있는 영적 분별력과 그 안에서 하나님 나라의 확장에 창조적 역할이 요구됨을 다음과 같이 설명했습니다.

> 하나님의 나라를 교회의 영역에만 완전히 국한시키지 말고 그 나라의 창조적 모습이 드러나는 곳이면 어디든지 하나님이 임재하실 수 있다는 것을 인정하자. 텔레비전 드라마나 영화를 보면서, 그것을 경건한 삶을 위한 창조적 행위로 볼 수 있다면 그 시간에 비종교적이거나 속된 활동이나 하는 것처럼 죄책감을 느낄 필요가 없다. 드라마에 나오는 부부들이 매우 피상적인 관계로 인해 자주 다투고 희생과 양보를 꺼리는 문제가 있다는 것을 파악할 수 있다면, 그것은 어떤 면에서 보는 사람에게 하나의 창조적 과정이 되지 않겠는가? 즉 별로 닮고 싶지 않은 삶을 보고 오히려 자극을 받아 더욱 예수님을 닮기로 다짐하게 되었다면, 이것 역시 창조적인 어떤 것으로 볼 수 있지 않을까?[104]

이 세상의 음악을 대함에도 이러한 믿음의 복음적인 관점에서 다가가야 할 것입니다. 이때 "…무엇이든지 스스로 속된 것이 없으되 다만 속되게 여기는 그 사람에게는 속되니라"(롬 14:14b)의 말씀은 교회음악 사역에 준거 틀이 됩니다. 여기에서 '무엇이든지'는 우상숭배에 사용된 음식을 포함하여 지칭한 것이기도 하지만, 설사 우상숭배에 쓰인 것마저도 단지 부정하다고 여기는 그 사람에게만 부정하다고 말씀하신 것입니다.[105] 그래서 "하나님의 지으신 모든 것이 선하매 감사함으로 받으면 버릴 것이 없나니 하나님의 말씀과 기도로 거룩하여짐이니라"(딤전 4:4-5)의 말씀이 함께 있는 까닭입니다. 결국 이 말씀은 세상 문화의 음악을 어떻게 대해야 할지를 정해주며 동시에 복음 정신으로 갱신해 가는 사역 과정에 진정한 영적 분별력의 뿌리가 됩니다.

　분명한 것은 이 세상에 음악을 주신 하나님의 방향과 계획으로 나아가든지 아니면 그것을 거부하고 자율적이며 인본주의적인 방향으로 나아가든지 이 두 가지의 길 중에서 그리스도를 좇는 그리스도인이라면, 그것도 음악을 통한 사역에 부르심을 받은 자라면 그에겐 오직 한 길만 존재합니다. 곧 음악을 예수 그리스도의 지상명령으로 인한 비전의 사명 속에서 새롭게 변화된 소리로 만들어가야 하는 섬김의 길입니다.

콘트라팍툼(Contrafactum)은 성령 안에서 새로운 재창조 과정을 통한 사역의 결실입니다.

　콘트라팍툼(Contrafactum)은 라틴어 *콘트라파체레(Contrafacere*: 모방하다)에서 파생된 말입니다. 이는 주로 12-13세기에 성악 음악에서 음악은 변하지 않고 가사만 다른 것으로 대치하는 세속음악의 한 방법이었습니다. 초기엔 새로운 가사를 가지고 기존의 선율을 차용하는 실례를 일컫다가 15세기에 와서야 '종교적인 사용을 위해 세속음악 선율을 차용하는 것'이라는 범위에서 정착된 음악의 한 장르가 되었던 것입니다. 흥미롭게도 성경에서는 이미 이와 같은 방법으로 하나님을 찬양한 예들이 있었습니다.

구약 시대에선 하나님을 찬송할 때 음악을 상당히 자유롭게 사용하였습니다. 찬송시를 위한 음악을 따로 만들기도 했지만, 기존의 음악만을 그대로 가져와 가사에 붙여 부르기도 했던 것입니다. 사용된 음악에서도 어떤 제한을 두지 않는 것처럼 보이는 자유로움마저 볼 수 있게 할 사례들이 시편 여러 곳에서 나타납니다. 또 어느 시편에선 그 전체적인 흐름을 볼 때 사용된 음악과 시가 음악의 제목으로부터 연상할 수 있는 분위기나 내용에 서로 비슷한 것이 있지만, 그 정반대의 것들도 있습니다.

이와 관련하여 시편 88편은 사용된 음악 주제의 분위기와 비슷합니다. 표제가 '마할롯 르안놋(mahalath leannoth: 질병 혹은 불행의 고통)에 맞춘 노래'라고 되어 있듯이 꽤 어두운 감정을 느끼게 했으리라 추정할 수 있습니다. 이 노래에 맞춘 이 시편에선 기쁨의 정서를 담아낸 찬송이란 말을 찾아볼 수 없을 만큼 "나의 영혼은 곤란 가득하며 나의 생명은 음부에 가까웠사오니"(시 88:3)처럼 고통 속에 탄원하는 시입니다.

이번엔 '지휘자의 인도에 따라서'를 가리킨 '영장으로'의 표제를 갖는 시편 9편입니다. 이 시편은 시와 음악의 성격이 완전하게 서로 대조된 경우입니다. 그것이 '뭇랍벤(muthlabben: 아들의 죽음)에 맞춘 노래'로 죽은 자에 대한 깊은 슬픔을 담은 '애가'임에 반하여 이 음악으로 노래할 말씀 내용은 하나님의 의의 심판하심에 기쁨과 감사로 가득하기 때문입니다. "내가 전심으로 여호와께 감사하오며 주의 모든 기사를 전하리이다 내가 주를 기뻐하고 즐거워하며 지극히 높으신 주의 이름을 찬송하리니 내 원수들이 물러갈 때에 주의 앞에서 넘어져 망함이니이다"(시 9:1-3). 이렇듯 시편 9편의 전체 흐름에 악인을 향한 공의로우신 하나님의 다스리심을 찬양하는 즐거움의 정서가 있지만 이 노래의 음악적인 성격은 이와 전혀 상반된 것이었습니다.[106]

이처럼 다른 많은 시편도 그들의 삶 속에서 부르며 함께 했던 노래 선율들을 그대로 가져와 사용하였습니다. 그런데 이 중엔 다소 급진적인 경우도 있습니다. 구약학자인 로널드 알렌(Ronald B. Allen)의 주장에 의하면 이교도의 선율들이 차용된 이스라엘의 노래들이라든지, 다른 성경학자들의 확인된 증거로선 천지와 모든 피조물의 주권자가 되신 하나님을 경배하며 찬양하는 시편 29편이 고대 가나안 이교도 노래의 모델에 기반을 두었다는 것입니다.[107]

이 사례들로부터 주목할 만한 사실이 있습니다. 음악을 통해 믿음의 고백 속에 감사와 찬송함을 위해서 따로 음악을 만들기보다 이미 알려진 노래 선율을 자유롭게 사용하였다는 점만이 아닙니다. 그것은 이방 문화 속의 음악적인 어떤 모델조차 차용하기도 하여 이를 새롭게 다시 만들어 감으로써 음악의 출처나 종교적이든 비종교적이든 그 성격에도 얽매이지 않았다는 것입니다. 이는 문화인 음악 그 자체에 이끌려가기보다 오히려 그 음악을 가지고 내면에서부터 우러나오는 헌신의 소리로 봉헌했던 구약 시대의 영성을 헤아려 볼 수 있다는 것입니다.

성경 시대를 지나 초대교회 이후로도 이러한 흐름은 여전히 계속되었습니다. 이미 언급했던 A.D. 4세기 초 중반에 시리아의 유명한 기독교 찬송 작시자인 에프라임(Ephraim)은 이교도들이 즐겨 부르는 곡조에다 정통 교리의 가사를 넣어 회중이 부르게 했던 것입니다.[108] 이렇게 한 의도를 정확히 알 수는 없지만, 말씀 교육의 분명한 목적 속에 이교도들마저 친숙할 만큼 대중적으로 알려진 그 세속 음악을 사용함으로써 더 가까이 다가갈 수 있게 배려했던 것이라 헤아릴 수 있습니다. 이에 이교도들도 그 노래를 통해서 다시금 새롭게 붙인 바른 교리를 접할 기회까지 있었으리라 추정할 수도 있습니다.

특히 지금까지 사용되는 찬송가 중에서 콘트라팍툼의 예는 아니나 위의 경우와 비슷한 상황의 것이 있습니다. '내 주를 가까이 하게 함은'이라는 찬송가입니다. 이 시의 작시자는 영국의 유니테리언(Unitarian)교 신자인 사라 아담스(Sarah F. Adams, 1805-1848)입니다.[109] 기독교 교리는 예수 그리스도의 신성과 인성을 모두 인정하며 삼위일체론을 믿는 것임에 반하여 유니테리언교는 단일신론(Unitheolism)을 주장하는 유일신 신앙으로 기독교의 근간인 예수님의 신성만이 아니라 삼위일체도 완전히 부인합니다.

그런데도 이 찬송시에 음악을 붙인 이는 복음적인 교단에 속한 교회에서 음악 사역을 했던 미국찬송 작곡가 로웰 메이슨(Lowell Mason, 1792-1872)이었습니다. 다만 이 찬송가는 그가 원래 자신이 세속노래로 만들었던 *고요한 밤에 가끔*(Often In the Stilly Night)을 편곡한 것이라고 전해집니다. 비록 가사가 비기독교 종파에서부터 나온 것이라도 내용 안엔 교리적인 문제가 없으며 편곡된 음악 선율이 가사와도 적절한 어울림이 되었기에 깊은 영적 감동 속에 지금까지도 부를 수 있는 것입니다. 또 이전에 나왔던 '저 해와 달과 별들'이란 찬송가도 유니테리언 교도의 올리버 홈즈(Oliver W. Holmes, 1809-1894)가 작시한 것이었습니다.[110]

콘트라팍툼은 실제로 19세기 이후 현시대에선 더 이상 사용하지 않는 사라진 장르입니다. 다만 이 방식은 개신교 교회의 찬송가 역사를 보면 종교개혁 당시 16세기부터 있었던 사례들이 계속되어 이것이 현재 부르고 있는 찬송가에 적지 않은 결과로 이어지게 했음을 알 수 있습니다.

먼저 16세기 초 이탈리아에선 두 권의 책으로 출판된 *라우다*(Lauda)를 들 수 있습니다. 이것은 비예전적인 목적으로 만들어진 찬송가인데, 여기엔 수많은 세속 음악으로부터의 선율을 차용한 것이었습니다. 이 찬송 음악들에게서 훗날 *오라토리오*(Oratorio)가 유래되었다는 것은 흥미로운 사실입니다.

종교개혁 이후 개신교의 시작과 더불어 보여준 콘트라팍툼의 전례는 마르틴 루터, 존 웨슬리와 존 칼빈에게서도 나타납니다. 이 중에서 칼빈은 음악사용에 있어서 상당히 보수적이었습니다. 인간이 지어낸 노래는 경박하고 이단적인 것이 끼어들 우려가 있다 해서 가사도 성경의 시편만을 고집했고, 예배에서 음악이 감각적인 즐거움을 위해 오용되는 것을 우려하여 아예 악기의 사용조차 금하였습니다. 하지만 그런 그에게서 처음으로 만들어진 찬송가, 스트라스부르크 시편가(Strasbourg Psalter, 1539)는 궁정 시인이었던 클레멘트 마로(Clement Marot, ca. 1497-1544)가 편집했던 까닭에 대부분의 음악이 그 시대의 세속민요 곡조들과 불란서 샹송의 선율들 그리고 궁정에서 연주되는 세속 음악들로부터 온 것이었습니다.[111]

이후에 칼빈의 가장 대표적인 찬송가인 제네바 시편가(Genevan Psalter, 1542)도 이것의 음악 편집을 위임받은 제네바 성 베드로 교회 음악 감독인 부르주와(Louis Bourgeois)에 의해서 새로운 작곡과 편곡, 그리고 세속음악 차용에 더 확장된 것이었습니다.[112] 이 찬송가 중에 성삼위 찬송 송영인 '만복의 근원 하나님'은 그가 만든 음악-혹은 작자미상의 세속음악으로 추정되기도 함-을 4성부로 편곡한 것이라 전해지는데, 원래 이 음악은 경쾌한 세속적인 리듬을 갖고 있다고 하여 그 당시 영국 엘리자베스 여왕(Queen Elizabeth)에 의해 제네바의 지이그(Geneva Jiggs)라는 다소 경멸스러운 별칭까지 붙은 것입니다.[113]

이런 맥락에서 교회 음악사가인 리처드 테리(Richard R. Terry)는 칼빈의 시편가를 연구한 그의 칼빈의 첫 시편가(Calvin's First Psalter)란 책에서 "역사는 이상한 아이러니로 꽉 차 있지만 가톨릭 궁전에서 여흥으로 시작된 불란서 운율시편가가 불란서 개신교의 가장 엄격하고 독점적인 노래가 된 것처럼 이상한 것은 없을 것이다"[114]라고 했습니다. 그런 것을 보면 교회음악에 엄격했던 칼빈의 찬송 음악이라도 세상 음악 문화와 단절될 수 없었음을 여실히 보여준 사례가 되었습니다. 그러나 이는 실로 성령 안에서의 자유로움과 하나님께 온전한 드림 위한 재 창조적인 헌신의 결실이라 할 수 있는 것입니다.

칼빈과 달리 조금 앞선 시대의 마르틴 루터는 음악적인 표현에 더 큰 자유로움을 가졌습니다. 그래서 루터란 교회의 회중 찬송가인 코랄(choral)을 보면 중세의 찬트와 새롭게 만들어진 코랄 선율 외에도 세속 음악의 차용이 있었습니다. 그중에 하인리히 아이작(Heinrich Isaac, 1450-1517)의 *리트(Lied:* 독일의 예술 가곡)인 *나는 인스부르크를 떠나야한다(Innsbruck, ich muss dich lassen, 1495)*는 헤쎄(Johann Hesse 1490-1547)에 의하여 *오 세상이여, 나는 지금 너를 떠나야 한다(O Welt, ich muss dich lassen, 1555,* 출판)로 바뀐 것입니다. 이후에 바흐는 자신의 수난곡에서 이 찬송을 사용했습니다. 요하네스 브람스(Johannes Brahms, 1833-1897)역시 비록 콘트라팍툼은 아니지만, *오르간을 위한 11개의 코랄 전주곡(Eleven Chorale Preludes, op. 122, 1896)*에 이 찬송 음악을 편곡하여 3번과 11번에 삽입하기도 했습니다.

또한 독일의 경건주의(Pietism)의 대표적인 찬송작가 요한 프랑크(Johann Franck, 1618-1677)의 *예수 나의 기쁨(Jesu, meine Freude)*은 하인리히 알베르트(Heinrich Albert, 1604-1651)의 *나의 기쁨, 플로라(Flora, meine Freude)*라는 세속 연가의 가사를 차용한 것이었습니다. 이는 세속가사를 종교적인 목적으로 바꾸어 또 다른 차원의 콘트라팍툼 속성을 보여준 것이라 할 수 있습니다. 이 음악은 요한 크뤼거(Johann Crüger, 1598-1662)가 1653년에 찬송가 목적으로 창작하여 '주는 귀한 보배'로 전해진 찬송가입니다. 이후 바흐는 이 가사와 음악을 가지고 총 11악장 중 6개 악장에 코랄로 사용하여 장송 모테트 *예수 나의 기쁨*(*Jesu, meine Freude, 1723, BWV 227*)을 작곡하였습니다. 그리고 18세기 감리교 창시자인 존 웨슬리(John Wesley, 1703-1770)와 그의 동생 찰스 웨슬리(Charles Wesley, 1707-1788)의 최초로 악보 —43개의 선율로 된—가 수록된 웨슬리안 찬송가집인 *파운더리 모음집*(*The Foundery Collection, 1742*) 안에도 그 시대 세속 선율의 차용이 있었습니다.

이 밖에 현재까지 예배 중에 사용되는 찬송가의 수많은 곡도 콘트라팍툼의 사례들입니다. 그것이 찬송가의 주제 속에 찬양과 경배만을 찾아보면, '구세주를 아는 이들'은 독일 민요, '성도여 다 함께'는 스페인의 고대 민요, '주 하나님 지으신 모든 세계'는 스웨덴 민요입니다. 여기서 '구세주를 아는 이들' 외의 것들은 찬송 음악으로서의 표현적인 풍성함을 더하기 위하여 새롭게 화성이 붙여져 편곡된 곡들입니다.

또 다른 주제로 살핀다면 다소 많은 수의 찬송가들도 민속선율을 사용한 것이었음을 알 수 있습니다. 그중에 대중적으로 매우 잘 알려진 '나 같은 죄인 살리신'은 미국의 전통적인 *사랑스러운 양*(*Loving Lamb*)이란 세속 민요를 각색한 것이라 전해지기도 합니다.[115] 또 '진리 은혜 되신'은 네덜란드의 전래 음률이고, '뜻 없이 무릎 꿇는'은 영국 웨일즈 지방의 전래 민요이며, '즐겁게 안식할 날'은 독일 민요에서 가져온 것입니다. 특히 '마귀들과 싸울지라'는 1852년 윌리엄 스테프(William Steffe)에 의해 소방대원을 위한 행진곡으로 만든 음악인데 줄리아 하우(Julia W. Howe, 1819-1910)가 여기에 영적 분투와 승리를 표현하는 가사를 넣어 영적 전투의 찬송가로 재창조된 것입니다. 그래서 이 찬송가의 이름(Hymn Tune Name)이 *전쟁 찬송가*(*Battle Hymn*)로 불립니다.

이와 비슷한 찬송가인 '전능의 하나님'도 있는데 이것은 원래 제정 러시아 때의 황제인 니콜라이 I 세의 명에 따라 르보브(A. F. Lvov)가 1833년에 만들어 당시의 군대를 위해 사용한 음악이었습니다. 그러면서 동시에 제정 러시아의 국가(national anthem)이기도 합니다. 훗날 이것을 기념하여 차이코프스키(Tchaikovsky, 1840-1893)가 자신의 *1812년 서곡*(*Overture Solenelle 1812, op. 49*)에 삽입하기도 한 이 음악은 코어레이(H. F. Chorley)와 엘러톤(J. Ellerton)의 시들이 합해지고 개작되어 결국 창조와 섭리라는 주제로 분류된 찬송가가 되었습니다.

이처럼 한 나라의 국가를 찬송가로 사용한 또 다른 예가 '시온성과 같은 교회'입니다. 이것은 프란츠 하이든(F. J. Haydn)이 작곡한 오스트리아 제국의 국가로 원제는 *하나님이여 프란츠 황제를 지키소서*(*Gott erhalte Franz den Kaiser*)였습니다. 현재는 *우리의 조국 독일*(*Deutschland über Alles, 그 무엇보다 독일*)로 알려진 독일국가 음악입니다.

콘드라곽툼의 찬송가엔 세속 오페라의 음악들까지 차용한 사례들도 있습니다. 먼저 '내 주여 뜻대로'란 찬송가 선율입니다. 이것은 보헤미아 숲 배경으로, 사랑을 얻기 위해 영혼을 건 사냥꾼이 마법 탄환을 향한 광기 어린 사투와 악마의 유혹을 낭만적 색채로 그린 작품인 베버(C. M. von Weber, 1786-1826)의 *마탄의 사수*(*Der Freischutz, 1820*)에 나오는 서곡 음악 부분입니다. 그리고 '삼천리 반도 금수강산'이란 찬송가는 도니제티(G. Donizetti, 1797-1848)가 작곡한 오페라 *람메르무어의 루치아*(*Lucia di Lammermoor, 1835*)의 제2막 8장에서 결혼 축하객들이 부르는 합창음악을 가져온 것입니다. 심지어 '주여 복을 비옵나니'란 찬송가는 스위스의 철학가이며 계몽 사상가이자 음악가로 이신론자라고도 하지만 정작 무신론자인 루소(J. J. Rousseau, 1712-1778)[116]의 가극 *마을의 점장이*(*Le devin du village, 1752*)라는 음악에서 온 것입니다. 이 선율의 장점 때문인지 영국의 죠셉 하트(J. Hart) 목회자의 찬송시에 붙여져 '예수님은 누구신가'의 찬송가로 전해졌습니다.

이러한 무신론자의 음악사용만이 아니라 비기독교적인 사상을 담은 시를 사용했던 음악도 있습니다. 베토벤(L. V. Beethoven) 합창 교향곡 9번의 마지막 악장 주제음악을 사용한 찬송가 '기뻐하며 경배하세'입니다. 원래 가사는 괴테와 함께 독일의 대표적인 고전주의 극자가이자 문학평론가이기도 한 시인 프리드리히 실러(Johann Christoph Friedrich von Schiller, 1759-1805)의 *환희의 송가*(*Ode to Joy*)입니다.

이 합창 교향곡 노래 가사엔 "환희여, 아름다운 신들의 찬란함이여(Freude, schöner Götterfunken)"를 포함하여 "엘리지움-그리스 신화에 나오는 지복의 낙원-의 딸이여(Tochter aus Elysium)," "모든 사람은 형제들이 된다(Alle Menschen werden Brüder)," "별들 위에 그분은 반드시 계신다(Über Sternen muß er wohnen)" 등에서 그리스 신화의 낙원, 모든 인류가 한 형제라는 보편적 형제애의 모호한 에큐메니즘(ecumenism), 하나님 존재에 막연한 표현과 인본주의 사상 등이 갖는 비성경적인 내용을 담고 있습니다. 이에 노벨상 문학 수상자이기도 했던 프랑스의 로맹 롤랑(Romain Rolland, 1866-1944)은 이 음악을 '만인의 형제애를 향한 위대한 인본주의 송가(the great humanist ode to the brotherhood of all people)'[117]라고 했는데, 이를 대변하듯 마이클 스트래포드(Michael Stratford)는 이 '환희의 송가'의 시에 대한 의미를 설명함에 "이의 절정은 '온 인류를 향한 입맞춤'이다―그 기쁨은 모든 이들을 포용할 것으로써, 니체와 같은 철학자의 세계관에 영감을 준 개념이다"[118]라고도 했습니다.

성경은 명백히 삼위일체이신 하나님(사 9:6, 마 28:19, 빌 2:5), 그분을 찾을 수 있고 만날 수 있을 유일한 길은 별들 위에서가 아니라 오직 예수 그리스도(요 14:6), 진리의 말씀 안에 거하는 자만이 한 형제라는 연합의 본질(막 3:35), 그리고 성령 안에서 의와 평화와 기쁨이 있는 곳이 천국임을 선포합니다(롬 14:17). 이러한 진리와 아무 관계가 없는 내용의 가사들이 베토벤 합창 교향곡에 사용된 '환희의 송가'입니다. 그럼에도 불구하고 이 음악은 윌리엄즈 대학(Williams College)의 설교자로 있었던 헨리 반 다이크(Henry van Dyke, 1852-1930)에 의해 하나님을 향한 경배, 영광, 빛과 진리, 아버지의 사랑 등의 신앙고백을 담아낸 찬송가가 되었습니다.

콘트라팍툼이란 방법은 음악사적으로 살펴보면 찬송가에만 적용된 것은 아니었습니다. 대부분 교회 음악가들에 의해 예배를 위한 합창 음악에도 적용되어 왔었음을 알 수 있습니다. 이를 설명할 만한 실제적인 예는 중세 시대 후반의 약 14세기 때부터 르네상스 시대에 걸쳐 교회음악의 양식을 이끌어왔던 캔터스 피르무스(Cantus Firmus: 고정된 선율)라고 하는 것입니다. 이는 예배음악을 만들기 위해 차용된 중요한 음악적인 틀이었습니다.

이 특징은 기본적인 하나의 선율을 여러 성부 중 한 성부에 고정된 선율로 놓고, 이에 다른 성부들이 대위법적인 방법으로 만든 음악의 작곡 방식이었습니다. 고정된 선율의 자원들은 대부분 그레고리안 찬트에서 오기도 했지만, 그 이전부터 잘 알려진 세속음악 선율들을 사용한 것입니다. 설사 이것을 엄격하게 구분하면 콘트라팍툼은 아니더라도 그 이면에는 그와 같은 성격을 띤 것이라 할 수 있습니다.

이러한 작곡 양식을 일찍이 도입했던 주된 인물은 부르고뉴 악파의 대표 작곡가 기욤 뒤파이(Guillaume Dufay, 1400-1474)였습니다. 그는 미사를 만들기 위한 음악에 그 기본 골격이 되는 주선율에 *L'homme arme(무장한 남자)*라는 세속노래를 사용하였습니다. 이것이 계기가 되어 약 150년 가까이 그 선율은 후대 교회 음악가들로부터 대단한 애호를 받으며 예전(liturgy)에 중요한 역할을 한 전례음악(liturgical music)의 뿌리가 되었습니다.

그런데 이에 대하여 매우 부정적인 시각을 갖는 사람들이 있었습니다. 유럽 대부분의 교회 음악가들이 미사 예식을 위해 사용될 음악에 세속선율로 작곡하는 것을 두고 그 시대의 로마 가톨릭 주교 베르나르디노 시릴료(Bernardino Cirillo)는 자기 동료에게 쓴 편지에서 다음과 같이 적기도 했습니다.

사람들이 말하기를, '예배당에서 얼마나 아름다운 미사곡이 연주되었는가!'라고 한다. 당신은 어떤 곡이 마음에 드는가? *무장한 남자(L'homme arme)*, 혹은 *페라리에 성의 영주 헤라클레스(Hercules Dux Ferrariae)*, 혹은 *필로메나(Philomena)* 중 하나일 것이다. 예배가 위에 언급한 그러한 곡들과 관계된다는 것은 얼마나 악마적인가?[119]

특별히 지오반니 팔레스트리나(Giovanni P. d. Palestrina, 1525-1594)는 로마 가톨릭 교회음악 작곡가로서 16세기를 대변하여 중추적인 역할을 했던 인물입니다. 그가 죽은 지 오랜 시간이 지난 19세기 낭만시대에 이르자 한때 교회음악 회복의 기치를 들고 나왔던 로마 가톨릭 교회의 세실리안 운동(Cecilian Movement)이 있었습니다. 이의 주된 목표엔 그레고리안 찬트의 복원이면서도 16세기 다성음악으로의 회귀를 기하고자 그 시대의 팔레스트리나 음악으로 돌아가자는 의지가 있었습니다. 그런데 교회음악의 정통으로 생각했던 인물인 팔레스트리나에게서 나온 미사곡의 음악에도 예외 없이 그 당시의 음악가들처럼 *무장한 남자(L'homme arme)*의 세속음악을 사용하여 1570년과 1582년 작곡한 두 개의 미사를 찾아볼 수 있는 아이러니가 있습니다.

이와 관련하여 서양 음악사에선 작곡가들이 왜 이렇듯 지속적으로 세속 음악의 선율을 사용하여 예전음악인 미사 작곡에 임해왔는지를 객관적 의미에서 다음과 같은 기록을 남겨주었습니다.

작곡가의 입장에서 보면 세속적인 선율은 길이가 긴 다성의 작품을 구성하는 뼈대로서 이점이 있었다... 그 화성적인 구성도 더 명확했다. 예를 들어 <*무장한 사람-L'homme arme*>는 다른 요소들은 차치하고라도 그 뚜렷한 3부 형식과 화성의 명확한 균형 때문에 많이 쓰였다.[120]

이 말대로 작곡가들은 단지 그 선율의 아름다움에만 관심을 가진 것이 아니었습니다. 매우 적절한 음악 재료를 찾으려 했던 그들의 의도와 노력은 정작 음악에서의 성(sacred)과 속(secular)이란 구분을 두지 않으려 했던 기독교적인 신념을 드러낸 방증이기도 합니다.

15세기 이후로는 콘트라팍툼과 캔터스 피르무스 미사의 음악적인 방법이 점점 빈번해지는 가운데 서서히 정착 단계에 이릅니다. 16세기에 들어서면서부터는 음악사적으로 중요한 인물 중 조스켕 데프레(Josquin Desprez, ca. 1440-1521)와 올란도 디 랏소(Orlande di Lasso, 1532-1594)가 이러한 양식을 음악적으로 더 발전시켜 또 다른 하나의 장르까지 낳게 하였습니다.

조스켕 데프레는 자신의 스승이자 교회음악의 대가였던 옥케겜(Johannes Ockeghem, ca. 1410-1497)의 세속음악 샹송(*Chanson*)을 모테트(Motet)나 미사에 차용하여 캔터스 피르무스 미사보다 더 풍성한 음악적인 진전을 이루었습니다. 당시에 사람들은 이 예전음악을 패러디 미사(*Parody Mass*)라고 칭했습니다. 물론 이것이 매우 단순하게 이전의 음악에다 가사를 덧붙이기만 하는 방식인 콘트라팍툼이라 하는 것에서부터 그 차용된 선율이 얼마나 되는 가에 따라 독창성이 더해졌던 양식이기도 했습니다.[121] 다만 여기에서 시도되었던 음악적인 기술은 음악사적으로 꽤 중요한 위치를 차지하였는데, 그 이유는 작곡가가 차용한 선율을 여러 성부와 결합하여 매우 정교하고 화려하게 발전해감으로써 캔터스 피르무스 미사 음악에 비해서 보다 더 고도의 음악적인 탁월함을 보여주었기 때문입니다.

이러한 작곡 양식은 영국에선 유럽 대륙보다 훨씬 늦게 교회음악가인 존 테버너(John Taverner ca. 1495-1545)에 의해 처음으로 이루어졌습니다. 그는 *웨스턴 윈드*(*Western Wynde*)란 세속선율을 가지고 세속음악 그대로의 제목을 붙인 미사 음악으로 전기를 마련합니다. 그 후 이것이 영국 교회음악인들에게 상당한 영향을 주었습니다. 특히 존 테버너의 그 미사곡은 이전의 음악가들과는 달리, 차용된 세속선율의 숨김을 위해 내성 성부에다 놓지 않고 제일 듣기 쉬운 소프라노 성부에다 변형시키지 않은 상태 그대로 놓았던 것입니다. 이렇게 사용된 세속 선율은 여러 성부 간의 변주 성격을 보임으로써 음악 기법상 변주곡이란 양식으로 커다란 발전을 가져다준 계기가 되었습니다.

음악사적으로 매우 중요한 요한 제바스티안 바흐의 교회음악에서도 여전히 콘트라팍툼과 같은 방식으로 작곡된 것을 찾을 수 있습니다. 그의 *크리스마스 오라토리오*(*Christmas Oratorio, 1734, BWV 248*)의 전체 64곡 중 1/3에 가까운 많은 음악이 이전에 작곡했던 세속 칸타타 BWV 213-215에서 온 것이며, *B단조 미사*(*Mass in B minor, 1733, BWV 232*)의 *오산나*(*Osanna*, 구원하소서)부분의 음악도 폴란드 왕 프리드리히 아우구스투스 2세(Friedrich August II)를 예우하는 차원으로 만든 세레나데로부터 차용된 것입니다.

그런데 이것은 바흐가 이미 전에 작곡한 예수 그리스도의 수난을 그리는 교회음악에서도 예외 없이 나타납니다. 그의 *마태 수난곡*(*St. Matthew Passion, 1727, BWV 244*) 가운데 그리스도의 고난을 상징하는 수난 코랄, 오 *거룩한 머리, 피 흘리며 상처 입었도다*(*O Haupt voll*

Blut und Wunden)입니다. 전체적으로 다섯 번에 걸쳐 사용된 이 음악은 원래 한스 레오 핫슬러(Hans Leo Hassler, 1562-1612)의 *내 마음은 그 소녀 때문에 설레이노라*(Mein G'mut ist mir verwirret, 1601)라는 세속 연가를 바흐가 합창 코랄로 편곡한 것입니다. 본래 이성을 향한 그리움의 표현을 담은 음악이었지만, 바흐에게는 그 자체의 분위기와 정서가 예수 그리스도의 고난에 더 적합하다는 느낌이 들었던 것입니다. 결국 그 음악은 예수 그리스도 수난을 대표하는 주제음악으로 변해 버렸습니다. 이것은 현재 고난주간 찬송가로 전해진 '오 거룩하신 주님'입니다.

바흐는 이처럼 음악에 성(sacred)과 속(secular)이란 의미를 두지 않고 가사와 적합한 음악이라면 성령 안에서 자유롭게 사용하여 작곡했습니다. 이미 언급했듯이 교회와 아무런 관련이 없는 세속음악 장르의 건반악기 필사본에도 *S. D. G.(soli Deo gloria)*나 *I. N. J.(in nomine Jesu*: 예수의 이름으로) 등의 글자를 기록했던 것이라든지, 통주저음이 하나님께 영광을 올리고 인간 영혼의 기쁨을 위하여 잘 어울리는 화성을 만들어 내어놓음에 그 목적을 갖는 것으로 생각하는 것 등... 음악 내용에 있어 종교적이든 세속적이든 모든 음악을 통하여 하나님께 궁극적으로 영광을 돌려드렸던 바흐의 신앙에서 교회 음악인의 비전을 대할 수 있게 합니다.

사실 바흐의 동시대 작곡가들에게서도 그와 동일한 음악관을 볼 수 있습니다. 칼 하인리히 그라운(Carl Heinrich Graun, 1704-1759)의 대표적인 수난 칸타타 *예수의 죽음*(Der Tod Jesu, 1755)에서 바흐가

*마태 수난곡*에 사용했던 한스 레오 핫슬러의 똑같은 그 세속 연가로 편곡한 코랄이 자주 나타납니다. 이 수난곡은 19세기 말까지 헨델의 *메시아(Messiah)*가 영국과 미국에서의 명성만큼 독일에서 평판이 크게 높았던 교회음악이기도 합니다.

이러한 음악 관행은 헨델(G. F. Handel)에게서도 예외는 아니었습니다. 그것이 대표적인 그의 오라토리오 *메시아(Messiah, 1741)*에서 이미 이전에 작곡했던 여성 이중창(duet)을 위한 이탈리아어 가사로 된 세속 마드리갈(Madrigal)의 선율들을 그대로 사용했다는 점입니다. 그것들은 '메시아' 중 합창곡 7번, 12번, 21번, 26번에 나타납니다. 7번(And He shall purify, *깨끗게 하리라*)을 보면 '인생은 참으로 꽃과 같네. 봄의 한날 아침에 피어나고 저녁에 지는 것처럼'이란 마드리갈의 이중창 선율을 그대로 가져온 것입니다. 그것도 그 가사에서 봄(primavera)이란 선율 부분을 '메시아'의 합창에 사용할 때 같은 p자의 발음으로 시작하게끔 '깨끗하게 하다(purify)'의 가사로 시작하여 대치하는 방법을 취했습니다.[122]

24일간 동안 식음을 전폐하면서까지 성스럽다고 할 '메시아'의 작곡이었지만, 세속음악의 차용이 헨델에겐 아무 문제가 되지 않았습니다. 다만 그러한 구분을 떠나 음악이란 하나님의 영광을 위하여 영적 섬김으로 승화시켜 드리려는 신앙 태도와 그 안에 녹아있는 기독교적인 음악관을 엿볼 수 있는 것입니다.

이처럼 작곡가들은 한결같이 콘트라팍툼의 사용이나 그와 같은 방식에 매우 자유로웠습니다. 그렇다고 해서 이를 통한 표현이 심미주의에 의한 음악 창작 활동이라고만 판단할 수는 없습니다. 이는 그 작곡가들에게서 나타난 삶의 단면들을 들여다보면 이를 헤아릴 수 있기 때문입니다.

콘트라팍툼으로 미사 음악 만들기에 가장 앞서 있었던 기욤 뒤파이는 교황의 성당에 속한 교회 음악가이면서도 당시 교황 유진 4세(Pope Eugene IV)로부터 성당 참사회 의원(canon)과 수급 성직자(prebendary)의 칭호를 받았으며, 한때는 성당학교(a cathedral school) 출석과 함께 볼로냐 대학(University of Bologna)에서 교회법 학위를 받았을 만큼의 학식과 신앙을 겸비한 인물로 조명되고 있습니다.[123]

패러디 미사(Paradoy Mass)로 한층 더 음악적인 자유로움 속에 발전해 갔던 조스켕은 동시대인들로부터 '이 시대의 최고의 작곡자'란 명성을 얻었던 음악가였습니다. 특히 마르틴 루터가 "그는 음표들의 주인이다. 그 음표들은 그가 하고자 하는 대로 따라야만 했다. 반면에 다른 작곡가들의 경우는 음표들이 하고자하는 대로 작곡자들이 따라가야만 했다"[124]라고 할 정도의 천재적인 음악가로 인정받았던 인물이었습니다. 그러나 이러한 명예를 가진 음악가였음에도 불구하고 그는 죽기 전까지 18년 동안 자기 고향에 있는 노트르담(Notre Dame) 성당의 주임사제(provost)로서 교회를 섬겼던 성직자였습니다.[125]

영국에서 세속음악을 사용하여 예배음악 작곡으로 그 시작을 알렸던 존 테버너는 좀 더 하나님을 향한 온전한 신앙의 삶을 전해주었습니다. 그는 원래 개신교에 마음을 두고 있었지만, 교회음악 사역의 직책과 생활 때문에 어쩔 수 없이 영국 국교회에 몸을 담고 있었습니다. 그런 연유로 해서 그는 루터 교회(Lutheran Church)의 지도자이자 신학자였던 존 클럭(John Clark)의 책자들을 자신의 방에 숨겨두었던 일이 발각되기도 하였으며, 당시 영국 종교 개혁자이자 성경 번역자였던 틴데일(Tyndale, 1492-1536)의 성경 책자를 갖고 읽던 것이 죄명이 되어 감옥에 갇히기도 한 그리스도인이었습니다.[126] 또한 전해지는 말에 의하면 그가 한때 영적으로 눈이 멀어 '*로마교황을 위한 소야곡(Popish Ditties)*'-미사를 다소 경멸적으로 표현한 말-을 쓴 것을 후회하였다고 합니다.[127] 그뿐만 아니라 하나님 말씀에 왜곡됨 없이 살고자 했던 그의 신실한 신앙 흔적은 죽기 8년 전부터 음악가로서의 활동은 거의 없고 오히려 종교 및 사회단체의 일원으로서 봉사했다는 기록들에서 찾을 수 있습니다.[128]

요한 제바스티안 바흐(J. S. Bach)도 그 이름(Bach: 시내, 개울)처럼-음악적으로는 바다와 같은 인물- 음악인이기 이전 하나님 앞에서 겸손과 신실한 믿음의 경건한 신앙인이었습니다. 그는 성경을 비롯한 83권에 이르는 마르틴 루터의 종교개혁 유산인 신앙 서적들을 읽을 만큼 지속적인 영적 성장에도 충실하려 했다고 전해집니다.[129] 그가 65세로 세상을 떠날 즈음엔 몸의 쇠약과 눈까지 멀게 된 상황이었습니다. 그런데도 그때 마지막으로 남긴 음악이 있었습니다. 이 음악은 그가 침대에 누워 받아 적게 한 것인데, *당신의 보좌 앞으로 나는 갑니다(Before Thy Throne I Come)*라는 합창곡이었습니다. 그리고 그의 비명에는 아무런 이름조차 표기되지 않은 채 주님의 부르심에 이 세상을 떠나간 겸손의 사람이었습니다.[130]

이러한 사실들로 콘트라팍툼 사용 등이 음악적인 아름다움(beauty)이나 흥미를 더하려는 그들의 취향(taste)에 있었음만이 아님을 헤아려 볼 수 있습니다. 오히려 신앙에 의해서 음악적인 역량 속에 모든 음악을 통한 하나님께 영광이란 모토로 그 섬김을 다하려 했던 흔적이라고 이해할 수 있다는 것입니다.

다만 한편으로는 교회음악에서의 콘트라팍툼은 관점에 따라 논란의 여지를 줄 수도 있습니다. 물론 콘트라팍툼 찬송가를 부르고 듣는 것에 신앙적으로 방해가 되지는 않을 것입니다. 이미 영적 고백의 표현으로 친숙하게 대해왔던 찬송가인 터라 실제적인 문제를 일으키지는 않기 때문입니다.

그렇다고 해서 이러한 방법이 권장할만한 기독교적인 양식이라는 것은 아닙니다. 대신 이러한 전례들이 음악의 속성에도 없는 성(sacred)과 속(secular)의 이원론이라고 하는 왜곡된 음악관에서부터 벗어나게 해 줄 수 있습니다. 이는 또한 궁극적으로 음악이 어떤 양식이나 개인적 취향과 경험과 판단에 좌우되지 않고 오직 성령 안에서 새로운 재창조의 과정으로 말미암아 하나님께 진정한 봉헌의 가치를 지닐 잠재적인 소리가 될 수 있다는 시각을 갖게 해준다는 것입니다.

음악의 미적 성향을 쫓아 의식 없는 세속음악의 차용이라면 교회음악 철학과 그 리더십의 부재를 의미합니다. 그러나 예배음악을 만듦에 있어 음악 자체에 관한 관심보다 찬양 표현을 돕고자 가능성 있는 음악을 발굴하여 하나님 찬양에 깊음과 풍성함을 통한 드림에 있었다면 교회음악 사역 리더십을 향해 있다고 할 수 있습니다. 이때의 음악은 단지 종교적인 예술 작품이 아니라 하나님께 봉헌하는 섬김의 소리였기 때문입니다.

교회음악 사역 철학엔 수네이데시스(suneidesis)와 책임이 함께 합니다

콘트라팍툼은 매우 단순한 방식이었지만, 이것이 마르틴 루터의 종교개혁으로 인한 예배 개혁의 결실로 이어진 회중 찬송의 코랄(choral) 양식을 낳게 해준 기초가 되었고, 그 이후의 찬송가 역사 속에서도 지속적인 그의 흔적을 볼 수 있었을 만큼 중요한 역할을 했습니다. 음악 예술세계에서도 교회 음악인들을 통하여 콘트라팍툼의 이 단순한 개념 방식은 점차 다양함으로 이어져 교회음악의 새로운 양식 발전에 동력의 원인이 되었다고까지 할 수 있는 것이었습니다.

다만 이 역사적인 사실로 단지 음악적인 진전을 이룬 어느 한 단면에만 주목할 수는 없습니다. 왜냐하면 이것이 평범한 것에서 비범하고 아름다운 것만 아니라 영적 가치로서 이바지했던 것이라고 볼 수 있어야 하기 때문입니다.[131] 다시 말하면, 이와 같은 결실에 이르게 했던 이들의 마음속엔 하나같이 어떤 음악이든 소위 세속적인 것이라 해도 이를 복음의 신앙으로 새롭게 변화될 잠재적인 소리로 여기며, 궁극적으로는 하나님의 영광과 교회 공동체를 위한 사역의 의지와 믿음이 있었다는 것입니다.

이러한 사역과 믿음은 마르틴 부버(Martin Buber, 1878-1965)의 이 세상을 성(sacred)과 속(secular)으로의 분리라기보다 '거룩한 것'과

'아직 거룩하게 되지 않은 것'으로 구별해야 한다는 말과 관련이 있습니다.[132] 그래서 복음적인 신앙은 이 세상의 문화를 대할 때 이를 거부하고 피하는 것이 아닙니다. 그 무엇이든 하나님의 주권 아래에 속하지 않은 것이 없고 그 안에서 섭리하시는 하나님을 발견할 수 있도록 하게 할 거룩한 의지적인 노력이 있어야 한다는 것입니다.[133]

이의 실질적인 예는 음악으로 교회가 복음을 전하는 미션(mission)에서 특히 두드러질 수 있습니다. 그 중엔 19세기 구세군 창시자인 윌리엄 부스(William Booth, 1829-1912)가 "왜 마귀들만 좋은 음악을 사용하는가?"[134]라는 구호를 채택하고 브라스 밴드(Brass Band)를 조직하여 당시 음악회장이나 극장 등지에서 대할 수 있던 노래들에 기독교 가사 붙이기를 적극적으로 권장했던 사례를 들 수 있습니다. 예를 들면, '여기에 좋은 위스키가 있다 실컷 마시자 실컷 마시자'의 가사로 된 음악에 '흑암의 요새를 습격하자 무너뜨리자 무너뜨리자'로 바꾸어 만든 것이었습니다.[135] 이에 블룸(F. Blume)은 자신의 *개신교의 교회음악(Protestant Church Music)*이란 책에서 이렇게 말했습니다.

> 거리에서 불린 노래나 가사들, 그리고 광부들이 불렀던 노래들도 윤리적인 방법 차원에서 변화될 수 있다. 집에서든 거리에서든, 아니면 들판이나 어디에서든지 불리는 그 선율들 중에 해가 되고 수치스러울 만큼의 쓸모없다고 생각드는 것들조차도 기독교적인 가사를 붙임으로 그 노래들의 나쁜 영향은 희석될 수 있다.[136]

이 말은 마르틴 루터가 음악에 대한 자유로운 사고의 표현을 위해 *아디아포라(adiaphora*: 성경에서 구체적인 교훈을 찾을 수 없어 인간

양심에 남겨진 영역)에 있다고 말한 기독교적인 개념과 그 맥을 같이 합니다.[137] 물론 '아디아포라'의 의미 속에 '윤리적 관점에서 볼 때 중립적인 태도'의 상황처럼, 음악 자체도 윤리적 관점에서 중립적인 언어일 뿐입니다. 그런데 이를 대함에서 무엇을 위하고 어떻게 사용하느냐에 따라 그 내용과 가치는 완전히 달라집니다. 다만 이때의 '아디아포라'가 복음적인 과정과 결과로 이어지게 되어야 한다는 것입니다.

그래서 마르틴 루터의 찬송 음악 가운데에도 그 당시 그레고리안 찬트(Gregorian chant)만 들어왔던 이들에게는 마치 선술집을 연상케 한 음악이라고 할 만큼 충격적이었다지만, 정작 그 이면엔 전도의 목적과 함께 믿음 생활 속에 찬송을 보다 예배 안팎에서 생활화하려 함에 있었습니다. 이것은 시대가 흘러 윌리엄 부스에 의해서도 여전히 계속 이어져갔던 복음적인 신념으로 엿볼 수 있는 역사적인 증거라 할 수 있습니다.

이를 통해 본 콘트라팍툼에서의 교회음악 사역 철학엔 섬김(ministry)의 영성이 있습니다. 이는 성령 안에서의 자유로운 재창조 차원으로 음악을 이끌어 가는 것만이 아니라 모든 음악을 통한 '섬김'에 있다는 점입니다. 이 섬김은 그의 방법, 기술, 혹은 음악 자체가 목적이 아닙니다. 섬김의 대상과 방향이 되시는 하나님이 목적입니다. 곧 하나님의 말씀을 좇아 믿음 안에서 전인적인 삶으로의 섬김에 온전함을 이루어 감에 있다는 것입니다.

이에 음악을 통한 섬김의 영성은 콘트라팍툼이 아무리 좋은 전례가 되었어도 무분별한 세속음악 차용을 강조하지 않습니다. C. S. 루이스

(Clive Staples Lewis)는 "분별력(prudence)이란 실생활에 적용되는 양식(common sense)을 뜻하는 말로써 자신이 지금 어떤 행동을 하고 있으며 그 행동이 어떤 결과를 낳을 것인지에 대해 심사숙고하는 것"[138]이라고 했습니다. 분별력을 가진 교회 음악인이라면 콘트라팍툼이 과연 교회 공동체에 덕이 될 만큼의 영적 성장에 진정한 도움이 되는지도 살피는 신중함을 잊지 않을 것입니다. 이는 물론 지나간 시대의 콘트라팍툼을 대함에서만이 아닙니다. 앞으로도 새롭게 다가올 수 있는 그 어떤 음악적인 특징 속에서 창작하고 연주함에도 이에 변함없어야 한다는 사실입니다.

특별히 교회 공동체 삶을 살아감에 있어 대체로 인식하고 있는 것이지만, 그래도 다시 한번 상기해 볼 만한 이야기가 있습니다. 다름 아닌 예수님의 마음에서 헤아려 볼 수 있는 것인데, 세상 죄를 지고 가시기 위해 십자가에서의 죽음으로 들어서시기 전 제자들과 함께 겟세마네에 이르셨을 때 이들을 두 무리로 나누셨다는 사실입니다. 곧 "...내가 저기 가서 기도할 동안에 너희는 여기 앉아 있으라 하시고 베드로와 세베대의 두 아들을 데리고 가실 새... 너희는 여기 머물러 나와 함께 깨어 있으라 하시고"(마 26:36b-38b)처럼 예수님에 의해서 '함께 깨어 있을 제자들'과 '다소 떨어져 앉아 쉬기만 할 제자들'로 나누어졌습니다.

이를 통해 그리스도 안에서 한 지체를 이루는 교회 공동체라도 어떤 상황을 직면하여 이에 대응함엔 서로 다를 수 있다는 것입니다. 그것이 어떤 음악을 받아들여 사용하는 경우 이를 믿음으로 할지라도 교회 안엔 마치 두 부류로 예수님 가장 가까이서 머물며 기도에 동참하도록 부르심 받을 제자들과 아니면 단지 떨어져 앉아 쉬기만 할 제자들처럼 될 수 있다는 것입니다.[139)]

음악의 은사를 인한 사역자로 교회 공동체를 위해 부르심을 받은 교회 음악인은 세상 속의 문화와 함께한 음악에 성령 안에서 자유로울 수 있는 특권이 있습니다. 그것은 음악에 의해 이끌려감이 아니라 오히려 음악을 이끌어 가는 위치에서 하나님의 선하신 목적을 이루고자 재창조성을 발휘하여 새롭게 사용하는 특권입니다. 그러나 이와 관련하여 다음의 말씀으로 주어진 하나님의 뜻이 있음을 주목해야 합니다.

> "주님은 영이시므로 주님이 계시는 곳에는 자유가 있습니다"(고후 3:17, 현대인의 성경).
> "그런즉 너희 자유함이 약한 자들에게 거치는 것이 되지 않도록 조심하라"(고전 8:9).
> "모든 것이 가하나 모든 것이 유익한 것이 아니요 모든 것이 가하나 모든 것이 덕을 세우는 것이 아니니"(고전 10:23).
> "내가 모든 사람에게 자유 하였으나 스스로 모든 사람에게 종이 된 것은 더 많은 사람을 얻고자 함이라"(고전 9:19).
> "여러분은 율법에서 해방된 자유인답게 생활하십시오. 그러나 그 자유를 악용하지 말고 오직 하나님을 섬기는 일에 사용하십시오"(벧전 2:16, 현대인의 성경).
> "믿음과 선한 양심*(수네이데시스, suneidesis)*을 가지십시오..."(딤전 1:19a, 새번역).

마르틴 루터의 아디아포라 개념으로 음악을 사용할 때 분명 아무에게도 매이지 않을 자유로움이 있습니다. 다만 말씀으로 살아가는 믿음과 양심에 의한 자유로움이어야 합니다. 그것이 어떤 영역에서이든 사역이라면 위의 인용된 말씀대로 무엇보다 종으로서의 위치와 그 의미로 살아가야 하기 때문입니다. 비록 성령 안에서 이 자유로움을 누림이 가능하더라도, 언제나 하나님 앞에서 종의 모습을 잃지 않아야 한다는 것입니다. 종은 자기중심적인 생각과 말을 앞세우는 존재일 수 없습니다. 그저 주인의 마음을 살피며 좇아가기에 혹이라도 이에서 벗어나게 할 모든 일의 행위라면 이를 즉시 멈추는 사람입니다. 그래서 주인의 원하심이 무엇인지 늘 묻고, 그의 말씀대로 행할 뿐입니다.

교회음악 사역엔 음악이 중심일 수 없습니다. 음악을 통한 사역일 뿐이기 때문입니다. 그 중심은 교회의 머리되신 그리스도에 있고 '그리스도의 몸을 세우려 하심'(엡 4:12)에 있음은 이미 살펴본 바 있습니다. 이에 모든 사역의 동기와 목적이 교회 공동체의 영적 성장과 온전한 연합으로 향하게 함에 있음은 확고합니다. 이를 위해 있는 진정한 음악 사역자라면 하나님 종으로서의 부르심에 흐트러짐이 없게 할 것입니다. 여기엔 토미 테니(Tommy Tenney)가 "종의 마음가짐을 형성하도록 도와주는 네 가지 핵심 요소 내지는 핵심 재료들… 그것은 긍휼, 확신, 헌신, 그리고 사랑이다"[140]라고 한 이 요건들이 포함됩니다. 이는 그리스도를 좇아 살아가는 그리스도인의 삶과 사역에 긍휼과 헌신과 사랑이 그 밑거름이 되기 때문입니다.

이와 같이 사역의 영적 동력인 이 요인들은 진정, 말씀에 따른 믿음과 양심에서 비롯됩니다. 이 둘은 동전의 양면과도 같습니다. "…어떤 이들은 이 양심을 버렸고 그 믿음에 관하여는 파선하였느니라"(딤전

1:19b)의 말씀대로 양심을 잃어버림이, 곧 믿음도 잃어버리는 것이기에 그렇습니다. 그만큼 믿음 생활에 필연적으로 동반된 이 양심은 어떤 유혹에도 굴하지 않게 하고 도덕적으로도 타락하지 않게 해줄 영혼의 창이라고 할 수 있을 것입니다.[141]

그런데 이러한 분별력을 가져다줄 양심(수네이데시스, *suneidesis*, 딤전 1:19)의 본래 의미는 '함께(순, *sun*)'와 '보다 혹은 알다(에이도, *eido*)'로부터 유래된 수네이돈(*suneidon*: 함께 보다, 주의 깊게 바라보다, 깨닫다)에서 나온 말로 '공통된 지각, 의식'입니다.[142] 바로 이러한 양심을 지키는 것이야말로 자기 자신만 아니라 교회 공동체에 속한 모든 사람이 이해하고 공감된 인식과 정서로 함께 살아갈 수 있게 하는 사역의 근간임을 말해줍니다.

교회는 수많은 지체가 예수 그리스도 안에서 한 몸을 이루어 함께 지어져 가는 공동체입니다(롬 12:5, 엡 2:22). 그러므로 음악을 통한 교회사역은 수네이데시스(*suneidesis*: 공통된 지각)라고 하는 관점에서 출발해야 합니다. 이 사역의 동기와 근본적인 목적도 교회 공동체의 연합과 성장에 있습니다. 이에 절제의 미덕 속에서 정제된 음악의 자유로움, 그리고 수네이데시스에 따른 분별력과 거룩한 책임감을 지닌 종의 신분에서 행하는 영적 섬김임을 잃지 않으면서 말입니다.

교회 음악인의 음악은 하나님과의 관계적인 삶을 반영해주는 열매입니다

　성경에 기록된 본 음악은 하나님께 영화로움으로 올려드림에서부터 지극한 타락의 혼란된 소음으로까지 이르는 소리였습니다. 소음이라고 칭해진 그 음악은 외적인 소리의 의미만이 아니었습니다. 그 내면 상태를 가리킨 것이었습니다. 설사 타락한 이들로부터의 그 소리가 누구에게는 고상하고 아름답게 들린다고 해도 "그들의 모든 행사는 공허하며 허무하며…"(사 41:29a)의 말씀대로 그저 헛된 울림일 뿐입니다.

　인간으로서는 음악 소리에 이처럼 하나님이 말씀하심에 근거하여 그 속성을 이해할 수 있을 따름입니다. 그런데 음악의 질적 성향과 특징과 내용 등의 외부적인 것에 반응하는 인간과 달리 하나님은 그 음악을 내어놓는 사람의 중심에 반응하신다는 것입니다. 그만큼 이 사실만으로도 하나님의 궁극적인 관심이 음악에 있다 할 수 없습니다.

　그래서 진정한 교회음악은 음악 소리로만 설명할 수 없게 합니다. 다만 그 음악을 만들고 연주해내는 이들이 말씀으로 살아가는 삶에서 나오는 음악 소리로 이야기되어야 한다는 것입니다. 예배 음악의 경우 예배가 하나님과의 영적이며 인격적 만남의 현장이기에 울려나는 그 음악의 진정성이 만들어진 아름다운 소리에 있음이 아닙니다. 온전한 삶 가운데 내면으로부터 울려 나오는 소리에 있습니다. 진정, 말씀 안에서 믿음의 삶이 어우러져 하나님만을 위하고 하나님만을 향한 섬김의 소리이어야 합니다.

　이미 언급하였듯 음악을 통한 섬김이란 본래의 그 의미와 본질이 그의 일 자체에 있지 않습니다. 섬김의 대상이신 하나님과의 관계적인 삶으로 말미암음에 있습니다. 이는 예수님께서 새벽 미명에 일어나 한적한 곳으로 가시어 기도하신 것(막 1:35)이 아버지와의 관계를 드러내며 아버지의 뜻만을 좇는 모든 삶의 중심이신 모습으로 설명할 수 있는 섬김입니다. 예수님께서는 기도가 다만 아버지와의 관계적인 삶에서 비롯된 섬김의 시작이요 과정이요 그 끝이었습니다.[143)]

음악으로 교회 사역에 임함의 이유와 동기와 목적도 그와 같습니다. 그것이 예배에서 음악은, 곧 예수님 따라 하나님과의 관계적인 삶에서 우러나오는 봉헌의 소리여야 합니다. 정서적인 언어로서 그 자체가 예배에 여러 기능을 하더라도 이 모두를 아우름 속에 그 시작부터 과정과 결과가 궁극적으로 하나님을 섬기는 소리에 있습니다. 그래서 예배 음악은 말씀을 좇아 믿음으로 살아왔던 삶의 이야기들을 담아낸 영적 섬김의 봉헌입니다.

그런데 만일 이때의 음악이 이외의 다른 의도에서 어떤 감정이나 느낌 등을 지향하여 그 기대치에 집중하고 있다면 그 관심은 예배 대상이신 하나님이 아니라 예배 표현인 음악에 몰입된 것임을 말해줍니다. 이에 마르바 던(Marva J. Dawn)은 예배 음악이 인위적으로 만들어 낸 아름다움의 거룩함(the holiness of the beauty)이라는 심미주의(aestheticism)가 아니라 하나님의 거룩하심의 아름다움(the beauty of God's holiness)을 향한 섬김이어야 함을 강조한 까닭이기도 합니다.[144)] 이는 인간이 만들어 낸 미적 아름다움에서 하나님의 영광이란 왜곡됨이 아니라 거룩하신 하나님의 아름다움에서 하나님의 영광이

란 참된 예배의 본질을 말하려 한 것입니다.[145]

보편적으로 그레고리안 찬트(Gregorian Chant)는 경건하고 성스러운 예식(liturgy)의 엄숙한 분위기를 연상하게 해준다고 말을 합니다. 그런데 이 음악은 아이러니하게도 교회사를 통틀어 영적 암흑의 시대라고 할 수 있는 중세 시대를 대표하는 것이었습니다. 음악 역사가들의 분석에 의하면 11-12세기 사이에 교회에서 불린 그레고리안 찬트들을 포함한 모든 찬송 음악 중 9/10의 비율에 해당하는 것이 성모 마리아와 성인들을 향한 노래였음에 반하여 하나님을 향한 찬송 음악은 고작 1/10에 불과하였다고 합니다.[146] 이것은 찬송의 본질마저 잃어가고 있었을 정도로 그들의 내면세계의 영적 상태를 방증해 주는 역사적인 증거입니다. 비록 그들의 음악 소리가 성스러운 예배 의식을 떠올리게 하고 평온하며 천상의 아름다운 노래처럼 들린다고 하더라도 하나님께 열납될 수 없는 그저 허공으로 사라져 버릴 공허한 소리였을 것입니다.

그러므로 교회음악은 음악적인 내용이나 양식 혹은 질적 성향에서의 특징 등으로 평가되거나 좌우될 수도 없습니다. 그래서 '최고의 하나님께 최고의 음악을'이 아니라 '최고의 하나님께 최선의 음악을'이란 말로 바뀌어야 합니다. 하나님 앞에 최고라는 가치는 인간의 경험과 생각을 뛰어넘는 하나님의 주권적 판단에 속한 것일 뿐 아니라 하나님께 올려드림의 과정에서도 할 수 있는 데에까지 최상의 것이 되도록 하게 할 모든 열과 성을 다한 애씀에서의 최선이여야 하기 때문입니다.

하나님의 관심은 결과(product)가 아니라 과정(process)에 있습니다. 하나님을 향해 드려지는 것 자체만이 아닌 드리는 자에게 집중되어 있다고 성경이 거듭 말씀하심을 볼 수 있기 때문입니다. 특히 하나님께서 자기 백성들을 인하여 너무나도 기뻐하고 즐거워하심으로 인해서도 더욱 그렇습니다(습 3:17). 그러나 음악을 향해 이 스바냐서의 말씀처럼 표현하고 즐거워하신 말씀은 성경 어디에도 찾을 수 없습니다. 하나님이 받으시고자 하는 것은 음악이기 전에 그 음악을 올려드리는 하나님의 백성입니다. 그 소리 안에 담긴 내면입니다. 진정, 교회음악은 하나님과의 온전한 관계적인 삶에 기초하여 그와 함께한 섬김의 연속이자 과정이자 그 열매로 맺어진 봉헌의 소리입니다.

05

찬양하는 사람들

각각 은사를 받은 대로 하나님의 각양 은혜를 맡은
선한 청지기같이 서로 봉사하라(벧전 4:10)

찬양대는 영원한 하늘나라에서의 영광스런 찬송 모형입니다

제 5 장

찬양하는 사람들

I. 성가대인가 찬양대인가?

구교나 개신교 예배에서 회중을 대신하여 합창으로 노래하는 그룹인 콰이어(choir)는 신약과 초대교회를 제외한 구약시대 이래로 뿌리 깊은 예전의 한 전통으로 중요한 의미와 기능을 갖습니다. 그런데 대다수 사람들은 종종 콰이어에 대한 두 가지의 번역된 말에 별다른 의미를 두지 않고 혼용하거나 어느 한쪽만을 사용합니다. 그것도 성가대인지 찬양대인지 대한 분명한 구별을 두지 않은 채 말입니다.

사실 그동안 이러한 이름은 저마다 개인적인 관습과 경험에 따른 판단 속에서 불려왔습니다. 때론 이 때문에 그 정체성과 기능의 이해가 서로 다름으로 나타날 수 있는 어떤 현상을 초래하기도 합니다. 그래서 어느 이름으로 해야 할지, 이것을 왜 구분해야 하는지, 과연 이 두 가지 이름에서 오는 차이는 존재하는지, 만일 그렇다면 이에 따라 발생할 수 있는 문제점은 무엇이고 이에 대한 해결로 성경적 관점에서의 적합한 명칭을 어느 것으로 세워야 하는지가 분명 필연적인 과제로 다가올 것입니다.

그런데 어찌 보면 개개인의 이해와 관행 속에서 아무런 문제의식 없이 그 두 용어가 공존하며 계속 지속될 수도 있을 것입니다. 하지만 이 이름들 안엔 상징적 의미와 신학적인 입장이 서로 다를 뿐 아니라 그 본질과 역할, 그리고 그 비전에 의한 사역을 조명해주는 방향에도 큰 차이가 있는 것이 사실입니다. 이제 이 명칭에 관련하여 성경은 무엇을 말씀하고 있는지를 살펴보고자 합니다.

성가대, 찬양대 모두 다 성경에 기록되어 있지 않은 말입니다

성가대 혹은 찬양대란 말의 근원을 찾으려면 구약 시대의 다윗 왕 시절로 거슬러 가야만 합니다. 이 그룹의 기원이 다윗 왕에 의해 시작된 것으로 이해할 수 있기 때문입니다. 다만 이 당시 악기와 노래하는 레위인들에 대하여 성경은 성가대나 찬양대란 명칭으로 말씀하지 않습니다. 구약 전체에 나타난 이 레위인들은 한결같이 '노래하는 자들'이었습니다.

다윗은 처음 임시로 이 그룹을 조직하면서 '노래하는($쉬르, shiyr$) 자들'이라고 명명합니다. "다윗이 레위 사람의 어른들에게 명하여 그 형제 노래하는 자를 세우고 비파와 수금과 제금 등의 악기를 울려서 즐거운 소리를 크게 내라 하매"(대상 15:16). 이 말씀은 여호와의 언약궤를 예루살렘으로 옮겨가는 중에 여러 악기를 총동원하여 찬양하는 모습을 그려줍니다. 이때 다윗 왕은 그 과정이 영광된 의식으로 진행하고자 악기들과 더불어 합창으로 함께하게 했던 그룹을 '노래하는 자'라고 칭했던 것입니다.

그런데 여호와의 언약궤가 예루살렘 성으로 이전되고 난 뒤에 이러한 음악 사역을 위임받아 언약궤 앞에서 정규적으로 섬기게 된 이들은 '찬송하는(*shiyr*: 노래하다) 직분'(대상 6:31)의 이름대로 솔로몬이 여호와의 성전을 세울 때가지 "... 회막 앞에서 찬송하는(*shiyr*: 노래하다) 일을 행하되..."(대상 6:32)와 같이 노래하는 자였습니다.

다윗으로부터 시작된 장막에서의 이 음악 사역(대상 16:1, 4)은 솔로몬 성전 시대에 이르러선 더욱 전문성을 띠어 그 규모에서도 상당한 발전을 이루었습니다(대상 23:5, 대하 5:12-13). 이때 이 직무를 담당해야 할 이들의 명칭은 어찌 보면 장막에서 성전으로 바뀐 것처럼 새롭게 지어졌으리라는 기대도 가능할 수 있었습니다. 그런데도 전과 다름없는 '노래하는 자'였습니다(대하 5:13).

수많은 세월의 흐름 속에 역사가 바뀌어도 그를 가리키는 말엔 변화가 없었습니다. 유다의 4대 왕인 여호사밧 때에도(대하 20:21), 종교 개혁을 위해 성전 예배음악 사역자들의 복원을 이루었던 유다의 13대 히스기야 왕 때에도 동일하였습니다(대하 29:28). 심지어 바벨론에 의해 성전이 파괴되고 포로 생활을 겪은 뒤 다시금 1차로 예루살렘에 돌아왔을 당시 기록된 명단에도 그 이름은 변함없었습니다. '노래하는(*shiyr*) 자들'(스 2:41)이라고 말입니다.

성가대는 성가란 말에 근거한 것입니다

　성가대나 찬양대 모두 성경에 기록된 말이 아니라면 이 둘 중 어느 것이 성경적으로 가장 적합한 지를 찾아야 할 것입니다. 우선 성가대란 용어에 대한 신학적인 이해입니다. 성가대는 그 자체의 사전적 의미가 '기독교에서 예배나 미사 때 성가를 부르기 위하여 조직한 합창대(단)'입니다. 곧 성가대는 '성가'라는 말의 문자적인 의미인 '거룩한(성스러운) 노래'와 직결된 용어입니다. 그런 까닭에 성가대에 담긴 말의 본질을 찾아가기 위해 생각해야 할 부분이 '성가'라는 말에 있음을 알 수 있습니다.

　성가라고 하면 노래가 거룩함을 띠고 있음을 암시합니다. 그것은 하나님의 말씀 그대로 사용된 가사, 성경을 풀어 새롭게 지어진 시, 믿음의 삶 속에서 경험한 신앙 고백적인 시들... 이 중에 예를 들면, 거룩하신 하나님의 속성들과 은혜의 섭리로 역사하시는 하나님의 성품 등이 계시가 된 성경 말씀에 기초한 가사로 그 노래의 성격을 말해준다고 하는 것입니다.

　그런데 성가대가 단지 이러한 가사로 노래하는 자들이라는 차원만을 의미하지 않을 수 있음은 성경에서 말씀하신 다음의 상황들에서 비롯되었다고도 이해할 수 있습니다. 첫째, 노래를 부르는 사람들은 따로 구별되어 세워졌습니다(대상 25:1). 둘째, 그들이 부르는 노래 속에 선포되는 분은 거룩하신 하나님입니다. 물론 모든 노래가 하나님 선포만이 아니라 하나님을 향한 기도 혹은 회중인 이스라엘을 향한 권면이나 위로 등의 특징을 가질 수도 있습니다. 그러나 궁극적으론 그 모두 다 거룩하신 하나님으로 말미암습니다. 셋째, 노래하는 사람들은 거룩함의 상징인 '거룩한 예복'을 입고 있었습니다(대하 20:21). 넷째, 언약궤 앞에서 행해졌던 악기 연주와 노래는 하나님께 봉헌된 성스러운 영적 행위였습니다(대상 16:4). 마지막으로 노래하는 자들과 함께한 또 다른 그룹은 거룩한 제사장들이었습니다(레 21:6, 대하 5:11-14).

이러한 모습들은 '성스러운 노래를 부르는 자들'로 그 특징을 부각해 줍니다. 더구나 현시대의 예배당 개념에서도 비록 구별된 예배 장소라는 관점이라고는 하지만 여전히 그 건물 자체를 성전처럼 인식하려는 왜곡된 생각이 남아있음 속에 관습상 성가대란 이름을 선호하고 있다는 것입니다.

성가는 신령한 노래라는 말로 불려야 합니다

교회에서 보편적으로 예배 중에 부르는 노래를 '성가'라고 부릅니다. 음악의 어느 양식으로 구분한 것이라 할 수 있겠지만, 교회 내 예배 때의 노래로 나타내고자 예부터 굳어져 전해 온 관습적인 명칭입니다. 예배 중 독창이나 중창이나 합창 등의 찬양 노래를 가리킨 이 성가는 특히 콰이어를 지칭한 성가대와 직결된 말이기도 합니다.

하지만 '성가'란 말은 성경에 기록되어 있지 않습니다. 더구나 신학적으로나 문자적으로도 '성가'란 말은 모순적인 문제를 안고 있습니다. 비록 가사의 성격과 예배에서 봉헌되는 특정 상황을 의도하려는 노래이더라도 그 스스로가 성스럽다는 의미를 지닌다는 것이기 때문입니다.

사실 성가라는 말의 근원도 모호합니다. 개신교 이전의 로마 가톨릭교회에서 그 말의 유래도 마찬가지입니다. 콰이어의 전문적인 교육을 위해 신설된 시설의 이름은 노래학교(*Schola Cantorum*)였으며 이들이 불렀던 음악 역시 '노래'를 뜻한 찬트(chant)였습니다. 밀라노의 주교, 성 암브로시우스(St. Ambrosius, 340-397)에 의해 미사(Missa)로 처음 명명되었다고 알려진 예배 의식에서 콰이어의 노래를 찬트(chant)라고 한 것은 관례적 용어였습니다. 이에 단지 그러한 의미인 찬트를 굳이 성가로 번역한 것은 성스러운 예전(liturgy)에서 불리는 노래임을 의식하여 세상에서 보편적으로 사용된 말인 노래와 구별하려 했던 의도로 헤아리게 해줍니다.

로마 가톨릭교회의 찬트(chant)는 13세기에 들어와 모테트(motet)란 이름으로 바뀌면서 발전합니다. 그런데 모테트는 문자적으로 성스럽다고 하는 의미를 전혀 지니고 있지 않은 모트(mot: 말)에서 온 음악 용어입니다. 이는 가사가 없었던 성부의 음들에다 가사들을 붙인 특징을 나타낸 것입니다. 이 명칭도 예전과 밀접한 상황으로 인하여 성가란 뉘앙스(nuance)를 가지곤 있으나 다성 음악의 발전과정에서 파생된 것일 뿐입니다. 음악사를 살펴보더라도 당시 모테트(motet)엔 테노르(*Tenor*)라고 하는 맨 아래의 성부에 종교적인 아주 짧은 일부의 내용을 가짐에 반하여 그 위에 더해진 성부에선 초기엔 이와 관련된 주석의 의미였던 것이 붙여졌으나 이후엔 점차 아예 상관없는 보다 많은 라틴어 혹은 세속적인 프랑스어로 된 가사들로 작곡되었습니다.[1] 이처럼 테노르 기반 위에서 상성부들의 복합적인 가사를 갖는 13세기의 모테트 특징은 시대가 흐르면서 그 틀을 벗어나 대신 같은 가사를 가진 각 성부의 동등함 속에 모방기법으로 발전해 갔습니다.

그 후 1543년 로마 가톨릭에서 갈라져 나온 영국 성공(국교)회(Anglican Church)는 예전 개혁의 일환으로 그때까지 사용된 라틴어 모테트를 대신할 영어 노래인 앤섬(anthem)이라고 하는 것을 만들었습니다. 현재 개신교 교회 모두는 영국 성공회에서 발생한 그 앤섬이란 이름의 합창음악을 사용하고 있습니다. 성가라고 번역된 말은 이 앤섬을 지칭하는 것입니다.

그러나 처음부터 이 앤섬도 가사가 종교적이든 도덕·윤리적이든 그 모두를 포함하고 있었기에 예전음악을 가리키는 성가라고만 할 수도 없는 것이었습니다. 실제로 음악 외적인 소리와 표현양식에서도 세속 합창음악과 종교적인 합창음악과의 차이조차 애매했습니다. 이런 상황을 반영하듯 찬송가 형식을 띤 국가(national anthem)를 가리킨 말에도 사용되면서 현재는 예배 음악으로 정착하여 '예전(예배)을 위해 작곡된 합창음악'을 뜻합니다.

찬트(chant)나 모테트(motet), 혹은 앤섬(anthem) 모두가 다 성가로 번역된 것은 예배에서 행해지는 성스러운 분위기와 직결된 노래로 찬미의 제사와 같이 올리는 특성을 한층 더 강하게 드러내려는 것임엔 분명합니다. 이러한 의도 속에 관습적인 경험에 따라 자연스럽게 성가라는 말이 전해져 온 것이라고 이해할 수 있습니다. 현재 콰이어를 통해 불리는 앤섬의 경우 이를 지칭한 '성가'를 앤섬의 문자적 의미처럼 '예배를 위한 합창곡'의 말을 줄여 '예배 합창곡'이란 명칭이 더 적절할 것입니다.

성경은 과연 성가를 연상한다고 하는 노래와 관련하여 무슨 말씀을 하는지 살펴보고자 합니다. 이에 신약 성경은 초대교회 당시의 노래를 세 가지로 표현합니다. '시(프살모스, *psalmos*: psalms)와 찬미(훔노스, *humnos*: hymns)와 신령한 노래(프뉴마티코스 오데, *pneumatikos ode*: spiritual songs)'(엡 5:19; 골 3:16)입니다. 이는 구약의 시편을 '시'로, 시편 이외의 찬송을 '찬미'로, 성경에 기록되지 않은 그 시대에 새로 지어진 것을 '신령한 노래'로 분류하여 지칭한 말씀입니다. 여기의 찬미(*humnos*)는 현재 사용되는 찬송가(hymn)의 유래를 갖게 한 말입니다. 그런데 이러한 구분에도 찬미와 신령한 노래의 차이가 모호할 수 있음을 경험하고 있습니다. 시대의 흐름 속에 찬미를 지칭하는 찬송가의 계속된 개편으로 인하여 신령한 노래라고 하는 것이 찬송가 영역 안으로 들어가 서로 같은 부류의 노래로 인식하게 하는 사례가 있었기 때문입니다.

대다수 사람은 여기에 언급된 '신령한 노래'를 성스러운 노래(성가)라고 생각합니다. 그런데 이것은 본래 노래의 성격이라기보다 이를 대하는 그리스도인의 내적 상황에 더 직결된 말임을 주목해야 합니다. '신령한(프뉴마티코스, *pneumatikos*, 영적인)'이란 원어에 담긴 뜻에 따라 '영적인 노래'로써 내재하신 성령의 감동하심 속에 그리스도인들이 노래를 만들고 부르는 영적 행위와 연결되기에 그렇습니다.[2]

이에 구약에서도 '신령한 노래'(대상 25:1, 3)가 있습니다. 이는 '예언하다(나바, naba)'인데 악기들과 함께 노래로 예언하는 모습입니다. 노래임에도 이때의 음악이 영적 행위라는 것입니다. 물론 노래 자체에 영적인 어떤 능력이 있음을 가리키지는 않습니다. 하나님으로부터 시작되어 하나님으로 말미암음으로 인해 그 모든 과정의 주체가 하나님이시기에 그 근원적인 능력의 원인도 오직 하나님께 있을 뿐이기 때문입니다.

그래서 '신령한 노래'는 원어의 의미대로 말씀 안에서 하나님과 연합하여 살아가는 영성을 드러내는 노래입니다. 하나님의 말씀을 온전히 좇기 위해 인간의 지·정·의를 뛰어넘는 믿음과 감사로 응답하는 '영적인 노래'입니다. 그만큼 예배 의식의 한 순서로 거룩하신 하나님께 올려 드리는 제사 성격에 치우친 의미의 성가라는 표현만으로는 성경적인 의도에 미치질 못합니다. 이보다 전 존재를 다해 심령으로 부르는 영적 섬김의 노래가 성경이 말씀하는 신령한 노래라는 것입니다.

신령한 노래가 단지 경건한 종교적 분위기 차원에서 설명될 수 없음을 성경에서 이미 찾아본 바 있습니다. 다윗의 시편 9편의 *힉가욘*(higgayon: 묵상), 7편의 *식가욘*(shiggaion: '정열적인 선율을 갖는 노래')과 하박국 3장의 *시기오놋*(shigionoth: 리듬의 변화가 매우 빠른 노래)에 맞추어 부르게 되어 있는 찬송시 등입니다. 이에 신령한 노래는 음악적으로 멈춤이나 볼륨의 고저, 혹은 리듬과 빠르기 등의 다양한 표현 가운데 심령 깊은 곳에서 울려 나오는 '영적 섬김의 소리'임을 알 수 있습니다.

성가란 말엔 이분법적인 사고를 담고 있습니다

음악 양식인 노래 자체가 거룩함을 지니거나 나타낼 수도 없습니다. 이는 음악 스스로 거룩하다 혹은 저속하다 할 수 있는 성질의 것이 아닌 중립적인 소리라는 속성에 근거합니다. 프란시스 쉐퍼의 "내가 확실히 말할 수 있는 것은 경건한(godly) 양식이라든지 혹은 불경건한(ungodly) 양식이란 없다는 사실이다. 그 같은 문제를 구분하려고 노력하면 할수록 더 혼란에만 빠질 뿐이다"[3]라고 한 말도 이 때문이었습니다. 다만 이것은 그의 개인적인 신념만이 아닙니다. 성경에 '거룩한 노래' 혹은 '성가'란 말조차 없는 것으로도 이를 방증합니다.

음악을 성(sacred)과 속(secular)으로 구분하는 이분법(dichotomy)적인 사고는 인간 개인의 경험과 환경 요인에 따라 형성된 인간중심적인 비복음적인 관점입니다. 이러한 구분을 하게 되면 의롭다고 칭함을 받은 사람에 의해서 음악이 만들어지기보다는 오히려 만들어진 음악에 의해 거룩해질 수 있다는 사고를 갖게 해줍니다. 이는 마치 중세 시대 예배에서 만연해 있었던 오푸스 오페라툼(*Opus operatum*: 외형의 행위, 일, 작용)의 원리와도 흡사한 것입니다. 이 말은 '실행된 행위로부터(*ex opere operato*: from the work performed)'라는 말에서 유래된 것인데, 믿음과 상관없이 누구든 성찬 의식에 참여하는 것 자체만으로 그리스도께서 베푸신 구속의 은혜가 자동으로 임한다는 개념입니다. 이를 바탕으로 하여 생겨난 것이 로마 가톨릭의 화체설(the doctrine of transubstantiation)입니다. 곧 떡과 포도주를 받아먹을 때 그리스도의 살과 피로 변하여 구원을 위한 희생 제사가 반복된다는 교리입니다.

예수 그리스도 안에서 얻게 된 구원으로 의롭게 됨은 인간의 그 어떤 행위가 들어설 자리가 없습니다. 오직 그리스도의 완전한 희생으로 인해 아무 조건 없이 주어진 은혜일뿐입니다. 성경은 이렇게 선포합니다. "예수 그리스도께서 마련하신 구원의 길을 통해 하나님의 은혜로 값없이 의롭다는 인정을 받게 되었습니다"(롬 3:24, 현대인의 성경). 성가라는 말이 칭의의 은혜를 선포한 이 말씀의 원칙에 상응하는 것인지를 살펴 본다면 그렇지 않음을 쉽게 알 수 있습니다. 곧 성가라고 하는 노래를 부름의 행위 자체로 의로움커녕 거룩해질 수도 없기 때문입니다. 거룩함조차 그러한 노래를 부름만으로 이루어질 수 없습니다. 그 노래를 불렀다고 해서 오는 어떤 기대감 속에 의로움이나 거룩함을 증명해줄 수도 없습니다. 다만 그 노래의 가사를 믿음으로 불러 입술의 진정한 열매이어야 하고, 노래 부름의 전후로도 그리스도와 연합되어 말씀으로 살아가는 성화의 삶 속에 있음이어야 비로소 하나님 앞에 그리스도인으로서의 거룩함을 말할 수 있는 것입니다.

그래서 성가라는 용어는 이러한 복음적인 그리스도인의 삶을 오히려 율법적인 삶으로 왜곡되게 할 요인을 줄 수 있습니다. 그만큼 성가는 외적인 소리를 지향하고 또 그 소리에 따라 경건한 예배 혹은 경건한 예배자라고 여기는 기이한 현상마저 초래할 수도 있게 합니다.

예배 음악은 결코 이분법적인 구별됨에 있지 않습니다. 음악은 본질상 믿음, 신앙고백, 도덕적이며 윤리적인 것, 그리고 세계관을 표현하는 역량 면에서 지극히 중립적이기 때문입니다.[4] 오히려 성(sacred)과 속(secular)이란 구별의 근거는 음악 자체에 있음이 아니라 그 가사와 함께 음악을 행하는 예배자에게 있습니다. 이에 하나님의 거룩함을 닮아가려는 사람에 의해 만들어진 음악은 성스럽다고 하기까지 느껴질 수도 있습니다. 거룩한 노래(성가)에 대한 성경적 시각은 거룩한 사람들이 부르는 노래입니다. 이에 하나님이 "…내가 거룩하니 너희도 거룩할지어다"(레 11:45b)라고 하신 말씀을 좇아 살아가야 할 그리스도인의 거룩한 삶을 다시 한번 각성하게 해줍니다.

그러므로 성가라는 말은 오푸스 오페라툼(Opus operatum)의 비복음적인 삶의 여지만을 주고 음악 그 자체에 의해 성(sacred)과 속(secular)으로 나누어질 수 있다고 하는 이원론적인 사상을 낳게 합니다.

성가대는 어떤 계층적인 특권의식을 드러내는 말입니다

성가대란 명칭엔 예배에서 다소 차별된 위치를 갖는다는 의미를 담고 있습니다. 회중을 대표하여 찬미의 제사를 올린다는 제사장적인 역할이 강조된 것입니다. 역사적으로도 로마 가톨릭교회의 콰이어는 구약 성전 시대의 제사장처럼 성직자와 같이 미사 의식을 주도하는 역할을 하므로 권위적인 의식마저 깃들어 있었습니다. 그것이 중세 시대에선 이들의 위치조차 소위 교권주의(clericalism)의 부산물이라 할 수 있는 것으로 예배당 안에서 높은 장소에 배치하고 아예 칸막이로 차단되어 보이지 않게까지 한 것이었습니다.[5]

로버트 웨버(Robert E. Webber)는 이 당시의 예배를 성직자와 일반 신자 간엔 계급적인(hierarchical) 차등 속에서 제의적(cultic) 성격을 띤 신비스러운 의식이자 성스러운 드라마와 같은 것이었다고 설명했습니다.[6] 이러한 예전(liturgy) 안에서 진행된 그 시대의 콰이어는 회중의 입을 막은 채 찬양의 노래를 자신들만이 할 수 있는 특권으로 누렸던 것입니다. 마치 제사장 중심 속에 레위인들의 악기와 노래로 예배가 진행되었던 구약 시대로 되돌려 놓은 모습이었습니다.

그러나 종교개혁으로 회중 찬송을 금지했던 억압적인 종교법은 더 이상 존재하지 않게 되었습니다. 지금은 달라졌지만 그래도 여전히 구약시대의 성전 예배를 연상하게 하는 제단, 성전, 성의, 성구라는 말과 더불어 성가란 말의 사용 역시 이미 예수 그리스도께서 선포하신 '영과 진리로'(요 4:23-24)라는 말씀 속에서 거듭나야 할 것입니다.

성가대는 구약의 정서가 배어있는 명칭입니다. 이 그룹이 예배순서 중에 회중을 대표하여 성가라는 의미로 성스러운 음악의 제사를 담당한다고 하는 제사장적인 의미와 기능만이 부각될 수 있는 말이기 때문입니다. 이에 에릭 웨르너(Eric Werner)는 "성전이란 말은 예배 의식의 양식들—성직, 계급제도, 희생제사—을 발전시켜 오는 중에 의식을 인도하던 그룹들과 인도 받던 이들과의 차이를 낳게 해주었다"[7]라고 말했습니다. 이는 성전 예배의 개념들이 성가대란 이름으로 더욱 회중과의 간격을 깊게 하게 된 요인임을 지적했던 것입니다.

실제로 예배에서 콰이어의 역할과 그 정체성엔 비록 구약의 말씀에 비추어 반영될 수 있는 것이 있더라도 제의적인 제사장 개념만으로는 설명될 수 없습니다. 복음적 관점에서 봉헌하는 찬미의 제사를 위한 제사장적인 직무 외에도 노래를 통한 말씀 선포의 선지자적인 기능, 예배를 위해 부름을 받은 사역자로서 회중의 찬송을 돕고 예배를 고무하는 격려자의 역할 등이 있기 때문입니다. 이러한 예들은 회중 찬송 시에 데스칸트(descant), 4성부로의 노래, 힘찬 소리의 제창, 혹은 입례송, 기도송, 봉헌송, 축도송 등을 들 수 있습니다. 이 모든 것은 회중을 대표한 위치에 있다고 하는 성가대라기보다 회중이 직접적이고 능동적으로 예배함에 더욱더 깊고 온전한 동참이 되도록 섬기는 사역 그룹임을 알게 해줍니다.

교회의 모든 각 부서를 구성하고 있는 이들은 하나님이 주신 은사를 바탕으로 이루어진 그리스도 안에서의 한 지체들입니다. 여기에는 그 어떤 계층의 순위나 높고 낮음이 없습니다. 예배라는 거룩한 예식을 행하는 과정에서도 각기 맡은 직무로 하나님을 향한 섬김만이 있을 뿐입니다. 이에 마르틴 루터도 자신의 독일 *귀족들에게 호소함*(*Appeal to the German Nobility, 1520*)이란 책에서 이렇게 글을 남겼습니다.

> 모든 그리스도인들은 진정 신령한 지위를 가진 사람들이며, 따라서 직무가 다를 뿐 그들 사이에는 어떠한 차이도 존재하지 않는다. 바울은 고린도전서

> 12장 12-13절에서, 우리가 모두 각 지체가 갖고 있는 그 나름의 직무(역할)를 통해 다른 지체들을 섬기고 있는 한 몸임을 말하고 있다… 그러기에 평범한 사람들과 성직자들, 제왕들과 주교들, 수도원에 사는 사람들과 속세에 몸을 담고 있는 사람들 사이에는 근원적으로 결코 어떠한 차이도 존재하지 않는다는 결론이 도출된다. 유일하게 존재하는 차이는 그 지위가 아니라, 그들이 수행하는 직무 및 사역과 관련된 것이다.[8]

신약 성경엔 예배의 원어가 *레이투르기아*(leitorugia, 봉사, 빌 2:17, 히 9:21)라고 기록되었습니다. 이것은 원래 '사람들의 일(the work of the people)'을 뜻합니다. 이는 고대 그리스와 로마 시대 때 장이 열린 뒤 폐장하면서 상인들과 그 시의 지도자들이 모두 모여 함께 청소했던 관습에 따라 공동의 선한 목적을 위하여 행하는 일을 가리키고자 한 말에서 유래한 것이었습니다.[9] 그런데 여기엔 그 누구도 감독의 지위에 있는 사람이 없습니다. 모두가 신분은 다를지언정 그때만큼은 다 같은 위치에서 공공의 유익을 위한 수고만이 있었습니다.

주일에 함께 하는 공동예배(corporate worship)는 개인적인 행위로서 설명될 수 없습니다. 이 말대로 예배 공동체를 이루어 행해지는 예배이기 때문입니다. 이는 서로 다른 지체가 예수 그리스도 안에서 한 몸이 되어 예배하는 상황을 말해줍니다. 그런 까닭에 어느 누가 만일 예배를 주도하거나 이끌어 간다고 하는 제사장의 역할만을 강조하게 되면, 예배 공동체의 모습은 희석되어 그 안에 계층감이 조성되고 간격의 크기가 더해질 수 있습니다.

성가대란 말은 바로 이와 같은 맥락에서 회중과 성직자 사이에 여지를 주는 개념처럼 그 어떤 계층의 현상을 초래할 수 있게 합니다.

심지어 회중보다 더 높은 위치에서 예배를 인도한다거나 예배를 앞장서서 우월하게 행한다고 하는 왜곡된 특권의식조차 갖게 할 수 있는 상황마저 가능해집니다. 하나님 앞에 회중과 다를 바 없는 예배자들이면서도 무엇보다 회중의 예배를 돕기 위한 섬김에 있는 것임을 망각한 채 말입니다.

결론적으로 성가대는 성경에서 얻어질 수 있는 명칭이 아닙니다. 성경적인 시각과 전혀 거리가 멀 뿐 아니라 '성가'라는 말과도 직결된 용어입니다. 더구나 음악에 성(sacred)과 속(secular)이라는 이분법적인 사고를 갖게 하여 복음적인 신념과도 어울릴 수 없습니다. 그리고 구약의 제사장적인 권위와 특권이 강조되어 정작 복음적인 본질과 기능이 약화되어 가는 문제점마저 안고 있습니다. 이는 섬김의 모습이 사장될 수 있는 것 말고도 '성가대'라는 명칭의 속성으로 초래된 외식하는 율법주의적인 뉘앙스(nuance)가 있어 그리스도인의 실천적 삶을 영위하는 데에 어려움을 갖게 할 수 있는 말입니다.

찬양대는 찬양의 비전을 제시합니다

성가대란 말과 같이 찬양대란 용어도 성경에 기록되어 있지는 않습니다. 다만 찬양대는 이를 암시하고 추정하게 하는 의미의 말들이 성경에 기록되어 있어 콰이어의 적절한 명칭으로 다음에 근거하여 가능할 수 있습니다. 곧 '노래하는 자들'이란 레위인들의 주된 사역에 관한 기사가 바로 그것입니다. "언약궤가 평안한 곳을 얻은 후에 다윗이 이 아래의 무리를 세워 여호와의 집에서 찬송하는 일을 맡게 하매"(대상 6:31). 물론 여기서의 '찬송'은 쉬르(shiyr: 노래하다)로써 다윗이 그들에게 위임하였던 일이 다름 아닌 '노래'였습니다. 그런데 이것은 종교적인 음악 행위에 머문 노래가 아니었습니다.

이와 관련된 구체적인 말씀은 다음과 같습니다. "또 레위 사람을 세워 여호와의 궤 앞에서 섬기며 이스라엘 하나님 여호와를 칭송하며 감사하며 찬양하게 하였으니"(대상 16:4). 이 말씀대로 레위인들의 노래는 이미 언급했듯이 칭송(zakar: 기억, 기념), 감사(yadah), 찬양(halal: 자랑, 칭찬)을 가리킨 영적 섬김이었습니다. 언약궤 앞에서 단지 종교적인 음악 연주 차원의 봉헌이 아니라 하나님의 구속사를 기억하고 기념하는 중에 감사하며 하나님을 자랑함으로 선포하는 실제적인 예배 행위였습니다. 그런 까닭에 다윗 왕으로부터 언약궤가 안치된 장막 안에서 예배를 위해 노래하도록 직임을 받았던 레위인들은 찬양이란 의미를 더욱 심화하여 표출하였던 사역자들임을 알 수 있습니다.

이와 같이 하나님의 영화로움을 드러내는 찬양의 비전속에 행하는 '노래하는 자들'의 전통은 그 후의 세대들에게도 변함이 없었습니다. 솔로몬 왕 때 성전에서 예배음악을 담당할 레위인들에게 '여호와를 찬송(halal)하는 자'(대상 23:5)라는 이름이 붙여졌고, 이런 명칭은 솔로몬 성전이 파괴되어 재건된 스룹바벨 성전 시대에 들어와서도 똑같이 '찬송(후에다, huyyedoth: 감사하다'란 yadah에서 유래된 말)[10]

하는 일'(느 12:8)을 맡은 자였습니다. 여기에 사용된 '찬송'이란 말들은 원어로 각기 다르지만 모두 예배 찬양 사역의 실체입니다.

그러한 까닭에 성전 시대의 예배에서 노래하는 자들이라 하여 레위인들은 찬송 노래를 만들고 그 노래로 악기와 함께 공교회 연주함(시 33:3)에만 머물지 않았습니다. 그들의 진정한 관심과 목적은 '하나님을 찬양함'이었습니다. 성가(성스러운 노래)를 부름의 차원을 넘어선 것이었습니다. 곧 하나님을 향한 감사, 송축, 자랑, 경배, 엎드림, 굴복, 경외, 인정, 고백.. 이러한 찬양의 본질에 뿌리를 둔 믿음의 노래를 부르는 사람들이었습니다.

찬양대는 예배의 영성을 강조합니다

찬양대의 명칭은 위에 언급한 것처럼 내면적으로 찬양을 깊이 구체화하는 사역의 현장으로 인도합니다. 여기엔 찬양을 통한 청지기직 사명이 수반되어 하나님의 영화로움을 위한 예배의 모든 섬김을 포함합니다. 더구나 찬양이 기독교적인 영성을 드러낸 실천적 삶을 요구하는 것이기에 경건으로 이르게 하는 예배의 역동성을 띠기도 합니다. 이러한 맥락 속에서 파생된 이름인 찬양대는 그만큼 영적 행위인 찬양의 생활화를 이뤄가게 하는 강한 성향을 보입니다.

그렇기에 찬양대의 존재 목적이 찬양이라고 하는 영적 섬김임을 아무리 강조해도 지나침이 없습니다. 성경에서 살펴보았듯이 '노래하는 자들'이란 그룹의 시작도 다윗을 통하여 하나님을 예배하려는 자발적인 섬김에서 나왔기에 예배가 없다면 찬양대도 없는 것입니다. 모세의 성막에서 다윗의 장막으로 넘어가는 중에 더 적극적인 찬양과 그 절정을 이루게 했던 열매가 예배의 영성에서 비롯되었다는 사실이 이를 증거합니다.

이것은 궁극적으로 예배의 동기와 목적과 그 과정에 장애가 되는 그 무엇이든 찬양대로서의 가치와 정당성을 상실하게 하는 것임을 밝혀줍니다. 그래서 찬양대를 구별된 헌신적인 그룹으로 보는 것입니다. 예배 본질에 뿌리를 둔 섬김에서 찬양대의 존재 이유를 찾을 수 있다는 것입니다. 이는 찬양대가 음악 연주회적인 성격 혹은 개인적이거나 사회적인 경험을 추구하여 존재하는 그룹이 결코 될 수 없음을 말해줍니다. 이에 만약 예배의 주된 사역보다 어떤 특별한 절기 및 행사에 따른 프로그램에 더 집중하고 이를 통해 지휘자이든 찬양대원이든 그의 음악적인 관심에만 이끌린다면 더 이상 찬양대일 수 없습니다.

그러므로 콰이어 명칭으로서의 찬양대는 예배 본질과 목적을 구체화할 섬김에 직결된 그룹으로서 이를 위한 소명 속에 헌신으로 향하게 할 적절한 이름입니다.

찬양대는 찬양의 본질을 말해줍니다

대부분 찬양대라고 하면 문자 그대로 하나님을 찬양하기 위한 합창 그룹으로 이해합니다. 이는 그 개념에 있어 어느 한 편으로만 제한된 생각을 하는 것입니다. 다시 말해 하나님을 향한 수직적인 가사만으로 찬양하는 그룹으로 이해하려는 것입니다. 이에 반해서 성가대라고 하면 수직과 수평을 아우르는 성격의 모든 노래를 부르기에 적절하다고 여긴다는 것입니다. 찬양의 본질이 이 모두를 포함하고 있음에도 말입니다.

이와 관련하여 예배학자 피터 부르너(Peter Bruner)가 언급한 예배의 이중성(duality)의 설명이 필요합니다. 그는 독일어인 '예배(고테트딘스트, *Gottesdienst*)'라는 용어를 사용하여 예배의 두 가지 개념을 제시하였습니다. 이것은 주격적 속격인 '하나님의 봉사(*Gottes Dienst*)'와 속격적 목적격인 '하나님을 봉사'함이라는 두 가지 의미입니다.[11] 곧 '회중을 향한 하나님의 봉사'와 '하나님을 향한 회중의 봉사'입니다. 이러한 예배의 이중성은 결국 음악을 통하여 회중을 향해 선포하는 하나님의 말씀과 위로, 권면 등이 있고 동시에 하나님을 향해 봉헌하는 찬양이 공존한다는 사실을 말해줍니다.

실제로 성경에 하나님을 찬양하는 시들을 살펴보면 이와 같이 수직과 수평적인 내용 모두가 함께하고 있습니다. 시편 18편엔 '...다윗이 이 노래의 말로 여호와께 아뢰어 가로되'라고 기록된 표제에 따라 하나님께 직접 고백하는 수직적인 내용으로 이렇게 시작합니다. "나의 힘이 되신 여호와여 내가 주를 사랑하나이다"(시편 18:1). 그런데도 이어지는 그 중간중간은 하나님을 높이는 자랑 가득한 수평적인 선포의 성격을 띱니다. "하나님의 도는 완전하고 여호와의 말씀은 정미하니 저는 자기에게 피하는 모든 자의 방패시로다 여호와 외에 누가 하나님이며 우리 하나님 외에 누가 반석이뇨"(시편 18:30-31). 이 말씀대로 하나님을 증거하고 있습니다.

찬양의 본질과 의미는 이처럼 수직적인 가사만을 의미하지 않습니다. 하나님 자랑, 기억, 기뻐함, 증거, 즐거움의 외침, 차례차례 생각하며 이야기함, 선언, 기념, 선포 등의 다양한 뜻을 나타냅니다. 이는 하나님의 영광을 위한 찬양의 가사가 반드시 수직적인 방향만을 갖지 않음을 드러냅니다.

단적인 예로 '할렐(자랑하라) 루(너희는) 야(야훼: 여호와)'는 문자적인 뜻에서 알 수 있듯이 하나님께 수직적인 의미를 지닌 말이 아닙니다. 하나님을 향해서 "너희는 여호와를 찬양하라"고 할 수 없기 때문입니다. 이는 사람에게 하나님을 찬양하라는 선포입니다. 너무나 수평적인 성격의 가사입니다. 그런데도 이 가사의 노래를 대부분 사람들이 인식하기에 가장 수직적인 찬양의 노래로 생각할 수 있다는 것입니다.

찬양의 본질이 궁극적으로 하나님을 향한 수직적인 방향성에 있음은 자명합니다. 그러나 하나님 자랑과 같은 증거나 선포를 통해 수평적인 모습을 갖는 폭넓은 특성 또한 찬양의 속성입니다. 성경이 말씀한 찬양의 노래는 처음부터 끝까지 항상 수직적인 방향만으로의 제한을 두지 않습니다.

하나님의 언약궤 앞에서 다윗과 백성들의 감사 제사 중에 올렸던 레위 사람들의 찬양 노래 내용들을 살펴보면, 이 또한 수평적임을 알 수 있습니다.

"너희는 여호와께 감사하며 그 이름을 불러 아뢰며 그 행사를 만민 중에 알릴지어다. 그에게 노래하며 그를 찬양하며 그 모든 기사를 전할지어다. 너희는 그 언약 곧 천대에 명령하신 말씀을 영원히 기억할지어다. 온 땅이여 여호와께 노래하며 그 구원을 날마다 선포할지어다. 여러 나라의 종족들아 영광과 권능을 여호와께 돌릴지어다. 여호와께 돌릴지어다. 여호와의 이름에 합당한 영광을 그에게 돌릴지어다. 예물을 가지고 그 앞에 들어갈지어다. 아름답고 거룩한 것으로 여호와께 경배할지어다. 여호와 이스라엘의 하나님을 영원부터 영원까지 송축할지로다"(대상 16:8-9, 15, 23, 28-29, 36).

위의 말씀은 "그날에 다윗이 아삽과 그의 형제를 세워 먼저 여호와께 감사하게 하여 이르기를"(대상 16:7)하고 난 뒤에 곧바로 이어진 찬양의 노래였으나 수평적인 것이 공존하고 있음을 보여줍니다.

시편에선 수직적인 방향이 전혀 없는 것도 있습니다. 그중에 시편 49편은 하나님을 직접 향하여 올리는 고백이 아니라 사람을 향한 선포입니다. 이 시편의 표제가 '영장으로 한 노래'로 '찬양대 지휘자의 인도에 따라 부르는 노래'를 뜻함으로 하나님께 직접 올리는 예배음악임을 나타냅니다. 그런데도 이 시편 내용의 방향은 지극히 수평적입니다.

"만민들아 이를 들으라 세상의 거민들아 귀를 기울이라 귀천 빈부를 물론하고 다 들을지어다 내 입은 지혜를 말하겠고 내 마음은 명철을 묵상하리로다 내가 비유에 내 귀를 기울이고 수금으로 나의 오묘한 말을 풀리로다... 사람이 치부하여 그 집 영광이 더할 때에 너는 두려워 말지어다 저가 죽으매 가져가는 것이 없고 그 영광이 저를 따라 내려가지 못함이로다 저가 비록 생시에 자기를 축하하며 스스로 좋게 함으로 사람들에게 칭찬을 받을지라도 그 역대의 열조에게로 돌아가리니 영영히 빛을 보지 못하리로다 존귀에 처하나 깨닫지 못하는 사람은 멸망하는 짐승 같도다"(시편 49편).

이 시편 49편의 특징은 세상의 무가치한 재물을 의지하는 자의 어리석음을 경고하고 진리의 말씀에 귀를 기울이라는 선지자의 외침과도 같습니다. 하나님을 찬양하기 위한 시의 노래임에도 수직적인 고백이 아니라 하나님의 공의로우신 의지를 드러낸 수평적인 선포의 노래입니다. 하나님을 찬양함엔 변함없으면서 말입니다.

'영장으로 한 노래'인 시편 20편은 보다 더 강한 어조로 수평적인 선포의 말씀입니다.

> "환난 날에 여호와께서 네게 응답하시고 야곱의 하나님의 이름이 너를 높이 드시며 성소에서 너를 도와주시고 시온에서 너를 붙드시며 네 모든 소제를 기억하시며 네 번제를 받으시기를 원하노라"(시편 20:1-4).

이와 같은 찬양 노래들이 시편 46, 47, 95… 아니 시편 전체를 마감하는 시편 150편에서도 내용은 전혀 하나님께 직접 향해 있는 것이 아닙니다. 하나님의 모든 백성을 향해 하나님을 찬양하라는 거룩한 부르심의 말씀입니다.[12]

> "할렐루야 그 성소에서 하나님을 찬양하며 그 권능의 궁창에서 그를 찬양할지어다 그의 능하신 행동을 인하여 찬양하며 그의 지극히 광대하심을 좇아 찬양할지어다 나팔 소리로 찬양하며 비파와 수금으로 찬양할지어다 소고 치며 춤추어 찬양하며 현악과 통소로 찬양할지어다 큰 소리 나는 제금으로 찬양하며 높은 소리 나는 제금으로 찬양할지어다 호흡이 있는 자마다 여호와를 찬양할지어다 할렐루야"(시편 150편).

찬양대가 바로 이러한 찬양의 방향성을 지닌 명칭입니다. 가사와 함께한 음악으로 하나님께 봉헌함과 하나님의 말씀을 선포함이란 이 모두를 아우름이 찬양의 본질이기 때문입니다. 이미 언급한 예배의 이중성과도 같은 의미와 기능을 나타냅니다. 내용에 있어 수평적이든 수직적이든 하나님만을 드러내고 영화롭게 해드릴 섬김의 소리로서 말입니다.

성 어거스틴은 자신의 *고백록(Confession)*에서 한때 찬양 음악 소리에 감동된 것조차 회개했던 그였지만 이러한 말도 남기었습니다. "...찬양 음악을 듣고 연약한 영혼은 더 헌신된 모습으로 이끌려질 수 있다."[13] "...귀에 들리는 찬양 음악의 기쁨으로 인하여 연약한 마음이 경건한 사고로 고무될 수 있다."[14] 이처럼 예배 중 찬양대가 부르는 음악에 수직적이거나 수평적인 가사로 인하여 고난의 어려움을 안고 있을 수도 있는 회중에게 신실하신 약속의 말씀 따라 돌보시는 은혜의 하나님을 기억하게 하며 믿음으로 일어서도록 고무해 줄 수 있습니다. 더욱이 말씀에 근거한 찬양의 가사를 통하여 그들의 내적 변화의 시작까지도 일어날 수 있는 여지 속에 성령의 역사하심이 있다는 것입니다.

그러므로 찬양대란 이름은 하나님 섬김에 최우선 순위를 두면서도 하나님 백성들을 향한 섬김의 폭넓은 역할까지 감당하는 직무를 인식하게 해줍니다. 이러한 찬양대는 '신령한 노래'의 영성과 모든 힘을 하나님으로부터 공급받아 성령의 기름 부음 받은 소리로 교회 안에 가득하게 해줄 것입니다.

II. 신령한 노래를 부르는 사람들

"노래하는 레위사람 아삽과 헤만과 여두둔과 그 아들들과 형제들이 다 세마포를 입고 단 동편에 서서 제금과 비파와 수금을 잡고 또 나팔 부는 제사장 일백 이십인이 함께 서 있다가 나팔 부는 자와 노래하는 자가 일제히 소리를 발하여 여호와를 찬송하며 감사하는데 나팔 불고 제금 치고 모든 악기를 울리며 소리를 높여 여호와를 찬송하여 가로되 선하시도다 그 자비하심이 영원히 있도다 하매 그 때에 여호와의 전에 구름이 가득한지라 제사장이 그 구름을 인하여 능히 서서 섬기지 못하였으니 이는 여호와의 영광이 하나님의 전에 가득함이었더라"(대하 5 : 12-14).

요한 제바스티안 바흐는 위의 성경 구절을 묵상하면서 다음과 같은 메모를 자신의 성경책 여백에다 기록하였다고 합니다. "하나님께 드리는 음악이 있는 곳에 하나님은 항상 은혜로운 임재로 가까이하신다."[15] 진정, 위에 인용된 말씀은 다양한 악기들과 목소리로 일제히 소리를 발하며 하나님을 향한 깊은 감격 속에 감사하며 찬양하는 이들의 섬김 가운데엔 능히 서서 임하지 못할 정도의 영광스러운 하나님의 임재하심이 있음을 과거만 아닌 현재와 미래에도 투영해줍니다.

특별히 찬양대라고 하면 예배가 떠오릅니다. 예배 중에 찬양대가 없을 수 있다는 생각은 할 수조차 없는 시대입니다. 물론 현대 예배의 흐름을 수용하는 교회 중엔 찬양대가 아닌 워십팀(찬양팀)이라는 그룹으로 대신하기도 합니다. 또 개교회에 따라 이러한 두 그룹이 하나로 통합되어 예배 사역에 임하는 예도 있습니다. 이는 전통과 현대를 아우르는 음악 사역 팀이라고 할 수 있습니다. 다만 워십팀(찬양팀)이 찬양대와 구별되어 나누어짐이나 아니면 찬양대를 대체하려는 현상은 예배 표현의 문화적인 접근과 신학적인 관점의 다름에 기인한 것으로 이해할 수는 있습니다. 그런데 이와는 전혀 상반된 모습이 16세기의 종교개혁자 츠빙글리를 따랐던 교파와 17세기의 퀘이커(The Quaker) 교도들에서 나타났습니다. 찬양대는커녕 회중이 아예 노래 자체를 하지 않는 극단적 성향까지 보여준 사례였습니다. 그러나 여전히 모든 개신교 교회는 예배 안에서 찬양대와 워십팀(찬양팀)의 중요성을 깊이 인식하고 있습니다. 교회의 사명 중 예배가 중심이기에 이 그룹을 통한 예배 사역의 비중도 함께 비례하기 때문입니다.

이제 여기서 다루려는 내용은 성가대가 아닌 찬양대란 이름으로, 또한 현대 문화의 흐름에 따른 워십팀(찬양팀)도 같은 맥락에서—비록 기능적인 어떤 면으로는 서로 다를 수도 있지만—이 모두의 바른 정체성과 본질적인 역할들을 말씀으로 하나하나씩 살펴봄 속에 성경적인 관점에서의 비전을 제시하고자 합니다.

찬양대는 하나님을 향한 감사로 시작된 헌신의 열매였습니다

전통적으로 찬양대는 매우 중요한 예배 사역 그룹으로 인식돼왔던 터라 찬양대 없이는 예배다운 예배가 될 수 없다고까지 생각하기도 합니다. 그런데도 구약성경을 보면 하나님께서 예배에 관한 세부적인 지침을 주셨음에도 불구하고 찬양대 기원으로 볼 수 있는 찬양하는 이들의 무리를 이루게 했던 그 시작에 대해서만큼은 아무런 말씀이 없으셨다는 사실입니다.

출애굽한 이스라엘에게 하나님은 임재의 처소로 성막뿐만 아니라 그 이후로 성전을 준비하시는 과정에서 이에 관한 모든 설계와 예배를 행할 방법도 일일이 알리셨습니다. 성막이나 성전을 위해 그에 대한 규격부터 시작하여 모형, 색깔, 갖가지의 성물들 그리고 그것들이 만들어지는 구체적인 지침들을 하나님께서 직접 지시하셨습니다. 이와 관련된 말씀은 하나님이 모세에게 "무릇 내가 네게 보이는 대로 장막의 식양(*타브니트*, tabniyth: 유형, 계획)과 그 기구의 식양(tabniyth)을 따라 지을지니라"(출 25:9)라고 하심과 다윗이 성전건축을 위하여 그의 아들 솔로몬에게 당부할 때 "이 위의 모든 것(*멜라카*, melakah: 일, 세부 사항)의 식양(tabniyth)을 여호와의 손이 내게 임하여 그려 나로 알게 하셨느니라"(대상 28:19)입니다. 이는 성막이나 성전 건축 및 그 안에서 이루어질 모든 제사 규례와 제사장의 직무 등까지 오직 하나님의 주권 속에서 계획된 것임을 밝혀줍니다. 그런데도 유독 찬양하는 이들 그룹의 처음과 그 사역에 관한 말씀은 애초에 없었다는 것입니다. 이는 찬양이란 어휘의 의미에 '연보(*eulogia*)'란 뜻대로 그 그룹은 성격상 자발적인 헌신에서 비롯된 것임을 드러냅니다.

실제로 그의 시작은 하나님의 언약궤가 다윗 성으로 옮겨질 때(B.C. 1000년경) 일어났습니다. 언약궤의 이전은 다윗 왕권이 하나님으로부터 온 것임을 공식적으로 선포하는 상징이었습니다. 더구나 이 일은 다윗이 사무엘 선지자에게서 기름 부음(B.C. 1025)을 받은 지 약 25년이 흐른 뒤에 이루어진 것이었습니다. 사실 그 세월은 사울 왕에게서 받았던 핍박과 그의 사후 통일 왕국을 향한 분투의 시기였습니다. 그런데 이제는 그 모든 고난을 이겨내고 하나님의 절대적인 주권 속에 정당한 왕으로서의 기름 부음 받은 자임을 공표하는 거룩한 의식의 한 때였기에 다윗은 말할 수 없는 감격과 기쁨에 차 있었던 것입니다. 바로 그러한 상황에서 다윗은 하나님께 감사하고자 찬양하는 사람들을 조직합니다. 이것이 처음이고 임시적인 형태라고는 하지만 완벽한 모습을 보여주었습니다.

이 무리는 노래와 악기 연주를 하도록 구성되었습니다(대상 15:19-21). 여기 악기들에는 비파와 수금과 제금 그리고 나팔이 있는데, 현악기, 타악기, 금관악기 등을 총망라한 것이었습니다(대상 15:28). 지휘자로는 레위 사람의 족장인 그나냐(Kenaniah)가 있었고, 모두 다 세마포 겉옷을 입었습니다(대상 15:27). 이때의 찬송 소리가 "...이스라엘 백성들은 기쁨의 함성을 지르고 양각과 나팔을 불며 제금을 치고 비파와 수금을 힘 있게 타면서..."(대상 15:28, 현대인의 성경)의 말씀대로 모든 이들 마음에 하나님의 은혜로 인한 감격이 가득했음을 헤아리게 해줍니다. 이에 다윗 자신도 그들 옆에서 춤추며 뛰노는 것과 같이 찬양했습니다(대상 15:29).

이러한 다윗이 이후로 있을 성전 시대에서 찬양으로 섬길 이들을 세움에 성경은 이렇게 말씀합니다. "다윗과 군대 지도자들은, 아삽과 헤만과 여두둔의 자손들을 뽑아 세워, 수금과 거문고와 심벌즈로 신령한 노래를 부르는 직무를 맡겼다... 그들은 수금을 타면서 주님께 감사하며 찬양하며..."(대상 25:1a, 3b, 새번역). 오늘날까지 이르게 된 찬양대의 이 유래는 물론 하나님의 감동하심 속에 있었을 것이나 이처럼 감사함에 넘친 자발적 헌신에 기인한 것이었습니다. 이에 찬양하는 이나 그 모든 그룹은 예배의 섬김이란 속성에서의 자발성이 그 사역에 매우 중요한 내적 기틀입니다.

찬양대는 음악으로 영혼의 감격스러운 소리를 내는 사람들입니다

다윗을 통해 시작된 노래하는 자들에게서 울려 퍼졌던 소리는 오늘날의 찬양대에 주는 교훈이 있습니다. 그것은 하나님 언약궤의 옮김이라는 매우 엄숙한 상황에서도 그들로부터 나온 감사의 찬양이 고도의 질(quality)적이며 미적인 세련됨에 있음이라기보다 심령으로부터 우러나오는 영적 기쁨의 표출이었다는 사실입니다. 비록 그 당시 임시로 조직된 그룹의 찬양 소리였기에 아름다움의 깊이를 이루기엔 무리였을 수 있더라도 그 소리의 진정성이 아름다움보다 영적 감격 속에서의 봉헌에 있었음을 주목해야 한다는 것입니다.

그래서 윌리엄 스미스(William S. Smith)는 "여러 학설에 의하면 이스라엘 예식(cultic) 음악이란 단순히 미적 아름다움을 위한 것이라기보다 지극히 기능성을 강조한 것이다"[16]라고 말했습니다. 사실 모세 시대의 성막에서 제사를 올릴 때도 함께한 은나팔조차 음악적인 아름다운 소리로 드림에 그 목적을 두지 않았습니다. 이는 하나님께서 이스라엘을 기억하시겠다는 의미의 상징적인 울림이었습니다(민 10:10).

원래 이 은나팔의 용도가 본래 두 가지로 이미 언급했듯 예배만이 아니라 신호를 위한 것이었습니다. 온 회중에게 광야를 진행하도록 하게 하거나, 회막으로 모이도록 부를 때나, 또 전쟁을 대비하여 나아가게 할 때도 이 나팔을 불었습니다(민 10:2-9). 그런데 이때의 이스라엘은 어떤 처지였습니까? 이들은 전쟁을 치러본 적도 없었고 사막인 광야에서 어디로 가야 할지 모르는 어린양들에 불과한 모습을 하고 있었습니다. 이런 그들에게는 은나팔 소리가 마치 어린양을 인도하시는 목자의 음성과도 같게 들렸을 것입니다. 이에 그 나팔의 울림이 하나님 백성들의 믿음을 가늠케 하는 잣대가 될 수 있었습니다. 이는 은나팔 소리에 따라 아무 의심 없이 담대하게 나아갈 하나님 백성으로서의 전적인 믿음과 순종의 삶을 증거하는 것이기 때문이었습니다.

이와 같이 현시대의 예배에서 연주되는 악기든 노래든 이에서 울려 나오는 소리의 의미엔 하나님 백성으로서의 관계를 증거하는 믿음의 삶에 있습니다. 그것이 찬양대 사역에 있어 영적 기능에 그 진정한 의의가 있음을 말해줍니다. 물론 아름다운 음악으로 드리는 봉헌의 가치는 분명 존재합니다. 다만 여기서 주목해야 할 것이 성막 제사를 위한 은나팔에 내재한 영적 상징의 소리나 다윗에게서 비롯되었던 노래하는 사람들의 소리도 그 본래 의도가 하나님 백성으로서 누리는 은혜와 구원하심을 감사할 수 있었던 그 관계의 증거였다는 점입니다. 이때의 음악은 하나님을 경험한 관계적인 삶으로부터 우러나온 것이기에 영적 감격의 울림이었습니다. 그러한 까닭에 음악 소리의 질(quality)에 의해서 찬양대의 질(quality)이 설명되거나 영적 감동의 잣대로 인식될 수 없습니다.

그리고 서두에 인용한 성경 말씀처럼 하나님의 임재하심 속에 찬양대의 소리가 솔로몬 성전 봉헌식과도 같은 장엄하고 화려한 음악에만 있다고 할 수는 없습니다. 오히려 외형적으로나 듣기에 초라한 음악 소리라 해도 할 수 있을 만큼 최선의 애씀 속에서 믿음의 삶으로 올린 찬미의 제사(히 13:15)였다면 하나님의 영광으로 덮인 상황이었음엔 거부할 수 없는 사실입니다. 켄 가이어(Ken Gire)는 이를 위한 비유적인 말을 다음과 같이 남겼습니다.

> 어느 이교도는 랍비를 찾아가 이렇게 물었다고 한다. "하나님께서는 모세에게 왜 떨기나무 속에서 말씀하셨습니까?" 하나님이시라면 적어도 영산의 정상에서 천둥소리로 말씀하셔야 한다는 것이 그 이교도의 생각이었다. 랍비는 이렇게 답했다. "이 땅에 하나님의 영광이 머물지 않는 곳이 없다는 것, 보잘것없는 가시덤불조차 예외가 아니라는 것을 보이시기 위함입니다."[17]

하나님의 임재하심에는 심히 큰 나팔 소리 속에 우레를 동반한 번개와 빽빽한 구름으로 가득한 산꼭대기에서부터(출 19:16) 광야에 보잘 것 없고 하찮은 가시덤불 위에 이르기까지(출 3:1-2) 모든 것을 초월하심의 신비로움이 있습니다. 이는 지극히 높으신 하늘의 보좌에서 낮고 낮은 이 땅에 그것도 더러운 짚 더미와 동물의 배설물 등으로 악취가 배어있는 허름한 마구간에까지, 무엇보다 인간의 몸을 입으시고 죽음의 고난에까지… 이러한 상상할 수 없는 겸손의 극치 속에 하나님의 임재하심이 있다는 것입니다.[18]

찬양대가 올려 드리는 찬양 중에 거하시는 하나님은 이와 똑같습니다. 그 노래가 화려하든 초라하든 상관없이 영광 중에 계시는 것입니다. 이때 찬양대의 소리는 구원의 하나님으로 인한 감격 가득한 심령의 노래입니다. 성령의 감동 속에 영혼의 주체할 수 없는 감격스러운 영적 섬김의 울림입니다. 이러므로 하나님의 영광과 영화로움이 인간의 어떤 미적 아름다움의 깊이에서 드러나거나 설명될 수도 없습니다.

사실 하나님께 봉헌하는 정성스러운 음악의 소리가 때론 찬양대의 상황과 능력에 따라서 고도의 아름다움으로 표현될 수 있고 이와 상반된 소박함으로도 표현될 수 있습니다. 다만 아무리 그 음악에 질적 성향의 다름과 차이가 있을지언정 드리는 자들의 전인격과 내면으로부터 우러나오는 영혼의 소리만은 결코 다를 수 없다는 것입니다.

이러한 찬양대의 본질을 남겨준 다윗에 의해 세워진 노래하는 자들은 이제 하나님의 언약궤가 안치된 후 그곳에서 정규적으로 전문적인 찬송 사역을 계속 이어갑니다.

> "언약궤가 평안한 곳을 얻은 후에 다윗이 이 아래의 무리를 세워 여호와의 집에서 찬송하는 일을 맡게 하매"(대상 6:31).
> "다윗이 아삽과 그 형제를 여호와의 언약궤 앞에 머물러 항상 그 궤 앞에서 섬기게 하되 날마다 그 일대로 하게 하였고"(대상 16:37).

다윗 왕 때의 이들은 성전이 세워지기 전까지 하나님 언약궤 앞에서 하나님을 향한 찬미의 제사 성격의 기능을 담당하였습니다. 그의 사역 가운데에는 항상 조석으로 번제를 드릴 때 함께 음악으로 섬겼으며(대상 16:40-42), 새벽과 저녁마다 서서 여호와께 축사하며 찬송하는 직임을 다하였습니다(대상 23:30). 언약궤와 제사를 중심으로 한 이 사역은 솔로몬 성전 시대에 이르러서도 이전과 다름없이 그날의 성전 업무에 따른 제사장들을 도우며 정해진 시간에 봉헌하는 찬송이었습니다. 그리고 매년 행해지는 절기 제사와 함께한 예배음악으로 사역을 담당하였던 것입니다(대하 8:14).

찬양대원은 구별된 사람들입니다

성전 시대를 대비하여 예배를 위한 찬양 사역에 일임된 이들은 이스라엘 12지파 중 유일하게 제사장 직분을 가졌던 레위지파 사람들로 이루어졌습니다. "다윗이 군대 장관들로 더불어 아삽과 헤만과 여두둔의 자손 중에서 구별하여 섬기게 하되..."(대상 25:1)의 말씀대로 이때 야곱의 셋째 아들인 레위의 세 아들, 게르손의 후손 아삽, 그핫 후손인 헤만, 그리고 브라리 후손인 여두둔이 지도자로 세워졌습니다.

성전 건축 이후 성전에서 예배 음악으로 사역하게 될 찬양하는 사람들의 직무와 계보가 기록된 역대상 25장에 대하여 바흐는 이렇게 말했습니다. "이 장은 하나님이 기쁘시게 하는 모든 음악을 위한 진정한 기초이다... 음악이 하나님의 영에 의하여 다윗을 통해 제정되었다는 놀라운 증거이다."[19] 이러한 세움을 받음과는 달리 이전에 언약궤를 옮겨가는 과정에서 임시로 조직된 찬양하는 이들의 시작은 다윗에게 주신 하나님의 직접적인 명령에 따른 것이 아니었더라도, 바흐의 고백처럼 하나님 영에 감동된 다윗으로 말미암아 제정된 것이었습니다.

그런데 여기서 주목해야 할 것이 있습니다. 다윗 이후에 건축될 성전에서의 예배만은 하나님의 직접적인 지시하심에서 비롯되었다는 사실입니다. 왜냐하면 예배의 그 모든 것에 주체가 하나님이시기 때문입니다. 이와 관련한 다음의 말씀은 이미 인용하여 언급된 내용입니다. "왕은, 주님께서 다윗 왕에게 지시하신 대로, 레위 사람들을 시켜서, 주님의 성전에서 심벌즈와 거문고와 수금을 연주하게 하였다. 이것은 주님께서 다윗 왕의 선견자 갓과 나단 예언자를 시켜서, 다윗 왕에게 명령하신 것이었다."(대하 29:25, 새번역). 이 말씀은 남유다 13대 왕인 히스기야가 성전을 다시 일으키고 예배를 회복하고자 했던 당시 상황입니다. 이때 성전에서 악기 연주자인 레위 사람들을 성전에 배치한 것이 하나님께서 예언자 갓과 나단에게 지시하심으로 인한 것이었습니다. 예배에 직결된 사역을 이루어가게 하신 주체가 하나님이셨음을 드러냅니다. 그래서 찬양대는 본질적으로 자발적이며 자원함으로 봉사하는 그룹이지만, 그 구성원이 됨과 사역의 실천 과정은 하나님의 주권(Lordship) 안에서 교회를 통하여 위임된 거룩한 부르심(calling)따라 이루어져 가야 합니다.

이렇듯 하나님의 주권적 섭리 속에 다윗에 의하여 세움을 받게 된 레위인들은 하나님 임재의 상징인 언약궤 앞에서 조석으로 날마다 찬양 사역을 감당하였습니다. 제사를 드리는 동안 음악을 함께 연주하며 찬송하는 것이었기에 제사장과도 똑같이 구별된 자로 그 직무를 감당해야만 했습니다. 이는 성전에서 음악 사역을 위해 세움 받았을 때 '구별하여 섬기게 하되'(대상 25:1)라고 하신 이유이기도 합니다.

그런데 이 '구별(바달, badal)'이란 의미엔 두 가지의 개념이 있습니다. 하나는 '버리다'이며, 다른 하나는 '속하다'입니다. 다시 말하면 죄악된 것은 그 모든 모양이라도 끊어 버리고, 거룩하신 하나님께는 전적으로 속함을 가리킵니다. 이에 관련하여 성경에서의 그 실제를 찾아볼 수 있습니다.

바벨론 포로 생활에서 풀려나 고향에 돌아왔던 이스라엘 백성들은 천신만고 끝에 하나님의 은혜로 재건한 스룹바벨 성전에서 첫 번째 유월절 의식에 참여합니다. 이때 그들은 하나님께 감사하며 그 절기를 지키기 위해 "…무릇 스스로 구별하여 자기 땅 이방 사람의 더러운 것을 버리고 이스라엘 무리에게 속하여…"(스 6:21)의 말씀대로 행합니다. 곧 그들이 더러운 것이라 여겨지는 모든 것들을 버리고 하나님의 거룩함에 속하였던 것입니다. 구별은 이와 같이 세상에서 끊어버려야 할 것과 그 반대로 속해야 할 것이 무엇인지를 명확하게 드러낸 말입니다.

그러나 신앙의 결단 속에 빚어진 이스라엘의 순결함은 어느 새인가 흐르는 세월 속에서 퇴색되어만 갔습니다. 율법 학사이자 제사장인 에스라가 고향에 돌아왔을 때(B.C. 458년) 이스라엘 백성들뿐만이 아니라 제사장들까지 커다란 죄악에 빠져있었던 것입니다. 성전 재건(B.C. 516) 이후 꼭 58년 만의 일입니다. 가장 엄격히 거룩하게 구별되어야 했던 제사장들과 레위인들마저 이방 여인들을 취하고 그들 민족의 가중한 일을 행함에 오히려 앞장까지 서는 범죄를 행하고 있었던 것입니다(스 9:1-2). 여기엔 찬양하는 직무를 담당했던 엘리아십이란 인물도 있었습니다(스 10:24).

　이렇듯 타락한 이스라엘의 참담한 상황으로 인해 에스라는 머리털과 수염을 뜯고 겉옷과 속옷마저 찢은 채로 정신을 잃듯 주저앉아 있었습니다. 비통한 심정으로 힘을 가눌 수 없었지만, 저녁 제사를 드릴 즈음에서야 간신히 몸만을 일으켜 여호와의 전 앞에서 무릎 꿇고 두 손을 들어 슬피 울며 그들을 대신한 참회의 기도를 드립니다(스 9:3-15).

　이러한 에스라의 기도 소리를 듣게 된 이스라엘 백성들은 통회하면서 자신들의 죄악된 삶으로부터 완전히 돌아서려는 결단을 내리기 시작합니다. 이방 여인들과의 결혼생활을 깨끗이 청산해 버리고자 하나님 앞에서 서약하고 율법대로 행할 것을 다짐도 합니다.(스 10:1, 3). 비록 인간적인 사랑과 가정을 이루는 그 자체가 선한 것이라 해도 하나님을 대적하는 이방인과의 결혼이었기에 이는 말씀에 위배된 하나님을 거역한 죄악임엔 너무도 자명했습니다(신 7:3-4). 이에 이를 냉정하게 끊어 버림이 하나님 앞에서의 구별이었습니다. 그래서 '거룩한 백성'(출 19:6)의 '거룩(*카도쉬, qadowsh*)'은 '분리'를 뜻합니다. 이러한 구별됨을 이루고자 그들은 나름의 깊은 애정과 사랑으로 가꿔왔었던 가정까지 버려야 하는 심적 고통을 감내해야만 했습니다.

　오늘날 찬양하는 무리도 성경이 말씀한 이러한 구별됨엔 예외일 수 없습니다. 하나님의 임재를 가장 강렬하게 직시하며 그 안에서 온전한 영적 섬김으로 임해야 할 거룩히 구별된 공동체이기 때문입니다. 그만큼 세상 속에서 살아가는 생활 가운데 끊어버려야 할 것들과 그 반대로 속해야 할 것들에 단호한 행동이 있어야 한다는 것입니다. 마치 구약시대 제사장들의 이마에 쓴 관에 기록된 '여호와께 성결'(출 28:36)처럼 찬양하는 이들의 심장에도 이러한 모토(motto)가 새겨지고 삶으로 이어져가야 합니다. 그 찬양의 노래가 거룩하신 하나님 임재 앞에서 봉헌의 예배행위이기에 그 구별됨은 필연적인 전제 조건입니다.

혹자는 찬양대의 음악에 대해 경건성을 언급하기도 합니다. 하지만 이는 본질적으로 음악 자체일 수 없고 부르는 자의 경건함을 가리킬 뿐입니다. 성경은 의로운 자의 경건에 대하여 다음과 같이 말씀합니다. "... 예루살렘에 시므온이라 하는 사람이 있으니 이 사람이 의롭고 경건하여 이스라엘의 위로를 기다리는 자라 성령이 그 위에 계시더라"(눅 2:25). 여기의 '경건하여(율라베스, eulabes)'는 유(eu: well)와 람바노(lambano: to take, to receive)에서 유래된 말입니다.[20] 곧 경건이란 하나님의 말씀을 잘 받아들이는 내면과 함께 한 삶에서의 실천을 가리키는 것이지 그 어떤 외형으로 이에 따른 분위기를 지칭하는 말이 아닙니다.

이 사실은 교회사 속에서도 살필 수 있는데 그것이 독일의 경건주의(Pietism)에서입니다. 경건주의 창시자로 알려진 필립 야콥 스페너(Philip Jacop Spener, 1633-1705)는 자신의 *경건한 소원들*(*Pia desideria*, 1675)이란 글의 출판으로 당시의 형식주의와 생명력 없는 교리적 논쟁을 회피하고 오직 회개와 그리스도인으로서 살아가는 삶의 일치를 강조하여 신앙회복 운동을 일으킨 인물입니다. 그에겐

*경건의 실천(praxis pietatis)*을 통한 신앙의 열매가 하나님 앞에서 참된 경건이었던 것입니다. 그리스도인으로서 실제적인 삶 없이는 경건의 본질은커녕 그 진정성조차 불가능함을 밝혀줍니다.

성경은 이를 명확하게 다음과 같이 말씀합니다. "하나님 아버지 앞에서 정결하고 더러움이 없는 경건은 곧 고아와 과부를 그 환난 중에 돌아보고 자기를 지켜 세속에 물들지 아니하는 이것이니라"(약 1:27). 경건의 참된 의미가 고와와 과부를 돌봄으로 정의되는 것이라 할 수는 없겠지만, 진정 하나님 앞에서의 경건은 '실제적인 섬김과 개인적인 순결'[21]에 있다는 사실입니다. 곧 경건엔 말씀 안에서 살아가는 실천적 삶이 없으면 경건도 없다는 것입니다. 마치 신앙과 삶의 총체적인 표현이 예배이듯 말입니다. 그래서 이 말씀의 '경건(*드레스케이아, threskeia*)'의 원뜻은 '예배'입니다.

그러므로 경건은 그 어떤 외형에서가 아니라 하나님 말씀을 잘 받는 영적 상태를 가리키고 그리스도인의 실제적인 삶으로 예배하는 '산 제사'(롬 12:1)를 말합니다. 더 나아가 세상에서 자신을 '지켜(*테레오, tereo: to watch over, guard*)'(약 1:27) 물들지 아니하려는 경계함과 정결한 삶을 위해 말씀으로 무장하는 것입니다. 이 모두가 구별에 대한 진정한 의미와 속성입니다. 이러한 구별됨 속에 있고 그에 따른 거룩한 삶을 살아가는 무리 중의 무리가 예배에서 찬양으로 섬기는 모든 이들이자 찬양대입니다.

찬양대는 성령에 의하여 소리 내는 사람들입니다

20세기 말에 기독교 영성과 관련된 많은 책을 남기고 간 헨리 나우웬(Henri Nouwen, 1932-1996)의 글 중에 *자비를 위한 간구*(A Cry for Mercy)에선 성령을 사모하는 고백이 다음과 같이 나옵니다.

> 사랑의 주님, 제가 주님에 대한 모든 것을 알 때에도, 성경의 모든 말씀을 주의 깊게 공부할 때에도, 주님을 향한 섬김 가운데서 사역하고자 하는 강한 욕구와 의지를 가질 그때조차도, 성령을 선물로 받지 않으면 저는 아무것도 할 수 없습니다.[22]

하나님을 섬기는 사역에 있어 어느 한순간도 성령 하나님의 역사하심이 없을 때란 존재하지 않습니다. 사도 베드로를 통해서도 "예언은 언제든지 사람의 뜻으로 낸 것이 아니요 오직 성령의 감동하심을 입은 사람들이 하나님께 받아 말한 것임이니라"(벧후 1:21)라고 말씀합니다. 이것은 '모든 성경의 원천인 계시'로서 '구약 예언의 신적 기원'[23]을 확언한 말씀입니다. 여기엔 성령의 역사가 절대적이라는 것입니다. 물론 성령의 역사는 이러한 예언에만 있지 않습니다. 하나님의 자녀로서 살아가는 믿음의 삶이나 또 믿음으로 행하는 음악을 포함한 모든 사역까지도 반드시 성령의 지도와 이끄심으로만 온전하게 될 수 있을 뿐입니다.

특별히 음악과 관련하여 하나님 영의 역사하심이 있으셨음을 성경에서 찾을 수 있습니다. 그 실례가 다윗이 사울 왕 앞에서 수금을 탔을 때 사울에게 있던 악신이 떠났다고 한 사건입니다. 대부분 사람들은 사울 왕을 치유한 것이 다윗에 의해 연주된 음악에 있다고 생각합니다. 그러나 음악 자체가 사울에게 있던 악신을 떠나게 할 수 없습니다. 왜냐하면 사울 왕을 괴롭혔던 악신이 음악 소리를 듣기 싫어했다거나 음악을 무서워할 만한 존재도 아니기 때문입니다. 다만 이는 다윗을 감동한 하나님의 신으로 말미암은 것입니다.

성경은 이 사건이 일어나기 얼마 전 다윗이 사무엘 선지자에게 기름 부음을 받음으로 그날부터 여호와의 신에게 크게 감동되었다고 말씀합니다(삼상 16:13). 이를 비추어 보면 사울 왕 앞에서 다윗이 연주하는 그 음악의 현장엔 결코 악한 영이 거할 수 없는 이유가 하나님의 거룩한 영이 다윗과 함께하심 때문임을 알 수 있습니다. 더구나 아무런 가사조차 없는 음악이라도 날마다 찬송의 삶을 살았던 다윗이었기에 하나님께 올리는 찬양의 곡조였거나 또 그러한 마음으로 연주했음이 분명합니다. 그래서 하나님의 영의 거하심과 이에 감동된 다윗의 신령한 그 소리를 통해 역사하심으로 사울의 악신이 떠난 것은 너무나 당연합니다. 무엇보다 사울을 괴롭힌 악신이 다름 아닌 하나님께서 부리셨던 영에 불과한 것이었기에 이를 확증해줍니다(삼상 16:14, 23).

성경은 "하나님의 성령으로 봉사하며(*latreuo*: 예배하며)"(빌 3:3)라고 말씀합니다. 예배의 모든 순서와 내용들과 마찬가지로 찬양대 음악 역시 성령으로 행하는 섬김입니다. 신앙적인 가사를 아름답고 정성스럽게 노래하는 차원을 넘어 성령의 역사 속에서 이루어지는 영적 행위라는 것입니다.

음악을 통한 찬양함이 그와 같음은 다음의 말씀으로 설명될 수 있습니다. 곧 '부르다(*saphar*)'(사 43:21)의 의미에 따라 모든 생각이 하나님께 사로잡힘 속에서 가사를 차례차례 이야기하며 전하듯 하는 찬송이나, 내면의 두 손을 든 채 헌신으로 쏟아내는 아삽의 감사(*towdah*, 시편 50:23)나, 참담한 현실 앞에서도 모든 복의 근원이신 구원의 하나님을 인정하며 엎드림으로 나아가는 욥의 송축(*barak*, 욥 1:21)이나, 또 벼랑 끝 삶일지라도 입술엔 멈출 수 없는 하나님 자랑으로 가득한 감격스러운 다윗의 찬송(*halal*, 시편 63:5)이나, 이 모두는 인간의 지·정·의를 넘어서는 것이기에 영적 범주에서의 행위로밖에 설명될 수 없습니다. 다만 이렇게 되기 위해선 필연적인 성령 하나님의 도우심이 따라야 한다는 것입니다. 그래서 에이든 토저(A. W. Tozer, 1897-1963)는 이렇게 고백했습니다.

> 성령께 완전히 의지하지 않으면 우리는 실패할 수밖에 없다. 만일 우리가 그리스도의 일을 우리 자신의 힘으로 할 수 있다고 오산한다면, 그건 절대 이루어지지 않을 것이다.[24]

아무리 세련되고 웅장한 소리가 되어 감동을 주는 찬양의 음악이라도 성령에 의지한 영적 고백이 아니라면 단지 공허한 소리일 뿐입니다. 이는 예배의 찬송 중에 거하시는 하나님을 연상하게 할 음악이 아닌 단지 종교음악 감상을 위해 연주된 콘서트홀에서의 울림과도 같기 때문입니다. '나의 찬송'(사 43:21)을 말씀하신 하나님께 봉헌될 찬양은 반드시 하나님의 방식만을 좇아야 합니다. 곧 하나님의 영에 이끌린 찬양이 되는 것이야 합니다. 이는 날마다 말씀과 기도에 깨어 성령을 사모하고 열망함으로 말미암아 성령의 기름 부음 받은 소리로 봉헌하게 되는 찬양대임을 말해줍니다.

찬양대는 영적 예언자들입니다

다윗 왕 시대에 하나님 법궤 앞에서 전문적인 음악 사역으로 찬양하는 사람들을 위한 대표자 세 사람이 세워졌습니다. 이들 모두는 음악가이면서도 영적 지도력이 뛰어난 인물들이었습니다. 아삽은 하나님의 말씀을 받드는 선견자였으며(대하 29:30), 헤만과 에단(그의 별칭인 여두둔)은 말씀뿐만 아니라 왕까지도 받드는 선견자로서 국정에까지 도움을 주었던 위치에 있었습니다(대상 25:5; 대하 35:15). 비록 음악 사역의 직임을 받았지만 정작 그들 모두는 한결같이 영적 지도력을 지닌 존경받는 선지자들이었습니다. 단지 음악의 전문성만이 아니라 삶과 음악 사역의 현장 모든 면에서 영적 리더십으로 겸비되었던 것입니다.

이는 오늘날 교회음악의 모든 사역자들에게도 예외일 수 없는 하나님의 뜻이 있음을 알게 합니다. 특히 예배에서의 찬양대가 맡는 역할 중엔 마치 제사장적이면서도 선지자적인 직무로 감당해야 할 사역이 있습니다. 물론 이것은 복음적이지도 않은 어떤 종교적인 권위가 있음을 말함이 아닙니다. 다만 하나님과 회중을 향한 두 방향에서의 사역을 가리킵니다. 하나는 회중을 대표하여 하나님께 찬미의 제사를 봉헌하는 것이고, 다른 하나는 회중을 향한 선포의 기능으로 돕는 것입니다. 이미 이러한 개념을 언급한 바 있지만, 찬양대의 음악에 있어 바른 사고와 사역의 영성을 위해 다시 한번 설명하는 것입니다.

이를 위한 예가 구원하심으로 인해 감사로 찬양하는 노래인 이사야 12장에서 볼 수 있습니다. 여기엔 다만 수평적인 찬양 노래 속에서도 선포적인 성격이 강합니다. 이에 그의 첫 시작은 하나님을 향하고 있습니다. "그때 사람들은 이렇게 노래할 것이다. 여호와여, 내가 주를 찬양합니다. 전에는 주께서 나에게 분노하셨으나 지금은 나를 위로하십니다"(사 12:1, 현대인의 성경). 곧이어 하나님의 그 은혜와 사랑하심을 노래합니다. "하나님은 나를 구원하는 분이시니 내가 그를 신뢰하고 두려워하지 않으리라. 여호와 하나님은 나의 힘이시며 노래요 내 구원이 되셨네"(사 12:2, 현대인의 성경). 이러한 개별적인 고백은 이제 회중을 향하고 더 나아가 온 세계에서 울려 퍼지도록 구원하시는 하나님의 이름이 널리 높여지도록 하라는 선포로 이어집니다.[25]

> "그러므로 사람들이 구원의 우물에서 기쁨으로 물을 길으리라. 여호와께 감사하라! 그의 이름을 부르라! 그가 행하신 일을 온 세상에 알리며 그의 위대하심을 선포하라! 여호와께서 놀라운 일을 행하셨으니 그를 찬양하여 온 세계가 그 소식을 듣게 하라. 시온에 사는 사람들아, 기쁨으로 외치고 노래하라! 너희 가운데 계시는 이스라엘의 거룩하신 하나님은 위대하시다"(사 12:3-6, 현대인의 성경).

이와 달리 아예 성전 예배 때 실제로 찬양하는 무리를 통해서 불렸던 예를 들어, 시편 66편(영장으로 한 노래, 지휘자의 인도에 따라 한 노래)을 보면 하나님을 향한 고백과 사람들을 향한 선포가 번갈아 나옵니다. 여기에선 사람들을 향한 선포가 앞서 있습니다.

"온 땅이여 하나님께 즐거운 소리를 발할찌어다 그 이름의 영을 찬양하고 영화롭게 찬송할찌어다"(시 66:1-2).

"하나님께 고하기를 주의 일이 어찌 그리 엄위하신지요 주의 큰 권능으로 인하여 주의 원수가 주께 복종할 것이며 온 땅이 주께 경배하고 주를 찬양하며 주의 이름을 찬양 하리이다…"(시 66:3-4).

"만민들아 우리 하나님을 송축하며 그 송축 소리로 들리게 할지어다 그는 우리 영혼을 살려 두시고 우리의 실족함을 허락지 아니하시는 주시로다"(시 66:8-9).

"하나님이여 주께서 우리를 시험하시되 우리를 단련하시기를 은을 단련함 같이 하셨으며 우리를 끌어 그물에 들게 하시며 어려운 짐을 우리 허리에 두셨으며… 내가 수양의 향기와 함께 살진 것으로 주께 번제를 드리며 수소와 염소를 드리리이다"(시 66:10-15).

"하나님을 두려워하는 너희들아 다 와서 들으라 하나님이 내 영혼을 위하여 행하신 일을 내가 선포하리로다"(시 66:16).

성전 시대의 예배에서 울려 퍼졌던 노래는 그 우선순위가 하나님을 찬양하는 섬김에 있었으면서도 하나님 백성들에게 말씀 선포와 함께 권면과 위로의 메시지도 있었다는 사실입니다.

그래서 당시에 노래하는 자들의 정체성은 찬양함에 음악적인 연주 차원으로만 설명될 수 없음을 직시할 수 있습니다. 곧 영적 예언자로서 선지자적인 역할로 이해되는 것입니다. 이에 다음의 말씀이 있는 이유이기도 합니다.

"다윗이 군대 장관들로 더불어 아삽과 헤만과 여두둔의 자손 중에서 구별하여 섬기게 하되 수금과 비파와 제금을 잡아 신령한 노래를 하게 하였으니…"(대상 25:1a).

"…왕의 명령을 좇아 신령한 노래를 하며"(대상 25:2b).

"…그 아비 여두둔의 수하에 속하여 수금을 잡아 신령한 노래를 하며 여호와께 감사하며 찬양하며"(대상 25:3b).

이 말씀은 다윗의 시대나 현시대의 속한 찬양대에도 변함없는 사역의 실제적인 역할을 드러냅니다. 그것이 세 번에 걸쳐 기록된 '신령한 노래'에 있습니다. 그런데 이 말의 원어는 노래 행위를 뜻하지 않습니다. 모두 다 '예언하다(나바, naba: 1-3절)'입니다. 영어 성경(NASB)에선 "다윗과 군대의 지휘관들은 아삽과 헤만의 아들들과 여두둔의 아들들 가운데서 수금과 비파와 제금을 가지고 예언할 사람들을 따로 구별하여... 왕의 명령을 좇아 예언하며... 그들의 아비 여두둔에 의하여 수금과 비파로 여호와를 찬양함과 감사 속에서 예언하며"(대상 25:1-3, 저자주)[26]라고 되어있습니다. 성전 시대의 예배에서 음악 사역을 담당하게 된 레위인들은 악기를 연주하며 노래로 정작 예언을 하는 것이었습니다. 그 직무가 말씀으로 노래를 부르는 차원이 아니라 음악으로 예언하는 영적 섬김이었습니다.

다만 이 예언이라는 말의 진정한 의미를 파악해야 합니다. 사실 대다수 사람은 예언자를 '앞으로 일어날 일에 대한 말을 전하는 사람(fore-teller)'으로 생각하기 때문입니다. 그러나 성경적인 시각에선 '앞을 향해 말하는 자(forth-teller)'입니다.[27] 이는 단지 미래에 일어날 일의 정보를 알려주는 소극적인 차원이 아니라, 하나님이 계시하신 진리의 말씀을 전함에 적극적이고 담대히 외치는 자로서의 선지자적인(prophetic) 정체성을 말합니다. 이것이 진정한 예언의 본질입니다. 그래서 역대상 25장 3절이 현대인의 성경에선 "...수금에 맞추어 노래로 하나님의 말씀을 선포하고 여호와께 감사와 찬양을 드렸다"(대상 25:3b)라고 번역되었습니다. 노래라는 방식으로 악기들과 함께 한 예언이 하나님의 말씀 선포였다는 것입니다.

이미 인용했던 이사야 12장이나 시편 66편 말씀에 나타났듯이 찬양대의 음악 사역은 하나님께 찬미의 제사를 올려드림과 더불어 말씀 가사로 회중을 향한 선포함에까지 이릅니다. 이때 회중은 울려 퍼진 찬양의 노래 가사에 담긴 하나님의 말씀을 기억하고 감사하면서 영적으로 고무될 수 있습니다. 찬양대 노래가 구별된 사람들이 부르는 선포로서의 영적 예언인 '신령한 노래'에 의해서 말입니다.

성경이 말씀하는 이러한 찬양 사역의 본질로 인해 오늘날의 찬양대원과 또 이를 지도하며 인도하는 지휘자의 영적 자질은 교인들보다 마땅히 앞서 있어야 함을 알게 합니다. 음악 리더십만이 아니라 영적으로 최전선의 위치에 선 믿음의 사람들이기 때문입니다. 이에 교회에서 찬양대원을 임명할 때나 지휘자 청빙에 대한 자격 기준을 정함에도 이것이 가장 우선순위의 필수 요건이어야 함을 아무리 강조해도 지나침은 없습니다. 음악적 경험과 그의 탁월함만을 앞세울 수 없는 것은 성경이 말씀한 찬양 사역에 이와 같은 본질과 목적으로 인한 필연적인 결과입니다.

그만큼 지휘자나 찬양대의 구성원 모두가 자신들의 영적 상태에 더욱 더 민감해야 합니다. 모든 가치로 돌려드릴 하나님을 향한 예배의 진정한 섬김에 음악적 역량이 그 핵심일 수 없는 까닭입니다. 다만 마음속에 담긴 심령의 온전한 신앙고백과 그 직전까지 말씀 안에서 믿음의 실천적 삶으로부터 나온 찬양이어야 하나님께 참된 예배 가치로서의 드림이 될 수 있습니다. 그리고 이러한 봉헌 속에서의 찬양대이어야 진정 '신령한 노래'를 부르는 영적 예언의 섬김이 가능할 수 있습니다.

찬양대는 영적 군사입니다

모든 그리스도인은 끊임없는 영적 전쟁 속에서 살아가고 있습니다. 이에 사도바울은 믿음의 방패를 가지고 구원의 투구와 성령의 검인 하나님의 말씀으로 모든 기도와 간구에 아무 때든 성령 안에서 항상 힘쓸 것을 당부했습니다(엡 6:16-18). 그런데 혈과 육이 아닌 영적 싸움은 이 세상에서의 삶에만 존재하지 않습니다. 세상과 구별된 교회 내에서도 예외일 수 없습니다. 그것이 교회 공동체 생활에 종종 미묘한 갈등과 분열이 발생하는 등의 예상치 못할 어려움으로 나타날 수 있는 현실이기 때문입니다.

그러한 시기에 놓여 있을 때면 가장 굳건히 서 있어 주길 기대되는 사역 부서가 있습니다. 찬양대입니다. 대부분 교회에 든든한 버팀목으로 찬양대라고 말할 수 있음은 그 구성원들 스스로가 먼저 음악 사역에 자원한 적극적인 모습뿐만 아니라 교회 생활 전반적으로 헌신된 그룹이라는 인식 때문입니다. 예배 때마다 이러한 찬양대의 힘차고 확신 가운데 울려 퍼지는 찬양 소리는 그만큼 성령 안에서 연합의 견고함을 고취하고 어려움에 직면해 있는 회중을 영적으로 고무할 수 있습니다.

예배는 하나님과의 만남이자 영적 교통을 이뤄가는 대화의 거룩한 현장입니다. 그럼에도 불구하고 예배는 영적 전쟁터와 다를 바 없습니다. 이와 관련하여 성경은 "회막(성막)문에서 수종드는 여인들"(출 38:8)이라고 말씀합니다. 여기서 '수종드는(짜바, tsaba)'이란 말은

'봉사하다,' 혹은 '섬기다'를 뜻하면서도 동시에 '전쟁을 벌이다,' '싸우다'를 가리키는 군사적인 용어입니다. 문자 그대로 번역하면 '회막 문에 군대로 모인'이란 상황을 나타냅니다. 비록 당시에 성막 문에서 수종 드는 여인들의 일이란 청소 등에 지나지 않은 것들로의 수고였지만 그 자체가 거룩한 임무였고, 내적으로부터 우러나오는 영적 두려움 속에서의 섬김임엔 변함없는 것이었습니다. 더구나 이 말이 성막에서 섬기던 레위인들에게도 변함없이 적용된 사실은 주목할 만합니다(민 4:23, 8:24). 이는 하나님의 임재 장소인 성막에서 영적 전쟁이 치러지고 있음을 상기해 주는 것을 암시합니다.[28]

이에 예배 현장은 단지 편안한 좌석에 앉아 있는 안정된 그림만이 아닙니다. 그것이 외부적인 여건의 이야기가 아니라 예배하는 자의 내면에서 벌어지는 영적 상태가 있음을 말합니다. 그만큼 성막에서 봉사한 이들의 섬김 과정이 영적 전쟁터와 같았던 것처럼 오늘날의 예배도 모든 순간순간마다 믿음에 장애가 되는 것들을 대항하며 하나님만을 향한 영적 시선에 흐트러짐이 없어야 한다는 것입니다.

특별히 시편 149편은 주변으로부터 전쟁 위협 가운데에서 행해지는 예배 내용을 담고 있습니다. 이 말씀은 그러한 처지에도 기쁨의 노래로 예배하라는 거룩한 부르심으로 시작합니다.[29] "할렐루야 새 노래로 여호와께 노래하며 성도의 회중에서 찬양할찌어다"(시 149:1). 당시엔 외부적인 긴박함으로 내면 상태가 큰 두려움에 휩싸여 예배 중에 심적인 갈등이 발생할 수도 있었을 것입니다. 그래서 연약한 백성의 상태를 아시는 하나님은 이렇게 약속의 말씀으로 노래하게 합니다.

"…눌림 받는 약한 사람에게 승리의 영광을 안겨 주신다"(시 149:4b, 새번역). 이 말씀 직후 하나님의 절대적인 도우심을 믿고 전쟁도 각오하며 의연하게 임해야 할 것이 바로 예배임을 선언한 다음의 말씀으로 이어집니다. "너희 성도들아, 큰소리로 하나님을 찬양하라. 손에 쌍날의 칼을 잡고"(시 149:6, 현대인의 성경). 결국 이 시편은 '할렐루야'(시 149:9)로 예배의 부르심에 대한 응답을 끝맺습니다.

이처럼 찬양으로 예배함이 이제는 실제 목숨마저 위태로울 수 있는 전쟁터의 현장에서 그것도 최전선에 서서 나아갔던 그 시대의 찬양하는 무리에 관한 이야기가 있습니다. 그것이 유다 4대 왕인 여호사밧 왕 때의 일이었습니다.

여호사밧 왕은 갑작스럽게 군사력으로 막강한 이방 나라들의 연합군 침략이 있을 것이라는 소식을 접하게 됩니다. 보통 이러한 때에 왕이라면 먼저 군비의 확충과 군사적인 자구책 마련에 생각을 집중하였을 것입니다. 하지만 그의 반응과 행동은 지체 없는 금식령 선포였습니다. 왕조 시대에 왕이 공식적으로 온 백성을 향해 금식 선포를 한 것은 처음 있는 일이었습니다. 그에게는 나라에 처한 급박한 위기 속에서 취할 수 있는 것이 하나님께 목숨을 내맡긴 채 간구하는 일 밖에는 없다는 겸손과 절대적 신뢰인 믿음이 있었습니다.

특히 그의 기도는 하나님의 절대 주권을 고백하며(대하 20:5), 열조와 맺었던 언약의 신실성을 상기하면서 아뢰고(대하 20:7), "만일 재앙이나 난리나… 우리에게 임하면 주의 이름이 이 전에 있으니 우리가 이 전 앞과 주의 앞에 서서 이 환난 가운데서 주께 부르짖은즉 들으시고 구원하시리라 하였나이다"(대하 20:9)와 같이 솔로몬 성전 봉헌식 때에 올렸던 솔로몬의 기도들을 인용한 절규로 가득했습니다.

그런데 음식을 입에 대지도 않고 목숨을 내놓은 채 드린 이렇듯 간절한 기도는 왕뿐만이 아니라 그의 신하들, 모든 유다의 사람들과 남녀노소에 구분이 없었습니다. 그들 모두가 다 하나님을 향한 간구함 속에서 하나가 되었습니다(대하 20:13). 이러한 그들의 부르짖는 기도에 하나님은 약속의 말씀으로 응답하십니다. "이 큰 무리로 인하여 두려워하거나 놀라지 말라 이 전쟁은 너희에게 속한 것이 아니요 하나님께 속한 것이니라… 이 전쟁에는 너희가 싸울 것이 없나니 항오를 서서 이루고 서서 너희와 함께 한 여호와가 구원하는 것을 보라"(대하 20:15,17). 흥미로운 사실은 그 수많은 사람 중에 하나님의 응답을 받았던 인물이 다름 아닌 찬양대 지도자 아삽의 자손인 찬양대원 야하시엘이었다는 것입니다(대하 20:14). 하나님 말씀의 통로가 찬양대원이었다는 점은 그 정체성에 있어서 영적으로 더욱 깨어있는 자이여야 함을 알게 해줍니다.

여호사밧 왕은 하나님이 말씀하신 대로 진행할 군사들을 정비하고 배치합니다. 이 와중에 그는 하나님의 지시하심에도 없는 한 가지 일을 더 준비시키고자 백성들과 의논합니다. 그 군사들 앞에 서서 나아가게 했던 또 다른 무리를 두기 위함이었습니다. 그들은 "여호와께 감사하세 그 자비하심이 영원하도다"(대하 20:21)라는 찬송을 하면서 앞서갔던 그 시대의 찬양대인 노래하는 자들이었습니다.

아무 보호막도 없는 이들은 긴급하고 절박한 전쟁 상황 가운데에도 최전선인 무장한 군대 앞에서 나아갔던 것입니다. 자신들은 단지 예복만을 입고서 말입니다. 앞장 서가는 이들에겐 하나님의 약속하신 말씀밖엔 없었습니다. 그 말씀을 굳게 붙잡고 노래하였습니다. 그들 노래의 '감사하세(yadah)'가 '두 손을 들다,' '인정, 감사, 찬양하다'란 말이듯이 금식기도 중에 받은 하나님의 약속하심에 오직 두 손 들고 절대적 신뢰 속에서 하나님을 하나님으로 인정하며 감사 찬양으로 나아가고 있었던 것입니다. 이때의 찬양 소리는 전쟁이란 긴박함으로 올 수 있는 두려움과 떨림의 소리가 아니라 하나님의 말씀에 절대 믿음으로부터 흘러나오는 평안함과 담대한 심령의 소리였습니다.

그런데 주목할 만한 사실이 있습니다. 그것은 이들이 전쟁 중도 전쟁 후도 아닌 전쟁 시작 전에 미리 경험하게 될 하나님의 은혜를 먼저 노래했다는 것입니다. 그들로부터 나온 노래는 전쟁에서 승리가 있고난 뒤가 아니라 미리 울려 퍼졌던 것입니다. 이러한 그들의 믿음에 하나님의 구원 역사는 "노래와 찬송이 시작될 때에…"(대하 20:22a)부터였습니다. 이는, 곧 하나님의 역사하심이 말씀을 의지하고 나아간 이들의 실제적인 앞선 행동에 맞추어 시작하신 것임을 의미합니다.

이처럼 찬양대는 아무것도 보이지 않는 상황에서 하나님 말씀의 깃발을 앞세우고 당당하게 나아가며 믿음의 소리를 힘차게 내는 영적 군사와도 같습니다. 그의 찬양은 미리 승전보를 외치며 감사하는 감격에 넘친 노래의 전주곡이었습니다.

전쟁터라는 실제의 현장은 사실 내면에서 발생하는 영적 전쟁을 극대화할 수 있는 요인이 될 수 있습니다. 이러한 상황과 관련된 또 다른 사건 하나를 성경에서 찾아볼 수 있습니다. 이스라엘의 다섯 번째 사사로 선택된 기드온과 그의 300명 용사에 관한 사사기 7장의 말씀입니다.

이 말씀에 기록된 기드온과 그의 300명의 용사는 무려 13만 5천 명의 미디안 군대와 맞서 싸우도록 하나님이 정하신 인원이었습니다. 그런데 이 숫자는 이스라엘이 자긍하며 자기 스스로 구원하였다고 할까 하여 취하신 하나님의 방법이었습니다. 원래는 처음 모집에 3만 2천 명(삿 7:3)이었으나 최종적인 300명으로만 선별하신 후, 이들에게는 빈 항아리와 나팔이 지급되었습니다. 이 나팔은 전쟁 시에 불도록 준비된 것이었습니다. 상식적으로 이해되지 않는 것은 전쟁을 위해 하나라도 더 많은 무기를 지녀야 할 상황임에도 빈 항아리와 더불어 나팔이란 악기가 쥐어졌을 뿐이란 사실입니다(삿 7:8).

그러나 여기엔 하나님의 뜻을 추정해 볼 수 있습니다. 이들의 손에 들게 했던 나팔은 옛날의 조상들이 가나안 땅을 정복해 나아갈 때 여리고 성을 돌며 불었던 나팔(쇼파르, *showphar* 또는 *shofar*: 양각 나팔)이었습니다(수 6:20). 더욱이 하나님의 강림하심을 증거하는 소리로서 하나님이 시내산으로 내려오셨음을 알리듯 크게 울려 퍼졌던 나팔도 바로 이 쇼파르(*showphar*, 양각 나팔)였습니다(출 19:16, 18). 그래서 이들은 그 나팔을 보면서 시내산에 강림하셨던 하나님을 고대하며 조상들이 여리고 성을 마지막 일곱째 날에 비장한 마음으로 돌 때 나팔을 불고 나아갔던 모습을 연상했을 수도 있었을 것입니다. 하나님의 경이롭고 초자연적인 구원하심을 사모하면서 말입니다.

이에 전쟁이 시작되자 적군들 앞에서 예정된 대로 기드온과 함께한 300명 용사는 왼손의 빈 항아리를 깨고 그 안에 든 횃불을 든 채 오른손에 있던 나팔로 온 힘을 다하여 불며 "...여호와와 기드온의 칼이여"(삿 7:20b)라고 외칩니다. 그러자 미디안 군인들은 겁에 질려 도망하고 서로 칼로 치며 죽이는 혼란 속에서 자멸하기 시작합니다. 그 결과는 하나님의 약속대로 기드온과 함께한 300명 용사의 완전한 승리였습니다.

만일 기드온과 함께 일심으로 불었던 300명의 나팔 소리를 상상해 본다면 미디안 군대를 완전히 압도할 만한 소리였을 것입니다. 이는 마치 여호사밧 왕 시절 군대 앞에 선 노래하는 자들이 "...너희와 함께한 여호와가 구원하는 것을 보라..."(대하 20:27)의 약속의 말씀을 의지하고 나아갔던 것처럼 이들의 나팔 소리도 전쟁에서 직접 싸워 주실 하나님이심을 알리는 감격스러운 외침과도 같았을 것입니다.

예배에서 찬양으로 사역하는 모든 이들도 이와 같이 영적으로 무장된 군사에 비유될 수 있습니다. 먼저 예배자이면서 회중의 예배를 돕고자 최전선에서 진군해 나가는 영적 군사로 말입니다. "만일 나팔이 분명치 못한 소리를 내면 누가 전쟁을 예비하리요"(고전 14:8)라는 말씀 따라 찬양대 역시 분명하고도 확신 가득한 소리로 승전의 전주곡을 울려야 합니다. 이는 전 존재를 다해 영혼 깊은 곳에서부터 약속하신 말씀에 절대적인 믿음을 발하는 영적 군사의 신령한 소리이자 거룩한 함성입니다.

찬양대는 찬양을 인도하는 사람들입니다

　찬양대원이 되는 조건 중의 하나는 음악의 은사입니다. 자신에게 있는 음악적 역량의 높고 낮음을 떠나 원래 지닌 자질의 여부를 가리킵니다. 본질적으로 찬양대 직분은 단순히 음악을 좋아함에 이끌려 자원해서 결정되는 사역 분야가 아닙니다. 이는 워십팀(찬양팀)도 마찬가지입니다. 좋아하는 차원이 아니라 음악을 할 줄 알만한 능력이 있어야 합니다. 물론 능숙함에 이르기까지는 시간도 필요하고 상대적이라 하더라도 지속적인 훈련을 통해 음악적인 감각의 깊이와 연주 기술을 갖출 수 있는 정도는 되어야 합니다.

　임시적이기는 하지만 처음으로 찬양 사람들을 조직하기 위해 다윗 왕도 노래하는 자들을 세웠습니다(대상 15:16). 솔로몬 성전 시대에서 섬길 정규적인 찬양 사역에 선별됨에 있어 단지 자원하여 아무나 임명된 것이 아니라 논의 과정의 엄격한 절차가 있었습니다(대상 25:1). 이는 찬양으로 섬기는 직분을 맡게 된 자들 모두가 다 노래 부르는 것을 좋아하는 사람들이라기보다 노래를 할 줄 아는 자들이었습니다.

　성경은 이에 대해 "...노래하는 자는 주악하며 찬송을 인도하는지라..."(대하 23:13)라고 말씀합니다. 여기서 '인도(*야다, yada*)'는 원어적인 의미가 '알다,' '이해하다'입니다. 남을 이끌어가고 지도할만한 능력을 지닐 정도로 '경험을 통한 앎과 이해함'을 전제로 하는 말입니다. 특히 이 단어는 "아담이 그 아내 하와와 동침(*yada*)하매"(창 4:1)에서도 사용된 것입니다. 곧 "남자가... 그 아내와 연합하여 둘이 한 몸을 이룰찌로다"(창 2:24)의 말씀대로 서로가 온전한 하나 됨의 실제적인 삶을 통해 터득할 수 있는 '앎'의 상황을 의미합니다. 그만큼 음악에 대하여 실제적인 훈련과 경험을 토대로 하여 다른 사람에게까지 교육할 수 있는 능력도 있어야 한다는 것입니다. 그래서 '가르치다'라는 뜻이 있습니다.

현재 작은 규모를 갖는 교회의 경우라면 이의 적용이 현실적으로는 멀게 느껴질 수도 있습니다. 그러나 이것을 주어진 사명으로 삼고 노력한다면 문제가 문제로 보이지 않을 것입니다. 구약시대에도 노래하는 자들 중엔 처음부터 숙련된 전문가는 아니었습니다. 그런 그들은 계속해서 노래를 배우며 익숙함에 이르도록 일정한 훈련과정을 밟았던 것입니다. "저희와 그 모든 형제 곧 여호와 찬송하기(*shiyr*, 노래하다)를 배워 익숙한 자의 수효가 이백팔십 팔인이라"(대상 25:7). 이 말씀대로 다윗에 의해 악기 연주 속에서 찬양하기 위해 처음 세워졌던 인원은 20명(대상 15:16-22, 나팔을 불며 함께 한 제사장들은 제외된 숫자) 채 안 되었으나 이후 노래에 익숙한 288명의 지도자들이 배출됨 속에 사역자의 전체 숫자가 무려 4,000명에 이르는 성장을 보게 되었던 것입니다(대상 23:5).

오늘날의 찬양대 현실은 교회 교인의 수가 적을수록 찬양대원의 모집에 상당한 어려움이 따릅니다. 교회 상황에 맞는 적절한 수의 대원을 유지한다는 것도 그리 쉽지 않은 일입니다. 찬양하는 것은 좋아하되 할 줄 알고 이에 헌신된 이를 자주 접할 수 없음이 대부분 중소교회의 상황이기도 할 것입니다. 그렇다고 해서 인원의 부족을 채우기 위해 음악의 은사가 전혀 없는 사람을 임명하는 것은 찬양대만 아니라 예배 공동체에까지 덕이 되지 않는 결과만 초래할 수 있습니다.

더욱이 노래의 능숙함만을 영적인 삶을 위한 노력보다 앞세우거나 심지어 불분명한 신앙고백을 하는 사람임에도 불구하고 아무 문제의식 없이 찬양사역의 직무를 주는 것은 이에 준한 정체성을 스스로 포기하는 것과 다를 바 없습니다. 이미 언급한 '찬송을 인도하는 자'란 말씀은 단지 찬양 노래만이 아니라 찬양의 본질을 깊이 알고 체득한 삶의 지속을 요구하기 때문입니다.

참으로 예배 사역을 위해 세움받아 찬양하는 무리는 음악적 은사만이 아니라 찬양을 진정으로 아는 자들로 이루어진 사역 그룹입니다. 이에 그로부터 울려 나오는 노래는 그 시작에서 마침까지 날마다 말씀으로 하나님을 경험한 삶의 영성으로 엮어진 신앙고백의 표현이어야 하기에 찬양의 앎(*yada*)은 필수 불가결한 전제 조건입니다.

찬양대는 공교히 올리는 자들입니다

찬양대는 외적으로 눈에 가장 잘 띄는 부서이기도 하지만 가장 눈에 잘 보이지 않으면서 봉사하는 노력과 열심에 누구보다 앞서있어야 할 직분이기도 합니다. 교회 내에서 다소 많은 시간을 들이며 모이는 부서이기에 그럴 수 있습니다. 예배 시작 전과 후, 여기에다 평일 중에도 시간을 내어야만 할 만큼 바쁜 일정을 쪼개어 교회에서 지내야 하기 때문입니다.

그런데 언제부터인가 교회마다 이러한 모임의 시간이 원활하지 못한 현실입니다. 그것이 개인적인 피치 못할 상황일 수 있지만 찬양대원들 중엔 다른 부서 직분의 겸직이란 문제 등에서 오기도 합니다. 그래서 이를 극복하기 위해 온라인상에 악보 프로그램을 통해서나 유튜브 등으로 각 성부의 음원과 전체 음악 듣기 등을 하는 수고를 쏟기도 합니다. 하지만 합창 음악은 정작 함께 모여 조화로운 울림을 위한 실제적인 연습 시간이 필연적이기에 이로 인한 고민은 더해질 수 있을 것입니다.

물론 찬양대가 음악적인 아름다움을 추구하여 만들어 냄이 그 우선순위와 목적은 아닙니다. 그럼에도 불구하고 하나님만을 최우선과 최고의 모든 가치(worth)로 돌려드릴 예배에서 봉헌할 찬미의 제사에 소홀함이나 초라함이 있다면 그것은 그리스도인의 삶이 아니라 종교적인 생활 속에 지쳐있다는 증거일 수 있습니다.[30]

브루스 리프블래드(Bruce H. Leafblad)는 이러한 문제에 대해 다음과 같이 말했습니다.

> 우리는 교회에서 자주 너무나 평범한 찬양의 노래들을 하고 있는데 이것은 먼저 우리의 주인 되신 하나님, 우리의 신학, 그리고 우리가 행하여야 할 모범에 얼마나 부끄러운 변명이 되는지 모른다. 교회가 무엇이고, 또 교회가 무엇을 대표하는지를 생각한다면 음악을 통한 섬김에 있어 최상의 것보다 덜한 그 어느 것도 정당화될 수 없다. 이것은 순전함과 진실성에 중요한 역할을 하며, 회중으로 하여금 우리를 보다 진지하게 대할 수 있도록 이끌어 준다.[31]

이것은 예배 형식에 전통이든 현대든 예외일 수 없습니다. 이에 오래 전 이야기이지만 현대 예배를 지향하는 미국 윌로우크릭 교회

(Willow Creek Community Church)에서 예배 사역팀을 이끌었던 낸시 비치(Nancy Beach)의 "때우기식(patch-work)이 아닌 치밀한 준비와 계획을 지향한다"[32]라는 말에서도 이를 잘 드러냅니다. 예배 음악의 난이도가 어떻든 그 사역에 있어서 만큼은 충실함과 최선을 다하려는 마음가짐과 태도의 중요성이 강조된 말이었습니다. 특히 "만군의 여호와가 이르노라 너희가 눈먼 희생으로 드리는 것이 어찌 악하지 아니하며 저는 것, 병든 것으로 드리는 것이 어찌 악하지 아니하냐"(말 1:8)의 말씀 따라 모든 음악 사역자들이 하나님께 최상의 것을 드리고자 연구와 노력을 쏟는다는 이 교회 지도자의 말로도 그 수고의 흔적이 어떠했는지를 헤아릴 수 있게 합니다. 그리고 이때의 '최상의 것'이란 '자신이 가진 것을 통해 최선을 다하는 것'을 의미한 것이라고 하면서 하나님 앞에 평범함(mediocrity)이 아닌 온전한 탁월함(excellence)이 되기 위해 "무슨 일을 하든지 마음을 다하여 주께 하듯 하고…"(골 3:23a)의 말씀이 그 중심이라는 고백도 남겨주었습니다.[33]

어찌 보면 이 교회의 규모나 그 사역 영역에서 전문성을 갖고 있기에 체계적인 계획과 실행이 원활히 이루어졌으리라고 생각할 수 있을 것입니다. 더구나 성경에 나타난 노래하는 자들의 그룹과 현시대의 찬양대 사이엔 여러 가지의 실제적인 차이점 역시 지적할 수도 있습니다. 그것이 이스라엘의 12지파 가운데 구별되어 성막과 그 이후 성전에서의 모든 직무와 율례와 법도를 가르치는 일만을 했던 레위 사람들에 반해 지금은 각자의 일터가 있음 속에서 이 사역에 자원함으로 구성된 현실 말입니다.

이에 오늘날의 찬양대원들 대부분은 그 사역이 매우 큰 수고를 쏟아야 할 거룩한 부담처럼 다가올 수 있습니다. 그러나 시대와 상황이 전혀 달라도 찬양대란 직분을 감당하고자 할 때는 교회의 형편과 자신이 처한 여건 속에서라도 최선을 다함에는 부끄러움이 없어야 합니다. 할 수 있는데도 시도조차 하지 않았다면 평범함을 지나 소홀함에 지나지 않는 것이 될 뿐입니다. 이는 결국 하나님께 드려야 할 제물에 흠이 있는 것들로 적당히 치른 종교의식처럼 행한 이스라엘과 다를 바 없는 것입니다. 그래서 말라기 선지자를 통해서 전해진 엄중한 책망은 이들만을 향한 말씀이 아니게 된다는 사실입니다.

분명 찬양대의 목적이 아름다운 음악 만들기에 있는 것은 아니더라도 하나님께 찬양의 노래를 올려 드림엔 "아름답고(hadarah) 거룩한 것으로 여호와께 경배할지어다"(시 96:9)의 말씀을 지나칠 수는 없습니다. 물론 이 말씀의 핵심은 거룩함의 아름다움입니다. 그러한 토대 위에서 경배의 표현엔 어원적으로 이 말씀의 '아름다움'(hadarah)이 하다르(hadar, 존경하다, 높이다, 혹은 공경하다)로부터 유래된 만큼 그 의미에 따라 창조주이시자 은혜로 구원해 주신 하나님을 찬양함에 깊은 존경과 높임을 드러내려 한 미적인 아름다움에도 나름의 최선을 다한 노력이 있어야 한다는 것입니다.

그래서 시편은 하나님께 노래할 때 '공교히 연주할찌어다'라고 선포합니다(시 33:3). '공교히'(yatab)는 '좋다,' '안전하다,' '즐겁다'라는 뜻이라고 언급한 바 있습니다. 이는 성경 시대만이 아니라 오늘날의 음악 사역에도 마찬가지입니다. 듣기에 음악적인 안정감이나 소리의 좋음을 통한 조화로운 소리로 올려 드림은 전통이든 현대든 모든 교회 음악 사역자들에겐 마땅한 책임입니다.

다만 시편의 이 '공교히(*yatab*)'는 질적인 아름다움만을 가리킨다고 이해하지는 않아야 합니다. 하나님께 드릴 음악에 있어 숙련됨이 이 말의 본질입니다. 이 때문에 영어 성경에서와 같이 현대인의 성경은 '능숙하게(skillfully)'라고 번역되어 있습니다.[34] 이 능숙함의 실제는 연습을 통한 익숙함입니다. 이에 찬양대가 매 주일 올리는 찬양의 가사와 음악에 익숙함을 드러낸 숙련됨이 말씀에 기록된 공교함의 실천입니다.

그런데도 음악적인 역량이 있는 사람이라 하여 자신의 재능만 믿고 연습을 불성실하게 임했다면 성경이 말씀한 이 공교함을 무시함과도 같습니다. 하나님을 섬기고자 하는 애정은 간데없고 단지 자신의 역량을 드러낸 소리에만 관심 있는 것으로 이해될 수 있기 때문입니다. 이는 실제로 하나님이 찬양이란 결과보다 찬양을 만들어가는 그 과정을 살피신다는 사실을 모르거나 가볍게 여기는 모습입니다. 함께 만들어가는 공동체적 훈련 과정과 그 안에서 음악적인 도움이 필요한 이들에게 자신의 음악적 역량을 통한 섬김에도 능숙해야 함을 놓치지 않아야 한다는 것입니다. 이 공교함은 음악적으로 아름다운 소리 만들기만이 아니라 각자의 숙련됨 속에서 함께 조화로움을 이루어가는 익숙함의 과정까지도 이르러야 함을 말씀합니다.

특별히 무슨 노래든 잘 부른다는 것은 단지 선율을 아름답게 부름이라기보다는 가사에 담긴 의미를 음악적으로 깊고 풍성하게 표현함이라는 것엔 누구나 다 공감할 것입니다. 그래서 모든 음악적 역량이 소리의 탁월함을 넘어 가사의 표현력에 더 깊은 노력을 더 합니다. 그것이 기독교적인 내용이 아닌 노래 부름에도 이러한데 하물며 하나님 임재 앞에서 찬양할 땐 어찌해야 하는지는 너무도 자명합니다. 진실로 찬양은 곡조의 아름다움만이 아니라 찬송시에 담긴 생각이란 아이디어를 불러야 합니다. 그 까닭에 찬양 가사의 깊은 이해와 마음으로부터 자연스러운 고백이 되도록 최선의 연습을 인한 숙련됨이야말로 성경이 말씀한 '공교히'를 이루어가는 것입니다.

인생에 허락된 시간을 이러한 섬김에 쏟는 것은 다음과 같은 의미를 갖습니다.

> 누구든지 자기가 가장 중요하게 생각하는 일을 위해서는 보다 많은 시간을 할애한다… 우리가 다른 사람을 위해 시간을 낸다는 것은 우리 자신을 정말로 내어 주는 것이다. 그러므로 시간의 사용은 무엇이 우리에게 중요한가를 나타낼 뿐 아니라 누가 우리의 생애에서 가장 중요한 인물인가를 보여준다. 시간은 우리에게 우선적인 일들을 양도하는 것이다. 이 제한된 자원을 어떻게 배분하는가는, 곧 우리가 무엇을 최우선으로 삼고 있는가를 나타내준다.[35]

'공교히'를 이루기 위하여 쏟는 시간의 이면엔 위의 말대로 인생에서 가장 최고의 가치로 어디에 최우선을 두려는 지를 드러내는 삶의 내면이 있습니다. 인생에 주어진 한정된 시간을 이렇게 쏟음은 분명 시간 낭비라고 할 수도 있습니다. 그래서 마르바 던(Marva J. Dawn)은 이렇게 말했습니다.

> 예배는 시간 낭비이다. 하지만 이는 진정으로 고귀한 시간 낭비다. 왜냐하면 예배가 우리를 우주의 왕이신 하나님의 장엄한 영광으로 빠져들게 하기 때문이다.[36]

예배에 들어간 모든 시간이 설사 낭비와 같더라도 위의 말처럼 참으로 고귀한 시간 낭비임엔 틀림없습니다. 그것이 '공교히'를 통한 애씀에 힘껏 기울인 시간의 가치가 하나님 나라의 영원한 목적으로 인도해 주면서도 하나님의 영광스러운 임재를 누림으로 들어서게 하는 것이기에 더욱 그렇습니다.[37]

다시 한번 강조하지만, 찬양대가 올리는 찬미의 제사는 음악 자체만을 의미하지 않습니다. 이의 진정성은 외적 탁월함보다는 내적 순결함과 고결함에 있습니다. 드리는 자가 정성을 다한다면 외적인 탁월함도 이루어 갈 수 있습니다. 찬양대의 여건에 따라 때로는 미적인 음악 소리에 미치지 못할 아마추어일 수는 있더라도 준비에서부터 섬김의 과정에 따르는 열정에서만은 전문가이어야 합니다. 지속적인 성실한 훈련과 연습으로 언젠가는 하나님 앞에서 공교함으로 찬양의 소리를 올려드리는 찬양대가 될 것을 기대하면서 말입니다.

찬양대는 청지기 영성을 지닌 그룹입니다

교회를 섬김에 있어 절대적인 원칙이 있습니다. 그의 원천적인 힘이 하나님에게서 온다는 것입니다. 음악을 통한 예배에서의 사역도 예외가 아닙니다. 이것은 모든 사역의 근원적인 원리입니다.

음악사역자 중 전문적인 음악 교육을 받았거나 성악 기교가 뛰어난 이들에게서 종종 발견될 수도 있는 모습이 있습니다. 현대 예배의 워십 리더나 워십팀원이든 전통적 예배에서의 찬양대와 지휘자든 하나님을 찬양함에 그동안 자신이 쌓아왔던 노력에서의 실력을 신뢰하여 심지어 과신하듯 하려는 경향입니다.

하지만 모든 사역이 그렇듯 공동 예배(corporate worship)에서의 찬양대나 워십팀의 찬양사역도 하나님의 감동하심 속에 이뤄지는 과정임을 직시해야 합니다. 그때엔 "...누가 봉사하려면 하나님의 공급하시는 힘으로 하는 것같이 하라 이는 범사에 예수 그리스도로 말미암아 하나님이 영광을 받으시게 하려 함이니..."(벧전 4:11)의 말씀 속에서 임하고 있는 것입니다. 여기의 봉사가 포괄적인 의미를 갖는 섬김이기에 비록 예전적 상황을 가리킴은 아니더라도 스스로 발휘하는 능력에서 행하는 것이 아님이 섬김의 본질임을 말씀한 것입니다. 만일 이에서 벗어난다면 그 섬김의 흔적은 섬김의 대상인 하나님이 아니라 자신으로만 남게 됩니다. 하나님보다 자신의 역량을 더 신뢰하기 때문입니다. 이의 결국은 영광 받으심의 대상이 하나님이 아니라 자기 자신이 되어버립니다.

이것은 사역이라고 하는 것에만 제한되지 않습니다. 이 또한 모든 삶에도 그와 똑같습니다. 세상 사람들은 어떤 일이든 자신의 노력으로 되는 것이라 함에 반하여 그리스도인들은 모든 삶에 있어 노력을 포함한 그 과정의 처음부터 끝까지 하나님의 도우심 안에서 이루어지는 신비로움이 있음을 고백한다는 것입니다.

그러한 까닭에 교회 사역에서 찬양대를 포함한 어떤 양식의 찬양 사역이든 이와 같음이 강조되어야만 합니다. 하지만 이보다 더 중요한 것이 있습니다. 바로 그 사역이 누구의 일이 되게 하느냐에 있는 것입니다. 이미 언급했듯 누구의 흔적으로 남겨져 있는가라는 말과 같은 의미입니다.

아무리 뛰어난 성악 실력을 갖춘 솔로이스트(soloist)나 앙상블(ensemble), 워십팀과 이를 이끄는 워십리더, 혹은 찬양대원과 탁월한 지휘자라도 하나님의 공급하시는 힘으로 하는 것같이 행하지 않는다면 이는 하나님의 일이 될 수 없게 하는 것입니다. 찬양이 음악을 통한 영적 행위인 만큼 필연적인 성령 하나님의 도우심에 의존해야 하는 것이기에 더욱 그렇습니다.

이러한 원칙은 청지기(오이코노모스, *oikonomos*: 관리자) 영성으로 향하게 합니다. 행하는 일이 하나님으로부터 위임받은 것이기 때문입니다. 그래서 위에 인용한 베드로 전서 4장 11절 이전의 말씀이 "각각 은사를 받은 대로 하나님의 각양 은혜를 맡은 선한 청지기같이 서로 봉사하라"(벧전 4:10)입니다.

구약의 노래하는 자들인 레위인들은 음악의 재능을 발전시켰던 사람들이었습니다. 그 재능엔 다소의 차이가 있었겠지만, 그 음악적 은사가 하나님으로부터 온 것임을 알고 이에 대한 청지기 정신을 가졌습니다. 그런 의식 속에서 '공교히 연주할찌어다'(시 33:3)의 말씀을 좇아 부단한 훈련과 노력을 행하여 음악적인 능숙함을 이루어 갔습니다.

데이빗 패스(David B. Pass)는 이렇게 말했습니다.

> 기독교 음악인은 하나님께서 위임하신 모든 일에 대한 책임을 갖고 있다. 그리스도 안에서 하나님의 용서하심을 온전히 깨닫는 사람이라면 그는 할 수

있는 한 자유함의 영과 기쁨, 그리고 훈련 속에서 음악적인 발전을 이뤄갈 것이다. 이는 소홀함과 무책임한 음악적인 태도와는 정반대의 모습이다.[38]

이 말은 찬양대를 포함한 모든 음악 사역자들에게 '선한 청지기'와 같이 하나님이 내려주신 음악적 재능을 잘 관리하고 개발해야 할 거룩한 책임이 있음을 강조한 것입니다. 하나님의 부르심에 따라 그 일을 맡는 자, 더 나아가 종으로서의 소명 의식과도 직결된 말이기도 합니다. 그래서 종의 뜻을 갖는 헬라어엔 수행하여야 할 일에 있어 그 역할이 두드러진 *디아코노스(diakonos)*와 종의 책임감을 나타낸 *둘로스(doulos)*가 있음을 주목해야 합니다.[39] 이 모두는 다 청지기 정신에 핵심적인 요건들이기 때문입니다. 찬양 사역은 언제나 종의 역할과 그 책임을 다함이라는 청지기 영성에서 비롯되어야 합니다. 오직 하나님의 흔적으로만 가득 채워진 하나님의 일이 되기 위해서 말입니다.

찬양대는 섬기는 사람들입니다

찬양하는 이들의 모든 사역은 예배를 통해서, 그리고 예배를 위해 음악으로 섬김에 있습니다. 이러한 관점에서 찬양대란 말을 사용하여 그 과정과 성격에 관한 핵심적인 내용 세 가지를 윌리엄 후퍼(William L. Hooper)는 이렇게 설명했습니다. "찬양대란 회중과 함께(with the people), 회중을 위하여(for the people), 그리고 회중에게(to the people) 노래하는 그룹이다."[40] 이 세 가지 사항은 예배의 실천적 원리와 깊이 맞물려 있는 것들입니다. 만약 예배 속에서 찬양대만 아니라 현대적인 예배의 워십팀 사역이 이러한 개념과 기능에 따른 원리들 속에 행해지지 않는다면 그것이 예배 자체라기보다 예배를 위한 보조라는 왜곡된 인식을 줄 수 있습니다.

헨리 나우웬(Henri J. M. Nouwen, 1932-1996)은 예수 그리스도의 기도야말로 진정한 섬김의 모습이라고 강조한 바 있습니다. 곧 '기도는 섬김이고 섬김이 기도이다'란 신념을 통해 만일 기도가 그 무엇을 구하여 얻기 위해 행하는 것으로만 된다면 이미 그의 진정성을 잃어버린 기도라고 했습니다. 본질적으로 예수 그리스도의 기도가 공생애 사역을 성취하기 위한 능력을 구하고자 함도 아니요 영적 재충전을 위한 수단으로 볼 수 있는 것이 아니었다고 하면서 말입니다.[41] 기도는 다만 아버지와 아들이라는 친밀한 관계를 드러내며 이를 온전히 유지하고 지속하게 했던 하나님 독생자의 도리로서 아버지 되신 하나님의 뜻만을 섬겨가는 예배였던 것입니다.

찬양 사역도 이와 같습니다. 그것이 부르는 찬양으로 인해 전달될 수 있는 영적 감동의 통로로서 고무함 등이 이 그룹의 정체성에 가장 우선순위가 된다고 할 수만은 없기 때문입니다. 이에 관한 구체적인 사례는 윌리엄 후퍼가 찬양대란 이름과 그 사역의 상황으로 제시했던 세 가지 핵심 사항인 다음의 설명에서 나타납니다.

첫째, '회중과 함께한(with the people)' 찬양대는 예배 시간 처음부터 끝까지 '영과 진리로'(요 4:24) 하나님을 예배하는 자들임을 말합니다. 찬양으로 예배를 돕는 그룹임에는 분명하지만 이보다 먼저 하나님을 예배하는 자들임을 직시해야만 합니다. 다시 말해 회중의 예배를 위해 또는 회중을 대신하여 준비된 악보를 가지고 부르는 것에만 집중되어 있으면 정작 예배자로서 예배의 모든 과정을 참여함에 소홀해질 수 있게 됩니다.

이에 찬양대는 예배에서의 어떤 임무를 수행하기 전부터 참 우선순위가 먼저 하나님을 예배하는 자들임을 잊지 않아야 합니다. 예배에서의 사역은 어느 한 순서에만 속한 것이 아닌 모든 것, 모든 상황, 모든 순간 곳곳에 펼쳐질 수 있습니다. 그것이 회중과 함께 한 그것도 영적으로 가장 최전선에 서서 하나님을 예배하는 찬양대로 설명될 수 있습니다. 이는 결과적으로 회중에게 예배에 더 깊이 들어서게 하는 매우 주된 사역입니다.

둘째, '회중을 위하여(for the people)'란 찬양대가 회중을 섬기는 사람들, 다른 말로는 음악 사역자로 표현할 수 있습니다. 여기에서의 두드러진 사역은 회중이 더욱 능동적으로 하나님께 나아가며 예배할 수 있도록 모든 예배 순서들마다 최선의 음악 소리로 도움을 주는 것입니다. 예를 들면, 예배로 부름(call to worship)인 입례송이나 기도 인도 후에 기도 응답송, 목회자의 축도에 따른 축도송 등 외에도 회중 찬송에 찬양을 고무하기 위한 *데스칸트(descant)*, 회중과 교대로 부르는 교송(antiphonal singing), 혹은 각 성부의 화성을 부르는 효과적인 방법들도 있습니다. 이는 음악적으로 예배 분위기만을 고취하려는 목적이 아닙니다. 정서의 언어인 음악을 통해 영적 감격으로 승화시켜 가려는 음악 사역의 실제라고 할 수 있는 것들입니다.

이처럼 예배에서 찬양대가 회중을 섬기는 역할에 관련한 핵심적 아이디어를 키에르케고르의 저서인 마음의 순결(Purity of Heart)에서 "예배자는 배우이고 하나님은 관객이다"⁴²⁾라는 말로부터 얻을 수 있습니다. 이러한 비유가 '예배는 하나님과 하나님 백성 간의 대화'라는 본질적인 과정에 다소나마 부연 설명이 필요하긴 하지만 예배 과정에서 주목할 만한 부분을 한 가지 제공해 줍니다. 그것은 예배로 모인 모든 예배자 가운데 하나님과의 만남 속 대화에 온전히 참여할 수 있도록 격려하고 고무하는 예배자들이 있다는 사실입니다. 이는 마치 관객 앞에서 연극을 하는 중에 대사를 잊은 배우를 위하여 무대 뒤에 숨어 그 대사를 불러주는 사람, 프롬프터(prompter: 격려자, 고무자)와 같이 찬양대가 회중을 돕는 예배의 프롬프터라는 것입니다. 이에 찬양대는 무엇보다 이미 앞서 강조되었듯이 먼저 스스로가 예배자임을 직시하면서도 회중이 예배에 더 깊이 동참할 수 있도록 최선을 다한 격려의 소리를 내는 프롬프터임을 기억해야 합니다.

셋째, '회중을 향하여(to the people)'는 하나님의 말씀을 선포하는 선지자적인 역할을 상기하게 하는 말입니다. 구약시대 다윗의 장막에서 '신령한 노래'를 불렀던 노래하는 자들의 실제적인 소리가 음악과 함께한 예언이었던 것처럼 오늘날의 찬양대 찬양 또한 찬미의 제사 성격만이 아니라 음악으로 가사를 통해 그 안에 담긴 말씀을 선포하는 기능이 있다는 것입니다.

그러므로 찬양대의 사역은 예배의 한 부분이 아닌 그 시작에서부터 끝남까지 전 영역에 이릅니다. 이는 하나님께 그리고 하나님을 예배하는 예배자들에게라는 두 가지의 방향성 모두를 포함합니다. 이 안에는 찬양으로 하나님을 향한 섬김과 회중이 더 깊은 예배로 들어갈 수 있게 하는 프롬프터로서의 섬김, 그리고 회중을 향한 하나님의 말씀 선포로 말미암는 선지자적인 섬김이 존재합니다. 예배 전체 과정에서 찬양대는 이와 같이 어느 한순간도 흔들림 없는 영적 긴장감 속에 거룩한 섬김의 소리를 발하는 사역 그룹입니다.

하나님의 관심은 찬양대의 노래보다 노래하는 찬양대입니다

많은 미국 교회들의 찬양대실엔 "찬양하는 사람은 갑절로 기도해야 한다"라는 성 어거스틴의 경구가 붙여져 있다고 합니다. 그러나 "음악에 지나친 흥미를 갖는 것에 대한 어거스틴의 경고는 찬양대실에 붙여져 있지 않다"[43]고 제임스 화이트(James F. White)는 지적하며, 찬양대원이 노래할 때 자신이 무엇을 하고 있는지를 깊이 인식해야 한다고 강조했습니다. 이는 단지 사역의 역할들에 대한 지각만이 아니라 하나님의 진정한 관심이 어디에 있는가를 직시하게 하는 말입니다.

찬양대가 음악적인 역량을 위해서 이에 최선을 다해야 함을 아무리 강조해도 지나침은 없을 것입니다. 그럼에도 불구하고 그것만을 의식함으로 종종 그 자체에 집중하면 이미 찬양대의 찬양은 예배라기보다 음악 만들기란 연주로 향할 수 있습니다.

스코틀랜드 교회들의 찬양대실에 비치된 *교회 찬양 지침서*(Manual of Church Praise)엔 다음과 같은 글이 기록되어 있다고 합니다. "만약에 찬양대가 그들에게 있어 가장 중요한 것이 음악적인 부분이고 이 외의 나머지를 부차적인 것으로 생각한다면 이는 자신들의 위치에 부적합할 뿐이다."[44)]

음악적인 탁월한 기량은 매우 중요합니다. 사역해 나아가야 할 실제적인 통로가 음악이기에 음악이란 언어를 제대로 다룰 줄 모르면 그 사역 실천에 있어 적어도 음악적으로는 온전히 이룰 수도 없기 때문입니다. 더구나 공교히 연주하기 위한 발전적인 과정도 밟아갈 수 있을 잠재적인 능력도 전혀 보이질 않는다면 사역에 적합한 부서로서 계속 함께 하기엔 분명 어려울 것입니다.

다만 음악 사역의 속성상 음악이 사역을 이끌어 가는 것이 아니라 사역이 음악을 이끌어가는 것엔 결코 흐트러지지 않아야 합니다. 다시 말해 위에 인용한 스코틀랜드 교회들의 찬양대가 모토(motto)로 삼은 문구에서처럼 음악 이외의 것이라 할 수 있는 영적 영역이 가장 최우선의 요건이어야 함이 강조되어야 한다는 것입니다. 이의 근거가 될 말씀이 있습니다. '찬미의 제사'(히 13:15)입니다. 그런데 이 찬미의 제사에서 만일 '제사'만이 부각된다면 찬양대의 성격은 매우 의식적으로 향할 수 있습니다. 찬미의 제사라는 봉헌이 가장 중요한 찬양대 사역의 실제라고 하여 이에 몰입한다면 그 결과는 회중과 구별된 제사장적인 음악 소리 만들기가 사역의 주된 목적으로 되어버릴 수 있기 때문입니다.

그러나 찬미의 제사라는 이 말씀 안으로 들어가 본다면 봉헌 자체의 결과물이 강조된 것이 아님을 알 수 있습니다. 찬양을 '제사(튀시아, thusia: sacrifice)'로 표현한 그 이면을 주목할 수 있음에 따릅니다. 이는, 곧 번제물의 드림인 희생이란 말대로 자아의 죽음을 의미하는 자신을 비움입니다. 번제의 특징이 완전한 태움이기 때문입니다. 물론 비움 자체가 목적이 아니라 그 비움의 자리에 성령 하나님만으로 충만하게 됨에 있습니다. 그래서 성경은 "시와 찬미과 신령한 노래들로 서로 화답하며 너희의 마음으로 주께 노래하며 찬송하며"(엡 5:19)의 말씀 직전에 "...오직 성령의 충만을 받으라"(엡 5:18b)라고 하신 것입니다. 이때의 성령으로 충만함엔 "그리스도의 말씀이 너희 속에 풍성히 거하여..."(골 3:16a)[45]라는 삶의 실천이 필연적입니다.

그래서 '찬미의 제사'는 봉헌 자체만으로 설명되지 않습니다. 이미 말씀을 통해 살펴보았듯이 내적인 온전함을 뒤로하고 단지 외적으로만 좋아 보이는 제사를 드림엔 하나님은 예외 없이 "너희 살진 희생의 화목제도 내가 돌아보지 아니 하리라"(암 5:22) 하실 뿐만 아니라 그와 함께한 모든 음악까지 단호하게 외면하셨기 때문입니다(암 5:23).

궁극적으로 찬양대는 하나님의 주된 관심사가 봉헌 찬양 음악에 있지 않음을 아는 데에서부터 그의 진정한 사역을 시작할 수 있습니다. 하나님의 시선이 제물로 드린 것에도 분명 향하시나 그보다 먼저 봉헌하는 사람에게 머물고 있으시기 때문입니다. 그것도 "나 여호와는 심장을 살피며(하카르, chaqar: 탐색하다, 찾다)..."(렘 17:10)의 말씀대로 봉헌하는 사람의 심중을 지켜보심에 있습니다. 다시 말해 사람의 마음의 상태를 단지 쳐다보심이 아니라 집중하여 샅샅이 살펴보신다는 것입니다. 비록 이 말씀에서의 이러한 표현은 죄에 무감각해 있던 유다 민족에게 각성과 회심을 불러일으키게 하기 위한 하나님의 의지를 드러내신 것임에도 말입니다.

그러므로 하나님의 임재 앞에 서 있는 찬양대의 심령은 그만큼 성령으로 충만해 있어야 합니다. 거기엔 음악적인 즐거움을 좇을 수도 있는 마음도 내려놓은 채 오직 하나님으로 인한 기쁨 가득한 섬김의 찬양만이 있을 뿐이어야 합니다. 이때 음악의 아름다움은 이차적인 문제입니다. 이를 통한 섬김도 있어야 하지만, 이것이 진정한 섬김의 시작도 끝도 아닙니다. 마치 예배가 하나님을 닮아가는 과정이 됨과 같이[46] 찬양대의 사역도 예배의 한 순서를 장식할 아름다운 찬미의 제사로 끝남이 아니라 말씀 안에서 하나님을 닮아가는 삶을 통한 섬김의 열매로 이어질 지속적인 섬김의 과정이기 때문입니다.

하나님의 영화로움은 장엄하고 아름다운 예배당에서 울려 퍼지는 소리에 있지 않은 것은 "환난 날에 나를 부르라 내가 너를 건지리니 네가 나를 영화롭게 하리로다"(시 50:15)에서도 알 수 있습니다. 환난으로부터 구원하시는 그 역사하심만으로 영화로움을 나타내시는 하나님입니다. 이뿐 아니라 "여호와여 주의 능력으로 높임을 받으소서…"(시 21:13a) 말씀대로 하나님 스스로 권능 속에 자신의 영화로움을 나타내십니다. 참으로 하나님의 진정한 관심은 예배 때 찬양대가 부르는 노래가 아니라 노래 부르는 찬양대입니다.

찬양대는 영원한 하늘나라에서의 영광스러운 찬송·찬양의 모형입니다

　찬송·찬양의 모든 내용은 만물을 창조하신 구원의 하나님에게서 옵니다. 이는 이사야 선지자를 통해 선포된 "이 백성은 내가 나를 위하여 지었나니 나의 찬송을 부르게(saphar: 선포하다) 하려 함이니라"(사 43:21)"의 말씀으로 찬송의 근원적인 목적으로 이끌어줍니다. 이에 그 실제가 하나님의 구속사적인 섭리 안에서 예수 그리스도로 말미암아 구속함을 받은 모든 그리스도인에게 주어진 삶으로 이루어 가는 것임을 신약 성경에선 이렇게 말씀합니다.

> "그 기쁘신 뜻대로 우리를 예정하사 예수 그리스도로 말미암아 자기의 아들들이 되게 하셨으니 이는 그의 사랑하시는 자 안에서 우리에게 거저 주시는 바 그의 은혜의 영광을 찬미하게 하려는 것이라"(엡 1:5-6).
> "...우리가 예정을 입어 그 안에서 기업이 되었으니 이는 그리스도안에서 전부터 바라던 우리로 그의 영광의 찬송이 되게 하려 하심이라 그 안에서 너희도 진리의 말씀 곧 너희의 구원의 복음을 듣고 그 안에서 또한 믿어 약속의 성령으로 인치심을 받았으니 이는 우리의 기업에 보증이 되사 그 얻으신 것을 구속하시고 그의 영광을 찬미하게 하려 하심이라"(엡 1:11b-14).
> "오직 너희는 택하신 족속이요 왕 같은 제사장들이요 거룩한 나라요 그의 소유된 백성이니 이는 너희를 어두운데서 불러내어 그의 기이한 빛에 들어가게 하신 자의 아름다운 덕을 선전(선포)하게 하려 하심이라"(벧전 2:9).

　이에 따라 예수 그리스도 안에서 새로 거듭난 하나님의 자녀들 모두의 궁극적인 목적은 구원의 주님을 선포(선전)하는 것입니다. 그것도 죽은 자들 가운데서 부활하신 예수 그리스도를 통해 거듭나게 하시고 영원한 산 소망으로 이르게 하신 주님을 향한 멈출 수 없는 기쁨의 찬송으로 말입니다(벧전 1:3). 이 찬송은 이 땅에서만이 아니라 이후 천상에서의 예배로 이어질 영원한 소리로 이어질 것입니다. 이를 요한계시록에선 하나님과 구세주 예수 그리스도를 향해 올리는 그 소리를 묘사함에 하늘의 악기와 노래로, 혹은 큰 소리의 외침이 큰 폭포와 천둥소리와도 같은 음성으로 울려 퍼지고 있습니다.

> "그들이 밤낮 쉬지 않고 이르기를 거룩하다 거룩하다 거룩하다 주 하나님 곧 전능하신이여 전에도 계셨고 이제도 계시고 장차 오실 자라"(계 4:8).
> "새 노래로 노래하여 가로되…"(계 5:9).
> "큰 소리로 외쳐 가로되 구원하심이 보좌에 앉으신 우리 하나님과 어린양에게 있도다하니 모든 천사가 보좌와 장로들과 네 생물의 주위에 섰다가 보좌 앞에 엎드려 얼굴을 대고 하나님께 경배하여 가로되 아멘 찬송과 영광과 지혜와 감사와 존귀와 능력과 힘이 우리 하나님께 있을지로다 아멘 하더라"(계 7:10,12).
> "하나님의 거문고를 가지고 하나님의 종 모세의 노래 어린양의 노래를 불러 가로되"(계 15:2-3).
> "허다한 무리의 큰 음성 같은 것이 있어 가로되 할렐루야 구원과 영광과 능력이 우리 하나님께 있도다"(계19:1).
> "보좌에서 음성이 나서 가로되 하나님의 종들 곧 그를 경외하는 너희들아 무론 대소하고 다 우리 하나님께 찬송하라 하더라 또 내가 들으니 허다한 무리의 음성과도 같고 많은 물소리도 같고 큰 뇌성도 같아서 가로되 할렐루야 주 우리 하나님 곧 전능하신 이가 통치하시도다"(계 19:5-6).

여기에 인용된 말씀에서 '이르기를,' '가로되'인 헬라어의 *레고(lego)*가 '큰 소리로 말하다'로 마치 선포하다(벧전 2:9)의 상황과 같은 선언적이기도 한 말입니다. 이러한 선포로서 울려 퍼지는 그 영원한 찬송 소리 안엔 창조주이신 하나님의 전능하심, 공의로우심, 복의 근원되심, 구원하심, 인자하심, 자비로우심, 사랑하심 등… 이루 다 헤아릴 수 없는 찬양의 고백들로 가득합니다.

이 땅에서 행하는 예배 중에 회중과 찬양대가 부르는 그 모든 찬송·

찬양·송축함은 이제 장차 영원한 하나님 나라에서 성부·성자·성령 삼위일체이신 하나님을 향한 영광송으로 이어질 것입니다. 그때에는 각 나라와 족속과 백성과 방언에서 그 누구도 능히 셀 수 없는 큰 무리가(계 7:9) 찬양대―달리 표현하면 이 세상의 문화를 초월한 하늘 나라에서의 찬양하는 무리―가 되어 거룩하신 하나님의 보좌 앞에서 성령의 의와 희락과 화평 속에 감격스러운 찬양을 끝없이 부를 것입니다. 할렐루야!

미주

제 1 장

1 David B. Pass, *Music and the Church: A Theology of Church Music* (Nashville: Broadman Press, 1989), 8.

2 홍정수, *한국 교회 음악 사상사* (서울: 장로회신학대학교출판부, 2000), 309에서 재인용.

3 이것은 *에크*(ekk- …로부터)와 *칼레오*(kaleo- 부르다, 소집하다)의 합성어에서 유래한 말인데, 곧 세상에서 구별되어 '부르심을 받은 자들의 모임'을 뜻한다.

4 David B. Pass, 55에서 재인용.

5 Bruce H. Leafblad, *Music, Worship, and the Ministry of the Church* (Portland: Department of Information Resource Services, 1978), 50.

6 N. Lee Orr, *The Church Music Handbook for Pastors and Musicians* (Nashville: Abingdon Press, 1991), 94.

7 Robert E. Webber, *Worship Old & New: A Biblical, Historical, and Practical Introduction* rev. ed. (Grand Rapids: Zondervan Publishing House, 1994), 195-196에서 재인용.

8 Everett Ferguson, *A Cappella Music: In the Public Worship of the Church* (Abilene: Biblical Research Press, 1972), 48-49.

9 Warren W. Wiersbe, *Real Worship: Playground, Battle Ground, or Holy Ground?* (Grand Rapids: Baker Books, 2000), 135.

10 Andrew Wilson-Dickson, *The Story of Christian Music* (Oxford: Lion Publishing, 1992), 13.

11 Ibid.

12 Robert H. Mitchell, *Ministry and Music* (Philadelphia: The Westminster Press, 1973), 143에서 재인용.

13 신국원, *신국원의 문화이야기* (서울: 한국기독학생회출판부, 2002), 56에서 재인용.

14 James F. White, *기독교 예배학 입문*, 정장복, 조기연 공역 (서울: 예배와 설교 아카데미, 2001), 124.

15 David B. Pass, 31.

16 Donald Paul Ellsworth, *Christian Music in Contemporary Witness: Historical Antecedents and Contemporary Practices* (Grand Rapids: Baker Book House, 1979), 193.

17 Gene Edward Veith, Jr., *예술에 대해 성도가 가져야 할 태도*, 오현미 역 (서울: 나침반, 1993), 47.

18 Ibid., 48.

19 신국원, 78에서 재인용.

20 Ibid., 79.

21 Robert E. Webber, *기독교 문화관*, 이승구 역 (서울: 도서출판 엠마오, 1987), 14.

22 Ibid.

23 김상태, *음악미학* (서울: 세광 출판사, 1983), 42.

24 David B. Pass, 42.

25 Francis A. Schaeffer, *Art & the Bible* (Downers Grove, Illinois: InterVarsity Press, 1973), 52.

26 Donald J. Grout and Claude V. Palisca, *A History of Western Music*, 5th ed. (New York: W. W. Norton & Company, 1996), 564에서 재인용.

27 James F. White, 124.

28 Susanne K. Langer, *Philosophy in a New Key* (Cambridge: Harvard University Press, 1957), 179.

29 김상태, 85.

30 Ibid., 33.

31 William J. Reynolds, Milburn Price, *A Survey of Christian Hymnody* (Carol Stream: Hope Publishing Company, 1987), 37.

32 Ibid., 26에서 재인용.

33 Robert Douglass, *Church Music Through the Ages* (Nashville, Tennessee: Convention Press, 1967), 45.

34 홍정수, 291.

35 Edward Foley, *Music in Ritual: A Pre-Theological Investigation* (Washington D.C.: The Pastoral Press, 1984), 2.

36 Donald J. Grout and Claude V. Palisca, 29.

37 Donald P. Hustad, *Jubilate II: Church Music in Worship and Renewal* (Carol Stream: Hope Publishing Company, 1993), 84.

38 Elwyn A. Wienandt, *Opinions on Church Music* (Waco, Texas: Baylor University Press, 1984), 7에서 재인용.

39 정정숙, *교회음악의 신학* (서울: 유빌라테, 2000). 23.

40 박을미, *서양음악사 100장면(1): 고대의 음악에서 바로크 음악까지* (서울: 가람기획, 2001), 16.

41 Marva J. Dawn, *Reaching Out without Dumbing Down: A Theology of Worship for the Turn-of-the-Century Culture* (Grand Rapids, William B. Eerdmans Publishing Company, 1995), 192.

42 Harold M. Best, *Music Through The Eyes of Faith* (Harper SanFrancisco: A Division of Harper Collins Publishers, 1993), 48.

43 Ibid., 42.

44 Lawrence Sasek, *The Literary Temper of the English Puritans* (Baton Rouge: Louisiana State University Press, 1961), 116.

45 Calvin M. Johansson, *Music & Ministry: A Biblical Counterpoint* (Peabody: Hendrickson Publishers, 1990), 42-43.

46 Carl Schalk, ed., *Key Words in Church Music: Definition Essays on Concepts, Practices, and Movements of Thought in Church Music* (St. Louis: Concordia Publishing House, 1978), 72에서 재인용.

47 John F. Wilson, *An Introduction to Church Music* (Chicago: The Moddy Bible Institute, 1978), 17.

48 Carl Schalk, 70에서 재인용.

49 Ibid.

50 Francis A. Schaeffer, 16.

51 James F. White, 124.

52 Calvin M. Johansson, 5.

53 Donald P. Hustad, *True Worship: Reclaiming the Wonder & Majesty* (Carol Stream, IL: Harold Shaw Publishers, 1998), 195.

54 Ibid.

55 Hans R. Rookmaaker, *예술과 그리스도인*, 김헌수 역 (서울: 한국기독학생회출판부, 2002), 42.

56 Donald P. Hustad, *Jubilate II*, 23.

57 Calvin M. Johansson, 7.

제 2 장

1 김의환, *기독교교회사* (서울: 총신대학교 출판부, 1998), 184.

2 Marva J. Dawn, 87.

3 Charles H. Spurgeon, *온전한 찬양*, 김혜진 옮김 (서울: 비전북출판사, 2001), 31.

4 Alister McGrath, *종교개혁 시대의 영성*, 박규태 옮김 (서울: 좋은씨앗, 2005), 40.

5 Eugene H. Peterson, *한 길 가는 순례자*, 김유리 옮김 (서울: 한국기독학생회출판부, 2001), 55.

6 Clive Staples Lewis, *순전한 기독교*, 장경철, 이종태 역 (서울: 홍성사, 2001), 174.

7 Eugene H. Peterson, 55에서 재인용.

8 Robert H. Mitchell, 88.

9 *EZRA 10:3*, QuotesComos, 수정 2017년 9월 15일, 접속 2022년 3월 24일, https://www.quotescosmos.com/bible/bible-verses/Ezra-10-3.html.

10 가스펠 서브(Gospel Serve) 기획, 편집, *성경 관용어 사전* (서울: 생명의 말씀사, 2005),

11 Graham Kendrick, *경배*, 김성웅 역(서울, 두란노, 1989), 62.

12 Robert Berglund, *A Philosophy of Church Music* (Chicago: Moody Press, 1985), 78에서 재인용. 마르틴 루터의 이 말은 중세 미사(Missa)에서 찬양을 함께 하지 못했던 회중을 향하여 전한 것이었다. 왜냐하면 당시에 미사(Missa)의 언어는 회중이 이해할 수 없는 라틴어로 행해졌기 때문이었다. 미사를 참여한다고는 하지만 의식적으로 이해하며 동참하는 것은 불가능 했을 뿐이었다. 이에 마르틴 루터는 회중의 자국어인 독일어로 성경과 *코랄(Choral)*이라는 찬송가를 번역하여 찬양의 노래에 직접적으로 참여하도록 독려했던 것이다(Ibid.).

13 Charles H. Spurgeon, 121.

14 Tommy Tenney, *하나님 당신을 예배합니다*, 이시연 옮김 (서울: 두란노, 2006), 66.

15 "각자 마음에 정한 대로 해야 하고, 아까워하면서 내거나, 마지못해서 하는 일은 없어야 합니다. 하나님께서는 기쁜 마음으로 내는 사람을 사랑하십니다."(고후 9:7, 새번역).

16 Judson Cornwall, *찬양*, 배한숙 역 (서울: 두란노, 1987), 57.

17 James F. White, p. 24.

제 3 장

1. Albert Edward Bailey, *The Gospel in Hymns: Backgrounds and Interpretations* (New York: Charles Scribner's Sons, 1950), 333.

2. Max Anders 책임 편집. Kenneth O. Gangel, Stephen Bramer 지음, *Main Idea로 푸는 창세기*. 김진선 옮김 (서울: 도서출판 디모데, 2009), 510.

3. "무릇 시온에서 슬퍼하는 자에게 화관을 주어 그 재를 대신하며 기쁨의 기름으로 그 슬픔을 대신하며 찬송의 옷으로 그 근심을 대신하시고…"(사 61:3a).

4. John Michael Talbot, *The Music of Creation: Foundations of a Christian Life* (New York: Penguin Putnam Inc., 1999), 22에서 재인용.

5. Grant Osborne 책임 편집, *LAB 주석 시리즈: 적용을 도와주는 히브리서*, 김진선 옮김 (서울: 한국성서유니온선교회, 2008), 317.

6. Philip Yancey, *하나님 나는 당신께 누구입니까?* 전의우 역, (서울: 요단 출판사, 2001), 192에서 재인용.

7. Paul Enns, *신학 핸드북*, 최치남 옮김 (서울: 생명의말씀사, 1994), 731.

8. Carl Schalk, 338에서 재인용.

9. Max Anders 책임 편집, Steven J. Lawson 지음, *Main Idea로 푸는 시편 1-75(vol. 1)*, 김진선 옮김. (서울: 도서출판 디모데, 2008), 674-675.

10. Tommy Tenney, 32.

11. "나는 너희가 바친 제물을 두고 너희를 탓하지는 않는다. 너희는 한 번도 거르지 않고 나에게 늘 번제를 바쳤다. 너희 집에 있는 수소나 너희 가축우리에 있는 숫염소가 내게는 필요 없다. 숲 속의 뭇 짐승이 다 나의 것이요, 수많은 산짐승이 모두 나의 것이 아니더냐? 산에 있는 저 모든 새도 내가 다 알고 있고, 들에서 움직이는 저 모든 생물도 다 내 품 안에 있다. 내가 배고프다고 한들, 너희에게 달라고 하겠느냐? 온 누리와 거기 가득한 것이 모두 나의 것이 아니더냐? 내가 수소의 고기를 먹으며, 숫염소의 피를 마시겠느냐?"(시 50:8-13, 새번역).

12. "참으로 하나님은 이스라엘에 선을 베푸시며…"(시 73:1a, 현대인의 성경).

13. Max Anders 책임 편집, Steven J. Lawson 지음, 716.

14. Albert Edward Bailey, 322.

15. Sydney H. Moore, *Sursum Corda* (London: Independent Press Ltd., 1956), 16.

16. Albert Edward Bailey, 323.

17   Sydney H. Moore21.

18   원래는 헤만이 이 일을 위해 지도자로 임명을 받은 것이었음을 역대상 6장의 말씀에서 볼 수 있다. "언약궤를 평안히 안치한 뒤에, 다윗이 주님의 집에서 찬양할 사람들을 임명하였는데, 그들은, 솔로몬이 예루살렘에 주님의 집을 지을 때까지, 회막 곧 성막 앞에서 찬양하는 일을 맡았다. 그들은 정하여진 순서대로 그들의 직무를 수행하였다. 이 직무를 수행하는 사람과 그들의 자손은 다음과 같다. 고핫 족의 자손 가운데서 헤만은 찬양대장인데..."(대상 6:31-33a, 새번역). 그러나 역대상 16장의 말씀에서는 헤만에서 아삽으로 바뀌었음을 증거한다. "다윗은 일부 레위 사람들을 뽑아 이스라엘의 하나님 여호와께 노래하고 찬양하며 여호와의 궤 앞에서 섬기도록 하였다. 이 직무를 맡은 책임자는 제금을 치는 아삽이었으며..."(대상 16:4-5a). 이렇듯 지도자가 헤만에서 아삽으로 바뀐 배경과 이유가 이 말씀 전후로는 기록된 내용이 없다. 다만 시대가 지난 이후인 다음의 말씀에서 그 상황을 헤아려 볼 수 있다. "히스기야는 왕이 된 그 해 1월에 성전 문을 다시 열고 성전을 수리하였으며... 왕은 여호와께서 예언자 갓과 나단을 통해 다윗 왕에게 명령한 지시에 따라 제금과 비파와 수금과 같은 다윗의 악기를 연주하는 레위 사람들을 성전에 배치하고 제사장들도 나팔을 들고 서게 하였다."(대하 29:3, 25). 이처럼 히스기야 왕은 성전에 악기 연주자인 레위 사람들을 성전에 배치한 것이 이전 다윗 왕의 시대를 좇아 그대로 한 것이었는데, 이러한 전례를 남긴 다윗은 자신의 결정이 아니라 이 말씀대로 하나님께서 예언자 갓과 나단을 통해 명령하심에 따른 것이었다는 사실이다. 이는 결과적으로 언약궤 앞에서 아삽의 책임 하에 레위인들이 섬김의 직무를 감당하게 된 것도 다윗 왕의 권한에 의해서가 아닌 하나님의 지시하심에 따른 것이었음을 이해할 수 있다(Bible *Commentaries: Keil & Delitzsch Commentary on the Old Testament- 2 Chronicles 29*, TRUTH ACCORDING TO SCRIPTURE, https://www.truthaccordingtoscripture. com/commentaries/kdo/2-chronicles-29.php#.YoVoYOjMJD8).

19   느헤미야 7장 44절에선 148명으로 기록되어있다. "이스라엘 자손과 제사장들과 레위 사람들과 기타 사로잡혔던 자의 자손이 즐거이 하나님의 성전 봉헌식을 행하니"(스 6:16). 이 말씀대로 고국으로 돌아온 이들 가운데엔 헤만과 에단의 자손들의 기록은 없고 다만 아삽의 자손들로 이들이 책임 맡은 특별한 직분으로 인하여 스룹바벨 성전 봉헌식 때 찬송으로 섬긴 것임을 알 수 있다.

20   "그 때에 제사장들과 레위 사람들과 사로잡혀 갔다가 돌아온 사람들과 모든 이스라엘 백성은, 기뻐하면서 하나님의 성전 봉헌식을 올렸다."(스 6:16, 새번역).

21   Max Anders 책임 편집, Steven J. Lawson 지음, *Main Idea*로 푸는 욥기 , 김진선 옮김 (서울: 도서출판 디모데, 2006), 37.

22   Ronald B. Allen, *And I will Praise Him: A Guide to Worship in the Psalms* (Grand Rapids: Kregel Publications, 1992), 65-66.

23   Anders Max, 51.

24   *Why does Job use "bless" to mean "curse"?* Biblical Hermeneutics, 2022년 4월 21일 접속, https://hermeneutics.stackexchange.com/questions/20728/why-does-job-use-bless-to-mean-curse. 참고로 LSV(Literal Standard Version)에서는 다음과 같이 기록되어 있다. "And his wife says to him, "You are still keeping hold on

your integrity: bless God and die.'"(Job 2:9) 여기엔 대부분 성경 버전에서 'curse(저주)'로 되어 있음과 달리 'bless(송축)'으로 번역되었다. 참고로 LSV는 여러 가지 독특한 특징을 지닌 성경의 정경(protocanonical) 책—개신교에서는 비정경으로 간주—을 현대 영어로 번역한 것으로 알려졌다. 현대 영어로 가장 문자 그대로 번역한 것이라고 하며, 초판은 2020년 2월 2일에 발행되었다고 한다(*Literal Standard Version*, Wikipedia, 수정 2022년 1월 23일, 접속 2022년 4월 22일, https://en.wikipedia.org/wiki/Literal_Standard_Version).

25 "그러자 아내가 그에게 말하였다. "이래도 당신은 여전히 신실함을 지킬 겁니까? 차라리 하나님을 저주하고서 죽는 것이 낫겠습니다.""(욥 2:9, 새번역).

26 Albert Edward Bailey, 127에서 재인용.

27 구약학자인 존 E. 하틀리(John E. Hartley)는 이 축복에 관하여 "노아가 셈을 직접 축복하기보다는 셈을 통해 여호와 하나님을 찬송한다"고 하면서도 "하나님의 백성 이스라엘이 셈의 계보에서 나올 것"이라고 설명했다. John E. Hartley, *창세기*, 김진선 옮김 (서울: 한국성서유니온선교회, 2019), 179-180.

28 Grant Osborne 책임 편집, *LAB 주석 시리즈: 적용을 도와주는 베드로전·후서. 유다서*, 류호영 옮김 (서울: 한국성서유니온선교회, 2008), 45.

29 Richard J. Foster, 119에서 재인용.

30 Thomas 'a Kempis, *그리스도를 본받아* 조항래 역 (서울: 예찬사, 1990), 174.

31 Max Anders 책임 편집, Steven J. Lawson 지음, 598.

32 Ibid., 599.

33 Ibid., 496.

34 Richard J. Foster, 123.

35 Dallas Willard, *잊혀진 제자도*, 윤종석 옮김 (서울: 도서출판 복 있는 사람, 2007), 85.

36 Max Anders 책임 편집, Steven J. Lawson 지음, 619.

37 Harry Eskew and Hugh T. McElrath, *Sing with Understanding* (Nashville, Tennessee: Broadman Press, 1980), 91.

38 Ibid., 79.

39 김상태, 51-52에서 재인용.

40 Max Anders 책임 편집, Winfried Corduan 지음, *Main Idea로 푸는 역대상·하*, 이중순 옮김 (서울: 도서출판 디모데 2010), 160.

41 Ronald B. Allen, 21.

42 William N. McElrath, *Music in Bible Times* (Nashville, Tennessee: Convention Press, 1966), p. 42.

43 Ashley Pettis, *Music: Now and Then* (New York: Coleman-Ross Company, Inc., 1955), 97.

44 David W. Music, *Instruments in Church: A Collection of Source Documents* (Lanham, Maryland, and London: The Scarecrow Press, Inc., 1998), 27.

45 Russel N. Squire, *교회음악사*, 이귀자 역 (서울: 호사나 음악사, 1990), 198.

46 David W. Music, *Hymnology: A Collection of Source Readings* (Lanham, Md., and London: The Scarecrow Press, Inc., 1996), 51.

47 Barry Liesch, *People in the Presence of God: Models and Directions for Worship* (Grand Rapids: Zondervan Publishing House, 1988), 23.

48 Ibid., 22.

49 Tommy Tenney, *하나님께 굶주린 예배자*, 배응준 옮김 (서울: 규장, 2005), 12.

50 김석한, *개혁주의 예배의 이론과 실제* (서울: 도서출판 영문, 2002), 44에서 재인용.

51 Everett Ferguson, 16에서 재인용.

52 Ibid., 76.

53 John Calvin, *기독교 강요* Vol. III 김종흡, 신복윤, 이종성, 한철하 공역 (서울: 생명의 말씀사, 1986). 465.

54 "주께서 이르시되 이 백성이 입으로는 나를 가까이 하며 입술로는 나를 공경하나 그들의 마음은 내게서 멀리 떠났나니 그들이 나를 경외함은 사람의 계명으로 가르침을 받았을 뿐이라"(사 29:13).

55 Robert E. Webber, *Worship is a Verb: Eight Principles for Transforming Worship* (Peabody: Hendrickson Publishers, Inc., 1992), 2.

56 Ronald Allen and Gordon Borror, *Worship: Rediscovering the Missing Jewel* (Portland, Oregon: Multnomah Press, 1982), 16.

57 Barry Liesch, 97.

# 제 4 장

1 Andrew Wilson Dickson, *교회 음악사 핸드북*, 박용민 옮김 (서울: 생명의 말씀사, 2001), 19.

2 William J. Reynolds and Milburn Price, 5.

3 Donald J. Grout / Claude V. Palisca, *서양음악사*, 1988년 개정 4판 (서울: 세광음악출판사, 1996), 795-796.

4 "너는 은나팔 두 개를 만들되 은을 두드려서 만들어라…"(민 10:2a, 새번역).

5 *Miqshah*, Greek and Hebrew Interlinear Bible and Concordance, https://www.biblestudytools.com/lexicons/hebrew/kjv/miqshah.html.

6 "그 나팔은 아론의 자손인 제사장들이 불지니 이는 너희 대대에 영원한 율례니라"(민 10:8).

7 이 은나팔은 솔로몬 성전 봉헌식 때에 가선 여러 악기들과 함께 하며 봉헌의 찬송을 올려드리는 모습을 통해 그만큼 조화를 이룰 수 있는 나팔로 발전된 것이 분명해 보인다. 이와 관련된 말씀이다. "노래하는 레위 사람 아삽과 헤만과 여두둔과 그의 아들들과 형제들이 다 세마포를 입고 제단 동쪽에 서서 제금과 비파와 수금을 잡고 또 나팔 부는 제사장 백이십 명이 함께 서 있다가 나팔 부는 자와 노래하는 자들이 일제히 소리를 내어 여호와를 찬송하며 감사하는데 나팔 불고 제금 치고 모든 악기를 울리며 소리를 높여 여호와를 찬송하여…"(대하 5:12-13a).

8 Max Anders 책임 편집, Winfried Corduan지음, 222.

9 고레스 원년인 주전 538년에 제1차 포로귀환 칙령이 내려졌다(스 1:1). 이 조서엔 여호와의 성전 건축이란 명령을 담고 있어 이에 이스라엘은 예루살렘으로 돌아가기 전, 성전 건축위한 준비 기간을 갖기도 했다(스 1:5).

10 Robert E. Webber, *Worship Old & New*, 37.

11 히브리어로는 *hazzan(하잔)*이라고 한다. *하잔*은 회당의 '종*(후페레테스, huperetes)*'으로서 이 헬라어의 의미대로 조력자 혹은 조수 등의 역할 속에 여러 가지의 일들을 담당했는데, 건물 청소에서부터 율법의 두루마리를 옮기고 교체하는 일 외에도 아이들을 가르치는 사역까지 했던 것으로 전해진다. 특히 이 *하잔(hazzan)*은 찬송의 노래를 인도하는 역할을 맡음으로 이후엔 칸토르(cantor)라는 명칭으로 사용되었다(Robert E. Webber Ed. *THE BIBLICAL FOUNDATIONS of CHRISTIAN WORSHIP*, William White, 168. *OFFICERS OF THE SYNAGOGUE* (Peabody, Massachusetts: Hendrickson Publishers, Inc, 1993, 135).

12 Ibid.

13 Paul Westermeyer, *TE DEUM: The Church and Music* (Minneapolis: Fortress Press, 1998), 66. 회당에선 전통적으로 악기 사용이 없었다. 다만 신호 기능을 가졌던 *쇼파르(shofar)*가 있었을 뿐이었다(Ibid., 42).

14   Robert H. Mitchell, 27.

15   Harry Eskew and Hugh T. McElrath, 243.

16   Walter E. Buszin, *Luther on Music* (Saint Paul: North Central Publishing Company, 1958), 10.

17   Anders Max 책임 편집, Steven J. Lawson 지음, *Main Idea로 푸는 시편 76-150(vol. 2)*, 김진선 옮김 (서울: 도서출판 디모데, 2008), 488.

18   장보웅 편저, *분해대조 로고스 성경(개정판): 헬라어-한글사전* (서울: 도서출판 로고스, 1993), 194.

19   Grant Osborne, 책임편집, *LAB 주석 시리즈: 적용을 도와주는 에베소서*, 전광규 옮김 (서울: 한국성서유니온선교회, 2007), 210.

20   David B. Pass, 88-90에서 재인용.

21   Donald Paul Ellsworth, *Christian music in Contemporary Witness* (Grand Rapids: Baker Book House, 1979), 31-32.

22   Phil Kerr, *Music in Evangelism* (Glendale, California: Gospel Music Publishers, 1939), 48..

23   Ibid., 32..

24   William N. McElrath, 46..

25   I. E. Reynolds, *Music and the Scripture* (Nashville, Tennessee: Broadman Press, 1942), 118..

26   Joseph F. Green, *Biblical Foundations for Church Music* (Nashville, Tennessee: Convention Press, 1967), 112..

27   "왕은, 주님께서 다윗 왕에게 지시하신 대로, 레위 사람들을 시켜서, 주님의 성전에서 심벌즈와 거문고와 수금을 연주하게 하였다. 이것은 주님께서 다윗 왕의 선견자 갓과 나단 예언자를 시켜서, 다윗 왕에게 명령하신 것이었다."(대하 29:25, 새번역).

28   노주하, *음악과 신학* (서울: 요단출판사, 1999), 88에서 재인용..

29   Phil Kerr, 52에서 재인용..

30   Kenneth W. Osbeck, *영으로 찬양하라*, 김태곤 역 (서울: 생명의 말씀사, 1999), 24에서 재인용.

31   Paul Westermeyer, 156에서 재인용.

32   "그러나 여러분은 하나님이 선택하신 민족이며 왕 같은 제사장이요 거룩한 나라요 하나님의 소유가 된 백성입니다. 이것은 여러분을 어두움에서 불러내어 놀라운 빛 가운데 들어가게 하신 하나님을 널리 찬양하도록 하기 위한 것입니다."(벧전 2:9, 현대인의 성경).

33 *Exaggello*, Greek and Hebrew Interlinear Bible and Concordance, https://www.biblestudytools.com/lexicons/greek/kjv/exaggello.html.

34 Grant Osborne 책임 편집, *LAB 주석 시리즈: 적용을 도와주는 베드로전·후서. 유다서*, 96.

35 물이 없음을 인하여 원망하던 백성들에게 모세가 하나님보다 더 분노하는 모습으로 하나님의 거룩함을 드러내지 않음이 그 징계하심의 원인이었다. 이를 이렇게 성경은 말씀하고 있다. "여호와께서 모세와 아론에게 '너희가 나를 믿지 않고 이스라엘 백성들 앞에서 나를 거룩한 자로 높이지 않았으므로 너희는 그들을 인도하여 내가 준 땅으로 들어가지 못할 것이다!' 하고 말씀하셨다."(민 20:12, 현대인의 성경).

36 "이스라엘은 전능하신 여호와의 포도원이며 유다 사람은 그가 심은 포도나무이다…"(사 5:7a).

37 "예레미야 예언자가 요시야의 전사를 애도하는 애가를 지었는데, 노래하는 남녀가 요시야 왕을 애도할 때에는, 이 애가를 부르는 것이 관례가 되어 오늘까지 이른다. 그 가사는 '애가집'에 기록되어 있다."(대하 35:25, 새번역).

38 Grant Osborne, 책임편집, *LAB 주석 시리즈: 적용을 도와주는 고린도전서*, 김일우 옮김 (서울: 한국성서유니온선교회, 2007), 227.

39 로고스 편집 위원, *구약원어대조성경– 히브리어 사전* (서울: 도서출찬 로고스, 1993), 75.

40 존 E. 하틀리(John E. Hartley)는 이에 대하여 다음과 같이 설명했다. "라멕은 노래를 지었다. 아마 아들 유발이 만든 악기에 맞추어 불렀을 것이다. 기괴한 행동을 자랑하는 조롱조의 노래였다. 두 아내에게 자기 노래를 들으라고 청한 후 라멕은 그에게 '상처'를 준 사람을 '죽였다'고 자랑한다. 그를 '상하게'했다는 이유만으로 일고의 망설임도 없이 '소년'을 죽였다… 여호와 하나님의 보호를 구했던 가인과 달리 라멕은 그를 힘들게 하는 사람은 누구든지 '칠십칠 배'까지 복수할 것이라고 위협하며 부끄러움도 모르고 자신을 과신한다. 이 수는 극한의 복수를 상징한다… 이 노래는 문화부흥으로 인해 폭력에 대한 인간의 갈증이 극적으로 증가했음을 보여준다"(John E. Hartley, 140).

41 John F. Wilson, 18.

42 Donald J. Grout / Claude V. Palisca, *서양음악사*, 1988년 개정 4판, 16.

43 Ibid., 537에서 재인용.

44 Ibid., 538.

45 Ronald B. Allen, 23에서 재인용.

46 Walter E. Buszin, 5에서 재인용.

47 Warren W. Wiersbe, 135.

48 bid.

49 Harold M. Best, 52.

50 Paul Enns, *신학 핸드북*, 436.

51 Harold Byron Hannum, *Music and Worship* (Nashville: Southern Publishing Association, 1969), 9.

52 정정숙, 94에서 재인용.

53 Francis A. Schaeffer, 9.

54 James Hastings Nichols, *Corporate Worship in the Reformed Tradition* (Philadelphia: The Westminster Press, 1968), 35.

55 John Calvin, *기독교 강요*. Vol. III. 김종흡, 신복윤, 이종성, 한철하 공역 (서울: 생명의말씀사, 1986), 467에서 재인용.

56 Stanley sadie, ed. *The New grove Dictionary of Music and Musicians,* Vol. 4 (London: Macmilan Publishers Limited, 1995), 537에서 재인용.

57 Patrick Kavanaugh, *위대한 음악가들의 영적생활*, 차동재 역 (서울: 생명의 말씀사, 1995), 32-33에서 재인용.

58 Paul Westermeyer, 119.

59 Ibid., 241. 저자는 바흐의 성악 음악에 대해 계속해서 다음과 같이 설명했다. "그러나 그의 음악—심지어 그의 성악곡—은 성격상 기악적이며 전체적으로는 표제음악이 아니라 절대음악으로 간주할 수 있다"(Ibid.) 이 말은 음악의 고유한 본질이 하나님을 섬김과 더불어 예술적인 창작의 자유로움에 있다는 바흐의 음악관을 시사해준다.(Ibid.).

60 Donald J. Grout / Claude V. Palisca, *서양음악사*, 1988년 개정 4판, 499-500에서 재인용.

61 Ibid., 650.

62 Patrick Kavanaugh, 121에서 재인용.

63 Ibid., 179에서 재인용.

64 David B. Pass, 35에서 재인용.

65 *Shiggaion*, Bible Hub, https://biblehub.com/topical/s/shiggaion.htm. *What is the meaning of shigionoth in Habakkuk?* Got Questions, Modified January 4, 2022, Accessed June 1, https://www.gotquestions.org/shigionoth.html.

66 *Definition of Higgaion Meaning and Definition*, BibliaTodo Dictionary, https://www.bibliatodo.com/en/bible-dictionary/higgaion. 악인의 멸망을 보며 하나님의 공의로우심을 찬양한 시편 9편의 표제는 '영장으로 뭇랍벤에 맞춘 노래'이다. 이 뭇랍벤은 '아들의 죽음'을 의미하지만(로고스 편집 위원, *구약원어대조성경*, 1453), 정확히 무엇을 가리킨 것인지에 대해선 논쟁의 여지를 주는 말이다. 다만 악기 혹은 기존의 노래를 사용하는 것이라든지 아니면 어린 소년의 목소리와 같음을 의미한 것으로 해석하기도 한다.(Muth-labben,

Wiktionary, https://en.wiktionary.org/wiki/Muth-labben). 그리고 뭇랍벤이란 의미인 '아들의 죽음'이란 말로 인해서 이 노래의 분위기는 다소 차분함 속에 있었을 것이란 추정이 가능할 수 있다.

67   Donald J. Grout / Claude V. Palisca, *서양음악사*, 1988년 개정 4판, 47-49.

68   Donald J. Grout / Claude V. Palisca, *A History of Western Music*. 5th ed., 500에서 재인용.

69   *Mozart, Religion and Death,* Medium, Modified July 10, 2020. Accessed June 1, 2022. https://medium.com/@ottodeutsch/mozart-religion-and-death-596c3efbadc6.

70   Andrew Wilson Dickson, 120에서 재인용.

71   Andrew Wilson Dickson, 120.

72   Paul Westermeyer, 236.

73   Donald J. Grout / Claude V. Palisca, *A History of Western Music*. 5th ed., 442.

74   Leonard Van Camp, *A Practical Guide for Performing, Teaching and Singing Messiah* (Dayton, Ohio: Lorenz Publishing Company, 1993), 4에서 재인용.

75   Ibid. 4에서 재인용.

76   사실 헨델의 오라토리오에 담긴 음악 소리가 그 당시 세속 오페라와 다를 바 없었다고 한 것은 음악이 발전하는 음악사적인 관점에서도 매우 자연스러운 현상이라 할 수 있는 것이었다. 이에 그 안에서 성(sacred)과 속(secular)이라고 할 특징적인 소리의 구별과 분리는 실제로 무의미할 수 있음을 드러낼 뿐이다. 왜냐하면 음악사적으로도 이를 방증할만한 사례로써 헨델이 이탈리아를 방문하여 거주한 4년(1706-1710)의 기간 동안 그에게 음악적인 영향을 주었던 인물로 알려진 알렉산드로 스카를라티(Alessandro Scarlatti, 1660-1725)를 말할 수도 있기 때문이다(Ellen T. Harris, *The Italian in Handel*, Journal of the American Musicological Society Vol. 33, No. 3, Autumn, 1980). 스카를라티는 오라토리오의 발전에 중심적 역할을 했던 인물로 500여 편의 교회 칸타타도 남겼다. 하지만 그는 본래 65편에 이르는 오페라 작곡자로(*List of operas by Alessandro Scarlatti,* Wikipedia, Edited on March 14, 2022, Accessed June 23, 2022. https://en.wikipedia.org/wiki/List_of_operas_by_Alessandro_Scarlatti) 17세기의 옛 양식에서부터 새로운 변천을 이루었을 만큼 오케스트라를 중시했으며, 다 카포 아리아(*Da capo aria*) 양식—17세기 후반에서 18세기 동안의 전형적인 형식으로써 *D.C.*라고 기록된 부분에서 다시 처음으로 돌아가 시작하여 *Fine* 혹은 겹세로줄이 있는 곳까지 연주하여 마치는 방식—을 오페라에 적용하여 서정적인 감흥을 지속하게 함으로써 주된 그의 감정을 표현하는 음악적인 구상으로 큰 영향을 주었다(Donald J. Grout / Claude V. Palisca, *서양음악사*, 1988년 개정 4판, 409). 이와 같은 음악적인 특징을 가지고 있었던 그에게서 나온 오라토리오가 그의 후대에도 계속 이어졌던 영향에 대해 교회 음악사에선 이렇게 기록하고 있다. 여기의 레치타티보는 이미 오페라에서 사용됐던 대사를 노래하듯이 말하는 음악 양식을 일컫는다. "그의 오라토리오에는 체계적이며 형식적인 계획이 엿보이는데 스카를라티는 오라토리오의 이야기 가운데 간단하면서도 중요한 이야기를 삽입해서 그것을 리듬적으로 잘 배열한

다음 더 강렬하고 효과적인 느낌을 주고 있다. 지금까지도 레치타티보에서는 자유스럽게 말로 하는 것이 통례가 되었고 스카를라티는 레치타티보를 이야기의 연결 부분으로 사용했다. 따라서 그의 오라토리오는 음악적으로나 극적으로 효과적이며 매우 재미있고 후세대의 다른 작곡들에게도 모범이 되었다"(Russel N. Squire, 134-135). 이러한 스카를라티는 특히 오페라에서 두각을 드러낸 인물로 이렇게 평가되었다. "나폴리 오페라를 정상에 올려놓은 작곡가는 알렉산드로 스카를라티이다. 그의 노력으로 나폴리가 1684년에서 1702년까지 오페라의 중심지가 되었다고 해도 과언이 아니다"(김문자 외 4명 편저, 들으며 배우는 서양음악사, 개정증보판, 서울: 심설당, 2006, 300-301). 이에 스카를라티는 나폴리악파의 아버지라 칭하기도 하는데, 바로 이 나폴리악파와 교회 음악이 서로 가깝게 맞닿을 만큼 특징을 지니고 있었음을 교회 음악사에선 다음과 같은 기록을 남겨주었다. "나폴리악파의 오페라와 교회 음악 사이에 밀접한 관계가 있었다는 사실은 흥미로운 일이다. 예를 들면, 프란체스코 듀란테(Francesco Durante: 1684-1755)는 뛰어난 교회 음악가이면서 한편으로는 많은 오페라를 작곡한 작곡 교사였다. 또 많은 오페라 작곡가들도 교회 음악을 작곡했다. 이들 가운데는 오라토리오의 발전과 관련해서 스카를라티와 핫세가 있으며 그들의 교회 음악도 그 시대의 다른 사람들과 마찬가지로 고대 양식이나 새로운 오페라풍의 양식이었다"(Ibid., 163).

77   *Handel and his Messiah*, BRITISH HERITAGE, Modified July 13, 2016, Accessed June 21, 2022, https://britishheritage.com/handel-and-his-messiah.

78   Bernard Barley, *Hymnwriters 2* (London: Stainer & Bell Ltd, 1989), 48.

79   *Handel, George Frederick*, DICTIONARY OF IRISH BIOGRAPHY, Modified October 2009, Accessed June 21, 2022. https://www.dib.ie/biography/handel-george-frederick-a3777.

80   *Handel's "Messiah" premieres in Dublin*, HISTORY, Modified April 9, 2020, Accessed June 13, 2022. https://www.history.com/this-day-in-history/handels-messiah-premieres-in-dublin. *The True Story Behind Handel's 'Messiah' and the Day He Had a Vision of God in Heaven,* CBN NEWS: THE CHRISTIAN PERSPECTIVE, Modified December 23, 2021. Accessed June 13, 2022. https://www1.cbn.com/cbnnews/us/2011/december/handels-messiah-inspires-listeners-transcends-time.

81   *Handel's Messiah: The Consequences of an Idea*, CLAPHAM SCHOOL, Modified Oct 18, 2019, Accessed June 21, 2022, https://www.claphamschool.org/our-community/blog/handels-messiah-the-consequences-of-an-idea.

82   Patrick Kavanaugh, 20에서 재인용.

83   Albert L. Blackwell, *The Sacred in Music* (Louisville, Kentucky, WESTMINSTER JOHN KNOX PRESS, 1999), 17.

84   Harold M. Best, 9.

85   Robert G. Rayburn, *예배학*, 김달생, 강귀봉 공역 (서울: 성광문화사, 1982), 181.

86 물론 이것은 사도바울이 고린도 교회에서 다양하고 특정한 은사들 중에 선택과 받음의 원천은 오직 하나님이시며 그의 주권에 따라 은사를 통해 일하시는 하나님이심을 증거한 말씀이다 (Osborne, Grant Osborne 책임편집, *LAB 주석 시리즈: 적용을 도와주는 고린도전서*, 277). 이에 음악이란 은사로 교회 사역을 이루어감이 하나님의 주권적 역사 안에서만 있을 때에야 비로소 참된 사역의 과정과 열매로 이어질 수 있다.

87 하나님이 세상을 이처럼 사랑하사 독생자를 주셨으니 이는 그를 믿는 자마다 멸망하지 않고 영생을 얻게 하려 하심이라 하나님이 그 아들을 세상에 보내신 것은 세상을 심판하려 하심이 아니요 그로 말미암아 세상이 구원을 받게 하려 하심이라"(요 3:16-17). 이 내용은 하나님 사랑이 어느 특정한 이에게만 주어짐이 아닌 세상(코스모스, *kosmos*)에게 있음을 선포한 말씀이다(Grant Osborne 책임편집, LAB 주석 시리즈: *적용을 도와주는 요한복음*, 전광규 옮김, 서울: 한국성서유니온선교회, 2008, 126). 여기서 세상은 원어의 의미대로 유대인과 이방인 모두를 포함한 전 인류를 가리킨다. 이에 로마서에선 이렇게 말씀하고 있다. "그러므로 내가 말하노니 저희가 넘어지기까지 실족하였느뇨 그럴 수 없느니라 저희의 넘어짐으로 구원이 이방인에게 이르러 이스라엘로 시기나게 함이니라 저희의 넘어짐이 세상(코스모스, *kosmos*)의 부요함이 되며 저희의 실패가 이방인의 부요함이 되거든..."(롬 11:11-12a).

88 제임스 몽고메리 보이스(James Montgomery Boice, 1938-2000)는 종교개혁의 다섯 가지 신조이자 필수적인 복음의 교리들, 곧 솔라 스크립투라(*Sola Scriptura*, 오직 성경), 솔루스 크리스투스(*Solus Christus*, 오직 그리스도), 솔라 그라티아(*Sola Gratia*, 오직 은혜), 솔라 피데(*Sola Fide*, 오직 믿음), 솔리 데오 글로리아(*Soli Deo Gloria*, 오직 하나님께 영광)를 좇아 살아가며 회복하는 것이 개혁주의임을 강조했다(James Montgomery Boice, *개혁주의 서론: 종교개혁 5대 솔라*, 김수미 옮김, 서울:부흥과개혁사, 2010, 266).

89 김길성, *개혁신학과 교회* (서울: 총신대학교 출판부, 2004), 173에서 재인용.

90 Ibid., 재인용.

91 Harold M. Best, 67.

92 다음 설명은 문화를 변혁하는 과정에 주목할 만한 내용이라 할 수 있다. "문화를 변혁시키는 것이란 하나님께서 주신 문화를 감사하게 사용하는 한편 복음의 빛 안에서 문화 속에 들어 있는 사악함을 변형시키기 위해 위에서 주신 지혜를 활용(고전 9:19-23)하는 동시에 문화 속에 들어 있는 죄를 지적하고 변혁시키는 것이다. 따라서 그리스도인의 문화 변혁은 복음을 선포하고 복음을 실천하는 두 가지 일을 동시에 할 때 가능하다고 성경에서 일관되게 주장하고 있다"(문용식, *성경과 문화*, 서울: 그리심, 2007).

93 로고스 편집 위원, *구약원어대조성경- 히브리어 사전*, 33.

94 신국원, 134.

95 Ibid., 136.

96 Robert E. Webber, *기독교 문화관*, 14-15.

97 William J. Reynolds and Milburn Price, 7.

98 Ibid., 8.

99 Albert Edward Bailey, 264-265.

100 Donald P. Hustad, *Jubilate II*, 211.

101 Grant Osborne 책임편집, *LAB 주석 시리즈: 적용을 도와주는 마태복음(하)*. 전광규·김진선 옮김 (서울: 한국성서유니온선교회, 2005), 494.

102 신국원, 143. 저자는 지상 명령인 선교엔 복음 안에서 문화 명령에 따른 문화의 변혁 과정이 필연적으로 동반된 것임을 강조하며 다음과 같이 설명했다. "문화가 창조 때 주어진 하나님의 계획을 성취하기 위한 소명이었다면, 선교는 죄로 상실된 세계에서 하나님을 영화롭게 하는 문화를 회복시키기 위한 기본적 진리의 선포이다. 따라서 문화와 선교는 둘 다 하나님 나라의 완성에 기여하여야 한다."(신국원, 143).

103 Francis A. Schaeffer, 7.

104 Michael Frost, *일상, 하나님의 신비*, 홍병룡 옮김 (서울: IVP, 2002), 34.

105 Grant Osborne 책임편집, *LAB 주석 시리즈: 적용을 도와주는 로마서*, 박대영 옮김 (서울: 한국성서유니온선교회, 2004), 426-427.

106 "여호와여 내게 은혜를 베푸소서 나를 사망의 문에서 일으키시는 주여 나를 미워하는 자에게서 받는 나의 고통을 보소서"(시 9:13)의 말씀대로 비록 이 시편의 전체 중에 이 구절에서만은 악인의 압제로 인한 개인적인 고통을 호소함이 있지만, 전반적으로는 공의로우신 하나님의 심판과 다스리심에 대한 찬송시이다.

107 Donald P. Hustad, *Jubilate II*, 135.

108 William J. Reynolds and Milburn Price, 5.

109 Albert Edward Bailey, 462.

110 Ibid., 519.

111 조숙자, 조명자, *찬송가학* (서울: 장로회신학대학 출판부, 1981), 92.

112 Edwin Liemohn, *The Singing Church* (Columbus, Ohio: The Wartburg Press, 1959), 43.

113 Albert Edward Bailey, 17.

114 조숙자, 조명자, 91-92에서 재인용.

115 다만 많이 받아들여지는 견해는 아주 오랜 전통적인 노래인 *뉴 브리턴*(New Britain)의 선율을 사용하여 윌리엄 워커(William Walker)의 *서든 하모니와 음악편람*(Southern Harmony, and Musical Companion, 1835)이란 제목의 선율 모음집에 Amazing Grace의 음악으로 처음 알려지게 되었다는 것이다(*Amazing grace! (how sweet the sound)*, Hymnology Archive, Modified February 25, 2021, Assessed June 30, 2022. https://www.

hymnologyarchive.com/amazing-grace. *NEW BRITAIN*, Hymnary.ORG, https://hymnary.org/tune/new_britain).

116   이신론자로 알려진 루소는 이신론의 성향으로 인해 무신론자와 다를 바 없는 이로 평가된다 (*성경과 세계관(6) 이신론 무신론으로 가는 징검다리*, 창조과학선교회, Modified March 1, 2020. Accessed June 30, 2022. http://www.hisark.com/?p=110895). 이신론(deism)은 창조주로서의 신의 존재를 인정하지만, 피조 세계에 직접 관계하여 섭리하는 존재로 여기지 않는다. 이러한 관점은 신과 창조된 세상과의 관계에 대하여 거의 대부분 계몽주의자의 사상을 요약한 것이라고 할 수 있다(Daniel L. Migliore, *기독교 조직신학 개론, 개정3판*, 신옥수·백충현 옮김, 서울: 새물결플러스, 2017, 755.) 이 때문에 기독교에서 말하는 역사의 주인이자 주관자일 수도 없는 단지 신 따로 피조물 따로의 이분법적인 신앙이 이신론의 특징이다. 그만큼 엄밀히 말하면 성경에 계시된 하나님이 아니라 단지 자기 스스로가 믿는 것이기에 '유신론에서 무신론으로 넘어가는 일종의 징검다리' 역할을 하여 결국은 무신론적인 방향으로 남게 될 뿐인데, 그러한 성향 속에 루소는 하나님을 떠난 무신론자라고 할 수 있다(창조과학선교회).

117   '*Ode to Joy,*' *Followed by Chaos and Despair*, The New York Times, Modified Dec. 24, 2007. Assessed July 04, 2022. https://www.nytimes.com/2007/12/24/opinion/24zizek.html.

118   *What is the Meaning of the Poem "Ode to Joy"?* Pen & the Pad, Modified March 08, 2022. Assessed July 03, 2022. https://penandthepad.com/meaning-poem-ode-joy-3627.html.

119   Andrew Wilson Dickson, 75에서 재인용.

120   Donald J. Grout / Claude Palisca, A History of Western Music. 1988년 개정 4판, 232.

121   Ibid.

122   Leonard Van Camp, 39.

123   Donald J. Grout / Claude V. Palisca, *A History of Western Music*. 5th ed., 141.

124   Ibid., 173-174에서 재인용.

125   Ibid., 174.

126   David Josephson, *"In Search of the Historical Taverner,"* Tempo 101, (1972): 45.

127   S. Townsend Warner, ed., *Tudor Church Music* 1 vol. (London: Oxford University Press, 1923), 1.

128   David Josephson, *John Taverner* (Michigan: Research Press, 1979), 3.

129   Patrick Kavanaugh, 35.

130   Ibid., 37.

131   Michael Frost, 179.

132   Ibid., 59에서 재인용.

133   Ibid.

134   Dave Fellingham, *온전한 예배*, 홍원팔 옮김 (서울: 비전북출판사, 2005), 38에서 재인용.

135   Ibid., 39.

136   F. Blume, *Protestant Church Music* (London: Norton W. W. & Company, 1975), 33.

137   Robert H. Mitchell, 78.

138   C. S. Lewis, 130.

139   비록 예수님이 함께 머물며 기도하길 바랐던 베드로, 야고보, 요한이었지만, 실제로는 슬픔에 지쳐 잠들어 있던(눅 22:45) 인간의 연약함을 보여준 그들이었다. 그럼에도 불구하고 이들만을 따로 부르시고 가장 가까이서 같이 있게 하려 하셨던 그 마음엔 이들이 깨어 있어 주님의 내적 고통에 함께 하고, 앞으로 닥치게 될 불확실한 상황에서도 믿음으로 강해지길 원한다는 직접적인 말씀과 권면을 받았던 대상이었다는 사실이다(Osborne, Grant. 책임편집. *LAB 주석 시리즈: 적용을 도와주는 마태복음(하)*, 409).

140   David Cape / Tommy Tenney, *종의 마음: 위대함에 이르는 하나님의 비밀*, 이상준 옮김 (서울: 도서출판 토기장이, 2008), 122-123.

141   Osborne, Grant. 책임편집. *LAB 주석 시리즈: 적용을 도와주는 디모데전·후서, 디도서*, 김진선 옮김. 서울: 한국성서유니온선교회, 2008, 60.

142   장보웅 편저, *분해대조 로고스 성경(개정판): 헬라어-한글 사전*, 309.

143   Henri J. M. Nouwen, *예수님을 생각나게 하는 사람*, 피현희 역 (서울: 두란노, 1999), 59.

144   Marva J. Dawn, *A Royal "Waste" of Time: The Splendor of Worshiping God and Being Church for the World* (Grand Rapids: William B. Eerdmans Publishing Company, 1999), 17.

145   마르바 던(Marva J. Dawn)은 " …감사한 마음으로 시와 찬미와 신령한 노래로 여러분의 하나님께 마음을 다하여 찬양하십시오"(골 3:16b, 새번역)를 인용하면서, 이때의 노래로 찬양함이 성대(vocal cords)가 아니라 하나님께로부터 지음 받은 존재의 '의지(will)'인 '마음'으로 행하는 말씀임을 주목하게 했다. 여기서 마음(*카르디아, kardia*)이란 원어의 의미엔 양심, 감정, 욕망 등이 자리하는 곳을 뜻하지만, 정작 '의지'가 포함된 말이기도 하다. 이처럼 거룩한 의지 속에 말씀을 추구하는 하나님과의 관계적인 삶 가운데 내부로부터 우러나오는 찬양이야말로 참된 예배의 섬김이라는 것이다. 이 때문에 바로 이러한 전인적 존재로서의 의지가 온전한 마음을 통해 그리스도 안에서 섬김으로 행해지는 찬양일 때에야, 진정 외적인 울림으로 '아름다움의 거룩함'을 지향한 심미주의가 아닌 참된 예배의 본질로서 '하나님의 거룩하심을 인한 아름다움 (the beauty of God's holiness)'에 들어선 예배음악임을 설명하려 했던 것이다(Ibid.).

146   Phil Kerr, 51.

제 5 장

1 김문자 외 4명 편저, 54.

2 Grant Osborne, 책임편집, *LAB 주석 시리즈: 적용을 도와주는 에베소서*, 210.

3 Francis A. Schaeffer, 51.

4 Harold M. Best, 42.

5 *Clergy Seating through the Centuries*, ADOREMUS, Modified August 2014, Accessed July 19, 2022, https://adoremus.org/2014/08/clergy-seating-through-the-centuries/.

6 Robert E. Webber, *Worship Old & New*, 102-103.

7 Eric Werner, *The Sacred Bridge: The Interdependence of Liturgy and Music in Synagogue and Church during the First Millennium*, (London, New York: Dennis Dobson & Columbia University, 1959), 25.

8 Alister McGrath, 44에서 재인용.

9 N. Lee Orr, 47.

10 로고스 편집 위원, *구약원어대조성경- 히브리어 사전*, 74.

11 정인교. *예배학 원론* (서울: 솔로몬 출판사, 1997), 25.

12 Anders, Max. 책임 편집. *Main Idea로 푸는 시편 76-150(vol. 2)*. 760.

13 Ivor H. Jones, *Music a Joy for Ever* (Westminster, London: Epworth Press, 1989), 46에서 재인용.

14 Donald J. Grout / Claude V. Palisca, *A History of Western Music*. 5th ed., 27에서 재인용.

15 Patrick Kavanaugh, 36에서 재인용.

16 William Sheppard Smith, *Musical Aspects of the New Testament* (UITGEVERIJ W. TEN HAVE N.V.: Amsterdam, 1962), 13.

17 Ken Gire, *영혼의 창*, 윤종석 옮김 (서울: 두란노, 2003), 58에서 재인용.

18 Ibid., 58-59.

19 Patrick Kavanaugh, 36에서 재인용.

20 장보웅 편저, *분해대조 로고스 성경(개정판): 헬라어-한글 사전*, 140.

21 Grant Osborne, 책임편집, *LAB 주석 시리즈: 적용을 도와주는 야고보서*, 박대영 옮김 (서울: 한국성서유니온선교회, 2008), 94.

22 Evelyn Bence, ed., *나우웬과 함께하는 아침*, IVP 역 (서울: 한국기독학생회출판부, 2001), 112에서 재인용.

23 Grant Osborne, 책임 편집, *LAB 주석 시리즈: 적용을 도와주는 베드로전·후서. 유다서*, 271-272.

24 A. W. Tozer, *하나님은 이런 예배를 원하십니다*, 안보헌 옮김 (서울: 생명의말씀사, 2003), p. 82.

25 Anders, Max Anders, 책임 편집, Trent C. Butler 지음, *Main Idea로 푸는 이사야*, 마영례 옮김 (서울: 도서출판 디모데, 2006), 145.

26 "Moreover, David and the commanders of the army set apart for the service some of the sons of Asaph and of Heman and of Jeduthun, who were to prophesy with lyres, harps and cymbals... ...prophesied under the direction of the king. ...under the direction of their father Jeduthun with the harp, who prophesied in giving thanks and praising the LORD"(1 Cronicles 25:1a, 2b, 3b, NASB).

27 Donald P. Hustad, *Jubilate II*, 82.

28 Warren W. Wiersbe, 149.

29 Anders, Max. 책임 편집. Lawson, Steven J. 지음. *Main Idea로 푸는 시편 76-150(vol. 2)*. 753.

30 김대권, *워십 바이블: 참된 예배+참된 예배자* (서울: 도서출판 그리심, 2022), 236.

31 Bruce H. Leafblad, *The Spiritual Dimensions of Music in the Church* (Burbank, CA: Manna Music Inc., 1975), 3.

32 한홍 편집, *"예술을 영적 영향력을 끼치는 도구로 활용하라," 목회와 신학* (August 1999), 179.

33 Ibid., 183.

34 "새 노래를 지어 여호와께 노래하고 능숙하게 연주하며 기쁨으로 외쳐라"(시 33:3, 현대인의 성경), "Sing to Him a new song; Play skillfully with a shout of joy"(Psalms 33:3, NASB).

35 James F. White, 59.

36 Marva J. Dawn, *A Royal Waste of Time: The Splendor of Worshiping God and Being Church for the World*. 2.

37 Ibid.

38 David B. Pass, 61.

39 Calvin Miller, *청지기 리더십: 섬기는 리더십을 위한 열 가지 열쇠*, 최미양 옮김 (서울: 청우, 2005), 35.

40 William L. Hooper, *Ministry and Musicians* (Nashville: Broadman Press, 1986), 94.

41 Henri J. M. Nouwen, *예수님을 생각나게 하는 사람*, 59.

42 Robert H. Mitchell, 51에서 재인용.

43 James F. White, 123.

44 Austin C. Lovelace, William C. Rice, *Music and Worship in the Church*(Nashville: Abingdon, 1976), 104에서 재인용.

45 그리스도의 말씀으로 풍성히 거함을 전제로 함은 다음으로 온전히 이어지기 위한 것임을 이렇게 성경은 말씀한다. "…시와 찬송과 신령한 노래를 부르며 감사하는 마음으로 하나님을 찬양하고"(골 3:16b).

46 Donald P. Hustad, *Jubilate II*, 105.

참고 문헌

외국 서적

Allen, Ronald B. *And I will Praise Him: A Guide to Worship in the Psalms.* Grand Rapids: Kregel Publications, 1992.

Allen, Ronald and Borror, Gordon. *Worship: Rediscovering the Missing Jewel.* Portland: Multnomah Press, 1982.

Appleby, David P. *History of Church Music.* Chicago: Moody Press, 1965.

Augustine. *Confession and Enchiridion.* Outler, Albert C. trans. Philadelphia: Westminster Press, 1955.

Bailey, Albert Edward. *The Gospel in Hymns: Backgrounds and Interpretations.* New York: Charles Scribner's Sons, 1950.

Barley, Bernard. *Hymnwriters 2.* London: Stainer & Bell Ltd., 1989.

Berglund, Robert. *A Philosophy of Church Music.* Chicago: Moody Press, 1985.

Best, Harold M. *Music Through The Eyes of Faith.* Harper San Francisco: A Division of Harper Collins Publishers, 1993.

Blackwell, Albert L. *The Sacred in Music.* Louisville, Kentucky: WESTMINSTER JOHN KNOX PRESS, 1999.

Blume, F. *Protestant Church Music. London:* Norton W. W. & Company, 1975.

Boice, James Montgomery. *개혁주의 서론: 종교개혁 5대 솔라.* 김수미 옮김. 서울:부흥과 개혁사, 2010.

Buszin, Walter E. *Luther On Music.* Saint Paul: The North Central Publishing Company, 1958.

Calvin, John. *기독교 강요.* Vol. III. 김종흡, 신복윤, 이종성, 한철하 공역. 서울: 생명의 말씀사, 1986.

Camp, Leonard Van. *A Practical Guide for Performing, Teaching and Singing Messiah.* Dayton, OH: Lorenz Publishing Company, 1993.

Cape, David / Tenney, Tommy. *종의 마음: 위대함에 이르는 하나님의 비밀.* 이상준 옮김. 서울: 도서출판 토기장이, 2008.

Cole, Hugo. *The Changing Face of music.* London: Gollancz, 1978.

Cornwall, Judson. *찬양,* 배한숙 역. 서울: 두란노, 1987.

Dawn, Marva J. *Reaching Out without Dumbing Down: A Theology of Worship for the Turn-of-the-Century Culture.* Grand Rapids: William B. Eerdmans Publishing Co., 1995.

_____. *A Royal Waste of Time: The Splendor of Worshiping God and Being Church for the World.* Grand Rapids: William B. Eerdmans Publishing Company, 1999.

Dickson, Andrew Wilson. *교회 음악사 핸드북.* 박용민 옮김. 서울: 생명의 말씀사, 2001.

Douglass, Robert. *Church Music Through the Ages.* Nashville: Convention Press, 1967.

Ellsworth, Donald P. *Christian Music in Contemporary Witness: Historical Antecedents and Contemporary Practices.* Grand Rapids: Baker Book House, 1979.

Enns, Paul. *신학 핸드북.* 최치남 옮김. 서울: 생명의말씀사, 1994.

Eskew, Harry and McElrath, Hugh T. *Sing with Understanding.* Nashville: Broadman Press, 1980.

Evelyn Bence. ed. *나우웬과 함께하는 아침.* IVP 역. 서울: 한국기독학생회출판부, 2001.

Fellingham, Dave. *온전한 예배.* 홍원팔 옮김. 서울: 비전북출판사, 2005.

Ferguson, Everett. *A Cappella Music: In the Public Worship of the Church.* Abilene: Biblical Research Press, 1972.

Foley, Edward. *Music in Ritual: A Pre-Theological Investigation.* Washington, D. C.: The Pastoral Press, 1984.

Foster, Richard J. *기도.* 송준인 역. 서울: 두란노, 1999.

Frost, Michael. *일상, 하나님의 신비.* 홍병룡 옮김. 서울: IVP, 2002.

Gire, Ken. 영혼의 창. 윤종석 옮김. 서울: 두란노, 2003.

Green, Joseph F. *Biblical Foundations for Church Music*. Nashville: Convention Press, 1967.

Grout, Donald J. / Palisca, Claude V. *A History of Western Music*, 1988년 개정4판, 편집국 역. 서울: 세광음악출판사, 1996.

_____. *A History of Western Music*. 5th ed. New York: W. W. Norton & Company, 1996.

Hannum, Harold Byron. *Music and Worship*. Nashville: Southern Publishing Association, 1969.

Hartley, John E. 창세기. 김진선 옮김. 서울: 한국성서유니온 선교회, 2019.

Hooper, William L. *Ministry and Musicians*. Nashville: Broadman Press, 1986.

Hustad, Donald P. *Jubliate II: Church Music in Worship and Renewal*. Carol Stream, IL: Hope Publishing Company, 1993.

_____. *True Worship: Reclaiming the Wonder & Majesty*. Carol Stream, IL: Harold Shaw Publishers, 1998.

Johansson, Calvin M. *Music & Ministry: A Biblical Counterpoint*. Peabody: Hendrickson Publishers, 1990.

Jones, Ivor H. *Music a Joy for Ever*. Westminster, London: Epworth Press, 1989.

Josephson, David. *In Search of the Historical Taverner*. Tempo 101. 1972.

_____. *John Taverner*. Michigan: Research Press, 1979.

Kavanaugh, Patrick. 위대한 음악가들의 영적생활. 차동재 역. 서울: 생명의 말씀사, 1995.

Kendrick, Graham. 경배. 김성웅 역. 서울: 두란노, 1989.

Kerr, Phil. *Music in Evangelism*. Glendale, CA: Gospel Music Publishers, 1939.

Langer, Susanne K. *Philosophy in a New Key*. Cambridge: Harvard University Press, 1957.

Leafblad, Bruce H. *The Spiritual Dimensions of Music in the Church*. Burbank, CA: Manna Music Inc., 1975.

_____. *Music, Worship, and the Ministry of the Church.* Portland: Department of Information Resource Services, 1978.

Lewis, Clive Staples. *순전한 기독교*. 장경철, 이종태 역. 서울: 홍성사, 2001.

Liemohn, Edwin. *The Singing Church.* Columbus, Ohio: The Wartburg Press, 1959.

Liesch, Barry. *People in the Presence of God: Models and Directions for Worship.* Grand Rapids: Zondervan Publishing Press, 1988.

Lovelace, Austin C. and Rice, William C. *Music and Worship in the Church.* Nashvile: Abingdon, 1976.

McGrath, Alister. *종교개혁 시대의 영성*. 박규태 옮김. 서울: 좋은씨앗, 2005.

McElrath, William N. *Music in the Bible Time.* Nashville: Convention Press, 1966.

Mendle, R. W. S. *The Divine Quest in Music.* New York: Philosophical Library, 1957.

Migliore, Daniel L. *기독교 조직신학 개론. 개정3판*. 신옥수·백충현 옮김. 서울: 새물결플러스, 2017.

Miller, Calvin. *청지기 리더십: 섬기는 리더십을 위한 열 가지 열쇠*. 최미양 옮김. 서울: 청우, 2005.

Mitchell, Robert H. *Ministry and Music.* Philadelphia: The Westminster Press, 1978.

Moore, Sydney H. *Sursum Corda, Being Studies of Some German Hymn Writers.* London: Independent Press Ltd., 1956.

Music, David W. *Hymnology: A Collection of Source Readings.* Lanham, Md., and London: The Scarecrow Press Inc., 1996.

_____. *Instruments in Church: A Collection of Source Documents.* Lanham, Maryland, and London: The Scarecrow Press, Inc., 1998.

Nichols, James Hastings. *Corporate Worship in the Reformed Tradition.* Philadelphia: The Westminster Press, 1968.

Nouwen, Henri J. M. *예수님을 생각나게 하는 사람*. 피현희 역. 서울: 두란노, 1999.

Orr, N. Lee. *The Church Music Handbook for Pastors and Musicians.* Nashville: Abingdon Press, 1991.

Osbeck, Kenneth W. *영으로 찬양하라*. 김태곤 역. 서울: 생명의 말씀사, 1999.

Pass, David B. *Music and the Church: A Theology of Church Music*. Nashville: Broadman Press, 1989.

Peterson, Eugene H. *한 길 가는 순례자*. 김유리 역. 서울: 한국기독학생회출판부, 2001.

Pettis, Ashley. *Now and Then*. New York: Coleman-Ross Company Inc., 1955.

Rayburn, Robert G. *예배학*. 김달생, 강귀봉 공역. 서울: 성광문화사, 1982.

Reynolds, I. E. *Music and the Scripture*. Nashville: Broadman Press, 1942.

Reynolds, William J. and Price, Milburn. *A Survey of Christian Hymnody*. Carol Stream, IL: Hope Publishing Company, 1987.

Rookmaaker, Hans R. *예술과 기독교: 예술과 그리스도인*. 김헌수 옮김. 서울: 한국기독학생회출판부, 2002.

Sadie, Stanley. ed. *The New Grove Dictionary of Music and Musicians*. Vol. 4. London: Macmilan Publishers Limited, 1995.

Sasek, Lawrence. *The Literary Temper of the English Puritans*. Baton Rouge: Louisiana State University Press, 1961.

Schaeffer, Francis A. *Art & the Bible*. Downers Grove, Illinois: InterVarsity Press, 1973.

Schalk, Carl. ed. *Key Words in Church Music: Definition Essays on Concepts, Practices, and Movements of Thought in Church Music*. St. Louis: Publishing House, 1978.

Smith, William Sheppard. *Musical Aspects of the New Testament*. UITGEVERIJ W. TEN HAVE N.V.: Amsterdam, 1962.

Spurgeon, Charles H. *온전한 찬양*. 김혜진 옮김. 서울: 비전북출판사, 2001.

Squire, Russel N. *교회음악사*. 이귀자 역. 서울: 호산나 음악사. 1990.

Stainer, John. *성경의 음악*. 성철훈 역. 서울: 호산나 음악사, 1994.

Talbot, John Michael. *The Music of Creation: Foundations of a Christian Life*. New York: Penguin Putnam Inc., 1999.

Taylor, Jack R. *The Hallelujah Factor*. Nashville: Broadman Press, 1983.

Tenney, Tommy. 하나님 당신을 예배합니다. 이시연 옮김. 서울: 두란노, 2006.

_____. 하나님께 굶주린 예배자. 배응준 옮김. 서울: 규장, 2005.

Thomas 'a Kempis. 그리스도를 본받아. 조항래 역. 서울: 예찬사, 1990.

Tozer, A. W. 하나님은 이런 예배를 원하십니다. 안보헌 옮김. 서울: 생명의말씀사, 2003.

Veith, Gene Edward. 예술에 대해 성도가 가져야 할 태도. 오현미 역. 서울: 나침반사, 1993.

Warner, S. Townsend. ed. T*udor Church Music 1 vol*. London: Oxford University Press, 1923.

Webber, Robert E. 기독교 문화관. 이승구 역. 서울: 도서출판 엠마오, 1987.

_____. *Worship is a Verb: Eight Principles for Transforming Worship*. Peabody: Hendrickson Publishers Inc., 1992.

_____. Ed. *THE BIBLICAL FOUNDATIONS of CHRISTIAN WORSHIP*, White, William. *168. OFFICERS OF THE SYNAGOGUE*. Peabody, Massachusetts: Hendrickson Publishers, Inc, 1993.

_____. *Worship Old & New: A Biblical, Historical, and Practical Introduction*. rev. ed. Grand Rapids: Zondervan Publishing House, 1994.

Werner, Eric. *The Sacred Bridge: The Interdependence of Liturgy and Music in Synagogue and Church during the First Millennium*. New York, London: Dennis Dobson & Columbia University Press, 1959.

Westermeyer, Paul. *TE DEUM.: The Church and Music*. Minneapolis: Fortress Press, 1988.

White, James F. 기독교 예배학 입문. rev. ed. 정장복, 조기연 공역. 서울: 예배와 설교 아카데미, 2001.

Wienandt, Elwyn A. *Choral Music of The Church*. New York: The Free Press, 1965.

_____. *Opinions on Church Music*. Waco, TX: Baylor University Press, 1974.

Wiersbe, Warren W. *Real Worship: Playground, Battleground, or Holy Ground?* Grand Rapids: Baker Books, 2000.

Willard, Dallas. 잊혀진 제자도. 윤종석 옮김. 서울: 도서출판 복 있는 사람, 2007.

Wilson, John F. *An Introduction to Church Music.* Chicago: The Moody Bible Institute, 1978.

Wright, Christopher J. H. *현대를 위한 구약윤리.* 정옥배 역. 서울: 한국기독학생회출판부, 1989.

Yancey, Philip. *하나님 나는 당신께 누구입니까?* 전의우 역. 서울: 요단 출판사, 2001.

한국 서적

김길성. *개혁신학과 교회.* 서울: 총신대학교 출판부, 2004.

김대권. *워십 바이블: 참된 예배+참된 예배자.* 서울: 도서출판 그리심, 2022.

김문자 외 4명 편저. *들으며 배우는 서양음악사.* 개정증보판. 서울: 심설당, 2006.

김상태. *음악미학.* 서울: 세광 출판사, 1983.

김석한. *개혁주의 예배의 이론과 실제.* 서울: 도서출판 영문, 2002.

김의환. *기독교회사.* 서울: 총신대학교 출판부, 1998.

김현웅. *기독교와 문화이해.* 전북, 전주시: 전주대학교 출판부, 2002.

노주하. *음악과 신학.* 서울: 요단출판사, 1999.

문용식. *성경과 문화.* 서울: 도서출판 그리심, 2007.

박을미. *서양음악사 100장면(1).* 서울: 가람기획, 2001.

신국원. *신국원의 문화 이야기.* 서울: 한국기독학생회출판부, 2002.

정인교. *예배학 원론.* 서울: 솔로몬 출판사, 1997.

정정숙. *교회음악의 신학.* 서울: 유빌라테, 2000.

조숙자. 조명자. *찬송가학.* 서울: 장로회신학대학교출판부, 1981.

한홍. 편집. "예술을 영적 영향력을 끼치는 도구로 활용하라." 목회와 신학 (August 1999).

홍정수. *한국 교회 음악 사상사.* 서울: 장로회신학대학교출판부, 2000.

성경주해, 강해 및 사전류

Anders, Max. 책임 편집. Lawson, Steven J. 지음. *Main Idea로 푸는 욥기*. 김진선 옮김. 서울: 도서출판 디모데, 2006.

_____. 책임 편집. Butler Trent C. 지음. *Main Idea로 푸는 이사야*. 마영례 옮김. 서울: 도서출판 디모데, 2006.

_____. 책임 편집. Lawson Steven J. 지음. *Main Idea로 푸는 시편 1-75(vol. 1)*. 김진선 옮김. 서울: 도서출판 디모데, 2008.

_____. *Main Idea로 푸는 시편 76-150(vol. 2)*. 김진선 옮김. 서울: 도서출판 디모데, 2008.

_____. 책임편집. Kenneth O. Gangel / Stephen Bramer 지음. *Main Idea로 푸는 창세기*. 김진선 옮김. 서울: 도서출판 디모데, 2009.

_____. 책임편집. Corduan, Winfried 지음. *Main Idea로 푸는 역대상·하*. 이중순 옮김. 서울: 도서출판 디모데, 2010.

Osborne, Grant. 책임편집. *LAB 주석 시리즈: 적용을 도와주는 로마서*, 박대영 옮김. 서울: 한국성서유니온선교회, 2004.

_____. 책임편집. *LAB 주석 시리즈: 적용을 도와주는 마태복음(하)*, 전광규·김진선 옮김. 서울: 한국성서유니온선교회, 2005.

_____. 책임편집. *LAB 주석 시리즈: 적용을 도와주는 고린도전서*, 김일우 옮김. 서울: 한국성서유니온선교회, 2007

_____. 책임편집. *LAB 주석 시리즈: 적용을 도와주는 에베소서*. 전광규 옮김. 서울: 한국성서유니온선교회, 2007.

_____. 책임편집. *LAB 주석 시리즈: 적용을 도와주는 요한복음*. 전광규 옮김. 서울: 한국성서유니온선교회, 2008.

_____. 책임편집. *LAB 주석 시리즈: 적용을 도와주는 디모데전·후서. 디도서*. 김진선 옮김. 서울: 한국성서유니온선교회, 2008.

_____. 책임편집. *LAB 주석 시리즈: 적용을 도와주는 히브리서*. 김진선 옮김. 서울: 한국성서유니온선교회, 2008.

_____. 책임편집. *LAB 주석 시리즈: 적용을 도와주는 야고보서*. 박대영 옮김. 서

울: 한국성서유니온선교회, 2008.

_____. 책임 편집. *LAB 주석 시리즈: 적용을 도와주는 베드로전·후서. 유다서*. 류호영 옮김. 서울: 한국성서유니온선교회, 2008.

가스펠 서브(Gospel Serve) 기획, 편집, *성경 관용어 사전*. 서울: 생명의 말씀사, 2005.

로고스 편집 위원. *구약원어대조성경*. 서울: 도서출찬 로고스, 1993.

장보웅. 편저. *분해대조 로고스 성경(개정판)*. 서울: 도서출판 로고스, 1993.

웹사이트

창조과학선교회. *성경과 세계관(6) 이신론 무신론으로 가는 징검다리*. Modified March 1, 2020. Accessed June 30, 2022. http://www.hisark.com/?p=110895.

ADOREMUS. *Clergy Seating through the Centuries*. Modified August 2014. Accessed July 19, 2022. https://adoremus.org/2014/08/clergy-seating-through-the-centuries/.

Bible Hub. *Shiggaion*. https://biblehub.com/topical/s/shiggaion.htm.

BibliaTodo Dictionary. *Definition of Higgaion Meaning and Definition*. https://www.bibliatodo.com/en/bible-dictionary/higgaion.

Biblical Hermeneutics. *Why does Job use "bless" to mean "curse"?* Accessed April 21, 2022. https://hermeneutics.stackexchange.com/questions/20728/why-does-job-use-bless-to-mean-curse.

BRITISH HERITAGE. *Handel and his Messiah*. Modified Jul 13, 2016, Accessed June 21, 2022. https://britishheritage.com/handel-and-his-messiah.

CBN NEWS: THE CHRISTIAN PERSPECTIVE. *The True Story Behind Handel's 'Messiah' and the Day He Had a Vision of God in Heaven*. Modified 12-23-2021. Accessed June 13, 2022. https://www1.cbn.com/cbnnews/us/2011/december/handels-messiah-inspires-listeners-transcends-time.

CLAPHAM SCHOOL. *Handel's Messiah: The Consequences of an Idea.Modified Oct 18, 2019*. Accessed June 21, 2022. https://www.claphamschool.org/our-community/blog/handels-messiah-the-consequences-of-an-idea.

DICTIONARY OF IRISH BIOGRAPHY. *Handel, George Frederick.* Modified October 2009. Accessed June 21, 2022. https://www.dib.ie/biography/handel-george-frederick-a3777.

Got Questions. *What is the meaning of shigionoth in Habakkuk?* Modified January 4, 2022. Accessed June 1. https://www.gotquestions.org/shigionoth.html.

Greek and Hebrew Interlinear Bible and Concordance. http://www.biblestudytools.com/interlinear-bible/.

HISTORY. *Handel's "Messiah" premieres in Dublin.* Modified April 9, 2020. Accessed June 13, 2022. https://www.history.com/this-day-in-history/handels-messiah-premieres-in-dublin.

Hymnary.ORG. *NEW BRITAIN.* https://hymnary.org/tune/new_britain.

Hymnology Archive. *Amazing grace! (how sweet the sound).* Modified February 25, 2021. Accessed June 30, 2022. https://www.hymnologyarchive.com/amazing-grace.

Medium. *Mozart, Religion and Death.* Modified July 10, 2020. Accessed June 1, 2022. https://medium.com/@ottodeutsch/mozart-religion-and-death-596c3efbadc6.

Pen & the Pad. *What is the Meaning of the Poem "Ode to Joy"?* Modified March 08, 2022, Accessed July 03, 2022. https://penandthepad.com/meaning-poem-ode-joy-3627.html.

QuotesComos. *EZRA 10:3.* Modified September 15, 2017. Accessed March 24, 2022. https://www.quotescosmos.com/bible/bible-verses/Ezra-10-3.html.

TRUTH ACCORDING TO SCRIPTURE. *Bible Commentaries: Keil & Delitzsch Commentary on the Old Testament- 2 Chronicles 29.* https://www.truthaccordingtoscripture.com/commentaries/kdo/2-chronicles-29.php#.YoVoYOjMJD8.

Wikipedia. *List of operas by Alessandro Scarlatti.* 14 March 2022. Accessed June 23, 2022. https://en.wikipedia.org/wiki/List_of_operas_by_Alessandro_Scarlatti.

Wikipedia. *Literal Standard Version.* Modified January 23, 2022. Accessed April 22, 2022. https://en.wikipedia.org/wiki/Literal_Standard_Version.

Wiktionary, *Muth-labben,* https://en.wiktionary.org/wiki/Muth-labben.

판권
소유

교회음악 철학 〈개정판〉

초 판 발 행 일	2003년 01월 03일
개정판 발행일	2022년 12월 28일
지 은 이	김대권
펴 낸 이	안성복
편 집	윤초민, 황인영
디 자 인	이선옥, 윤초민, 황인영
펴 낸 곳	도서출판 ㈜중앙아트 제이엔에이뮤직
주 소	경기도 파주시 문발로 475
전 화	1661-0504
F A X	070-8270-0150
홈 페 이 지	www.joongangart.kr
이 메 일	cs@joongangart.com
I S B N	978-89-6057-809-8
값	18,000원

● 잘못된 책은 교환해 드립니다.

● ㈜중앙아트 제이엔에이뮤직의 허락 없이 본 책의 복사, 전체 또는 일부라도 편집 자료로 사용하는 것은 저작권법의 저촉을 받습니다.